Aufzeichnungen eines Untermenschen

Rolf-Dieter Eichenwald wurde am 27. August 1936, Eva Eichenwald am 15. Dezember 1937 in Billerbeck geboren. Die Kinder wurden mit ihren Eltern Otto und Ruth Eichenwald am 11. Dezember 1941 von Düsseldorf aus in das »Reichsjuden-Ghetto« nach Riga verschleppt. Der Vater fiel den unmenschlichen Lebensbedingungen im Januar 1942 zum Opfer. Das Schicksal der Mutter und der Kinder konnte bislang nicht mit letzter Gewissheit geklärt werden. Es ist zu vermuten, dass sie Anfang November 1943 in das Vernichtungslager Auschwitz deportiert und dort ermordet wurden.

Das Erschrecken über das unaufgeklärte Schicksal der Geschwister Eichenwald und die Scham über die fehlende Erinnerung an die Familie in ihrer Heimat führten zur Gründung der Wolfgang Suwelack-Stiftung (Billerbeck). Die Stiftung fördert insbesondere das Erinnern und Gedenken an die Opfer der Shoah aus dem Münsterland – an den Ausgangsorten wie auch an den Endpunkten der Verschleppung. Die Stiftung unterstützt daher auch die Erinnerungsarbeit und Gedenkkultur in Riga, einem der Zielorte der Deportationen aus dem Münsterland.

Riga als nationalsozialistischer Tatort verdeutlicht in besonderem Maße die europaweite Dimension der Shoah. Der Vernichtung der Deportierten aus Deutschland ging die Ermordung der lettischen Juden voraus. Seit 1989 entwickelt sich Riga zu einem europäischen Gedenkort an die Opfer der nationalsozialistischen Terrorherrschaft, wofür die beiden Gedenkstätten in Rumbula und Bikernieki stehen.

Alexander Bergmann

Aufzeichnungen eines Untermenschen

Ein Bericht über das Ghetto in Riga und die Konzentrationslager in Deutschland

Mit 44 Abbildungen

Edition Temmen

Die Deutsche Bibliothek verzeichnet diese Publikation in der Deutschen Nationalbibliografie; detaillierte bibliografische Daten sind im Internet unter www.dnb.de abrufbar.

Die beiden Fotos auf der vorderen Umschlagseite gehören zu den wenigen überlieferten Aufnahmen des Ghettos in der Moskauer Vorstadt von Riga (Quelle: Museum »Juden in Lettland«, Riga).

Das Foto auf der hinteren Umschlagseite oben zeigt Alexander Bergmann im Gespräch mit deutschen und lettischen Schülern während einer Führung durch die Moskauer Vorstadt im Februar 2007, das Foto unten einen Gedenkstein für mehrere Verwandte des Autors auf dem Gelände der Gedenkstätte im Wald von Rumbula (beide Fotos: Wolfgang Suwelack-Stiftung, Billerbeck).

Alle anderen Abbildungen: Sammlung Alexander Bergmann.

Übersetzung: Ingrid Damerow
Redaktionelle Bearbeitung des deutschen Textes: Alexander Bergmann, Wolf Middelmann, Reinhard Enders

Die 1. Auflage 2009 wurde gedruckt mit freundlicher Unterstützung von:

www.suwelack-stiftung.de

2. unveränderte Auflage 2022

Hohenlohestr. 21
28209 Bremen
Tel. 0421-34 84 3-0
info@edition-temmen.de
www.edition-temmen.de

Printed in the EU
ISBN 978-3-86108-316-0

Inhalt

Zum Geleit 7

VORWORT 11

HARRI 14
1. JULI 1941

DIE ERMORDUNG MEINES GROSSVATERS 21
4. JULI 1941

ARBEITSBEGINN BEI DEN DEUTSCHEN 29
27. JULI 1941

WIR WERDEN INS GHETTO »UMGESIEDELT« 38
23. OKTOBER 1941

DIE SCHRECKLICHEN TAGE 44
29. NOVEMBER BIS 8. DEZEMBER 1941
DIE DEUTSCHEN JUDEN KOMMEN INS GHETTO
DEZEMBER 1941 UND DIE MONATE DANACH

BEI DER ARBEIT UND IM KLEINEN GHETTO 55
DEZEMBER 1941 BIS JULI 1943
UNSERE WOHLTÄTER
DAS LEBEN IM »KLEINEN GHETTO« UND BEI DER ARBEIT GEHT WEITER

ICH LERNE STEHLEN UND BETRÜGEN 64
DER SCHOCK IM JANUAR 1942

IM EIGENEN GRAB. EINE NAZI-POSSE 66
JULI 1942
WIDERSTAND. DIE ROLLE DER JÜDISCHEN POLIZISTEN
DEZEMBER 1941 BIS 31. OKTOBER 1942

EIN RÄTSELHAFTER VORFALL 73
13. JULI 1943

DAS KONZENTRATIONSLAGER »KAISERWALD« 76
17. JULI BIS 14. AUGUST 1943

BALLASTDAMM 85
14. AUGUST 1943 BIS 31. JULI 1944

RÜCKKEHR NACH KAISERWALD. DIE ERMORDUNG MEINES VATERS UND ANDERER HÄFTLINGE AUS BALLASTDAMM 98
31. JULI BIS 2. AUGUST 1944

ERINNERUNGEN AN MEINEN VATER 101

WIEDER IM KZ KAISERWALD 111
2. AUGUST BIS 26. SEPTEMBER 1944

DIE FAHRT VON »KAISERWALD« NACH »STUTTHOF« 118
26. SEPTEMBER BIS 1. OKTOBER 1944

DAS KONZENTRATIONSLAGER STUTTHOF 122
1. OKTOBER BIS 4. NOVEMBER 1944

KONZENTRATIONSLAGER BUCHENWALD – NEBENLAGER IN MAGDEBURG 138
3. NOVEMBER 1944 BIS 11. APRIL 1945

MAGDEBURG. SIEBEN STUNDEN FREIHEIT 149
11. APRIL 1945

MAGDEBURG. ICH BIN WIEDER HÄFTLING 156
13. BIS 14. APRIL 1945

DIE ZWEITE BEFREIUNG. WIEDERSEHEN MIT MIKA UND SIGI IN SACHSEN-ANHALT ... 160
14. BIS 26. APRIL 1945

IRGENDWO IN SACHSEN-ANHALT 172
30. APRIL BIS 29. MAI 1945

DIE »WIRTSCHAFT« DER DR. SMUGLOVA 175
30. MAI BIS 10. AUGUST 1945

BERLIN-LICHTENBERG 194
10. BIS 22. AUGUST 1945

WRŽESNIA (POLEN) 198
22. AUGUST BIS 3. SEPTEMBER 1945

DER WEG NACH RIGA 203
3. BIS 18. SEPTEMBER 1945

NACHWORT 211

Über den Autor 213

Zum Geleit

In den letzten zwanzig Jahren drängt Riga immer stärker in das historisch-politische Bewusstsein der Deutschen – als ein »Ort des Grauens« und ein »Ort des Terrors«, wie es in aktuellen Buchtiteln heißt, als ein Tatort nationalsozialistischer Verbrechen. Je mehr sich Wissenschaft und Gedenkkultur mit den Deportationen der jüdischen Bevölkerung aus dem Deutschen Reich beschäftigten, je intensiver das Verschleppungsgeschehen in der Heimat in den Fokus des Interesses rückte, desto wichtiger wurden zugleich auch die Zielorte der Deportationen, die Ghettos, Konzentrations- und Vernichtungslager im Osten Europas. Das historische Gedächtnis beschränkt sich nicht mehr nur auf die Ausgangsorte, sondern umfasst inzwischen auch die Endpunkte der Deportationen. Nicht nur die arbeitsteilig und bürokratisch organisierte Deportation selbst, sondern auch das individuelle und kollektive Schicksal der Verschleppten nach dem »Verschwinden« aus der Heimat wird nun aufgeklärt.

Das Ghetto in Riga, zusammen mit den Konzentrations- und Außenlagern in den Vororten und den Erschießungsstätten in den umliegenden Stadtwäldern, steht inzwischen chiffreartig für die Internierung und Erschießung der Juden. So wie Auschwitz zur Chiffre für die Vernichtung in einem Lager wurde, in dem die Juden vergast und verbrannt wurden, so steht Riga für einen Ort, in dem die einheimischen und die deportierten Juden erschossen und verscharrt wurden. Mit dem wachsenden Interesse an dem Schicksal der damals so genannten »Reichsjuden« im Ghetto in der Moskauer Vorstadt von Riga wurde zudem auch die Verfolgung und Internierung der lettisch-jüdischen Bevölkerung »entdeckt«. Erst spät, sehr spät wurde bewusst, dass der Vernichtung der deportierten deutschen Juden die Ermordung der lettischen Juden durch die nationalsozialistische Gewaltherrschaft vorausging.

Seit 1990, mit dem Zusammenbruch der UdSSR, wird die europäische Dimension des Vernichtungsgeschehens der Shoah in steigendem Maße wahrnehmbar. Auch die Erinnerungsarbeit und Gedenkkultur wird zusehends europäisch und hat auch Lettland nach der Erlangung der Unabhängigkeit erreicht. Riga entwickelt sich zu einem europäischen Gedenkort für die Opfer der nationalsozialistischen Terrorherrschaft. Die beiden Gedenkstätten in den Stadtwäldern von Rumbula und Bikernieki, die an die lettischen wie mitteleuropäischen Opfer der Shoah erinnern, verdeutlichen in ihrer Entstehungsgeschichte und ihrer historisch-politischen Botschaft diesen Europäisierungsprozess, was nicht heißt, dass die deutsche Verantwortung für die Taten in der Vergangenheit bagatellisiert und die deutsche Verantwortung für das Gedenken an alle Opfer der Shoah in der Gegenwart vernachlässigt werden darf.

Die neue europäische Gedächtnispolitik schließt auch ein, dass das Thema der Kollaboration in den von den Nationalsozialisten besetzten und unterdrückten Ländern nicht verschwiegen wird. Die Nachfahren der deutschen Tätergesellschaft sollten vorsichtig und sensibel mit diesem Aspekt von Verantwortung und Täterschaft umgehen. In der lettischen Gesellschaft wird die einheimische, freiwillige Mittäterschaft an den nationalsozialistischen Verbrechen weitgehend verdrängt und tabuisiert, sie ist bestenfalls Thema der akademischen Forschung. Die Juden Lettlands bestehen heute darauf, dass in einer selbstkritischen Aufarbeitung der Geschichte, eingebunden in nationalstaatliche Selbstfindung und europäische Integration, auch das Thema der Kollaboration in der Shoah benannt werden muss.

Einen großen Anteil daran, dass Riga als Tatort und Gedenkort in Deutschland wahrgenommen wird, hat Alexander Bergmann. Der Shoah-Überlebende begleitete zahlreiche Studiengruppen und Freundeskreise aus Deutschland auf ihren Erkundungen durch das ehemalige Ghetto und zu den Erschießungs- und Gedenkstätten in seiner Heimatstadt Riga. Er hielt in Deutschland Vorträge und stellte sich der Diskussion, in persönlichen Gesprächen, in kleinen Kreisen und öffentlich in der Politik. Als Vorsitzender des »Vereins der ehemaligen jüdischen Ghetto- und KZ-Häftlinge Lettlands« (Latvijas ebreju - bijušo geto un koncentrācijas nometnu ieslodzīto biedrība, abgekürzt LEGU) forderte er im Deutschen Bundestag am 26. Januar 1997, am Vortag des nationalen Gedenktages für die Opfer des Nationalsozialismus, Gerechtigkeit für die baltischen NS-Opfer und ihre Gleichstellung in der Entschädigungsfrage mit anderen NS-Opfern in Europa. Erst kürzlich stellte er sich einem deutsch-lettischen Schülerprojekt für ein langes Interview in einem Dokumentarfilm zur Verfügung - eine Premiere für ihn als lettischen Juden (bzw. jüdischen Letten), traf er doch zum ersten Male auf nichtjüdische lettische Schüler, die Interesse an seiner Biografie zeigten.

Alexander Bergmann spricht häufig von den »vergessenen Juden in Riga«. Er meint damit sowohl die ermordeten wie auch die überlebenden lettischen Juden. Die einen sind dem Massenmord zum Opfer gefallen, die anderen der Geschichtsvergessenheit, in Deutschland wie in Lettland. Bergmann hat unermüdlich gegen das historische Desinteresse, die politische Gleichgültigkeit und die moralische Unempfindsamkeit angekämpft; er hat Zeugnis abgelegt von den Verbrechen in deutscher Verantwortung und von den Schicksalen der ermordeten und überlebenden Opfer der Shoah in Lettland.

Erst spät in seinem Leben hat sich Alexander Bergmann entschlossen, seine Erinnerungen und Erfahrungen der Jahre 1941 bis 1945 niederzuschreiben. Im Jahr 2005 sind seine »Aufzeichnungen eines Untermenschen« in Riga auf Russisch erschienen. Nun ist es endlich gelungen, mit einer Übersetzung die deutsche Öffentlichkeit zu erreichen. Bergmanns Erinnerungen sind eines der wenigen Zeugnisse der lettischen Juden, die in Deutsch über das Leben im Ghetto in Riga, den Weg durch die Konzentrationslager und die Befreiung berichten. Bislang lagen aus lettischer Perspektive vor allem kürzere autobiografische Berichte vor, wie sie zum Beispiel in die amerikanischen Sammelbände von Gertrude Schneider (Muted Voices, 1987; The Unfinished Road, 1991) eingegangen sind. Deutsche und österreichische Jüdinnen und Juden haben schon sehr viel früher und häufig monografisch über ihre Deportation nach Riga berichtet, nicht selten zuerst in englischer, später in deutscher Sprache. Die Veröffentlichung der »Aufzeichnungen« von Alexander Bergmann in lettischer Übersetzung ist in Vorbereitung.

Auf der Grundlage der Übersetzung von Ingrid Damerow (Berlin) haben sich Wolf Middelmann (Göttingen) und Reinhard Enders (Leipzig), in enger Absprache mit Alexander Bergmann, intensiv um die Textredaktion gekümmert. Die Veröffentlichung wird ermöglicht durch Druckkostenzuschüsse des Senators für Kultur der Freien Hansestadt Bremen und der Wolfgang Suwelack-Stiftung (Billerbeck). Seitens der Unterstützerkreise haben Dr. Hermann Kuhn MdBB, Vorsitzender der Deutsch-Israelischen Gesellschaft Bremen/Bremerhaven, und Matthias M. Ester M.A. (Münster), Vorstandsmitglied der Wolfgang Suwelack-Stiftung, die Herausgabe vorbereitet und betreut.

An der Veröffentlichung der Erinnerungen sind zudem weitere Freundeskreise beteiligt, die sich Alexander Bergmann seit langem verbunden fühlen und die die Arbeit der lettischen Selbsthilfeorganisation der ehemaligen jüdischen Ghetto- und KZ-Häftlinge tatkräftig fördern. Hierzu zählen insbesondere der Hilfsfonds »Jüdische Sozialstation« e.V. - Ghetto-Überlebende Baltikum - um Margot Zmarzlik (Freiburg), die auch einen großen Anteil an der Finanzierung der Übersetzung hat, der Unterstützerkreis um Hanna und Wolf Middelmann (Göttingen) und der »Freundeskreis zur Unterstützung ehemaliger jüdischer KZ- und Ghetto-Insassen im Baltikum e.V.« um Pfarrer Reinhard Enders (Leipzig). Nicht vergessen werden darf das Engagement von Winfried Nachtwei MdB (Münster), der Alexander Bergmann schon früh, vor 1989, in Riga kennengelernt und stets seine humanitären, politischen und autobiografischen Bemühungen unterstützt hat.

Alle Beteiligten bedanken sich bei Alexander Bergmann sehr herzlich, dass er ihnen sein Vermächtnis, seine »Aufzeichnungen eines Untermenschen«, anvertraut hat, damit sie in deutscher Sprache erscheinen und wirken können. Wir sind dankbar dafür, dass der Zeitzeuge Alexander Bergmann uns auf das Schicksal der lettischen Juden vor und nach 1945 aufmerksam gemacht hat - und dass wir einen kleinen Beitrag dazu leisten können, Alexander Bergmann darin zu unterstützen, dass die lettischen Juden in Riga nicht in Vergessenheit bleiben.

Münster/Bremen, im Januar 2009

Matthias M. Ester
Hermann Kuhn

für die Freundes- und Unterstützerkreise

Gewidmet meiner Mutter Klara, meinem Vater Jean,
meinem Bruder Daniel (Danja) und allen Holocaustopfern

VORWORT

Der Gedanke, das Geschehen des Holocaust zu Papier zu bringen, kam mir vor 40 Jahren. Ich erhielt damals - ich weiß nicht mehr von wem - die Erinnerungen des talentierten Bildhauers Elmar Rivosch über seine Erlebnisse während der deutschen Besetzung Rigas. Sie waren natürlich im Untergrund geschrieben, d.h. mit der Schreibmaschine auf einzelne Blätter getippt. Unter Freunden wurden sie mit Vorsichtsmaßregeln zum Lesen verteilt. Rivoschs Erinnerungen beeindruckten mich tief. Darüber hinaus riefen sie bei mir eine Gegenreaktion hervor. Meine Kinder wuchsen heran, und ich beschloss, für sie die Tragödie unserer Familie aufzuschreiben und damit auch zum Teil die gemeinsame Tragödie der Juden Lettlands. Obwohl die »Tauwetter-Periode« in der Sowjetunion unter Chruschtschov noch andauerte, war es mir völlig klar, dass weder Rivoschs Erinnerungen noch das, was ich niederschreiben wollte, jemals gedruckt werden würde. Die Sowjetunion schien - nicht nur mir - unveränderlich zu sein, zumindest was die Zeit betraf, die unsere Generation überschauen konnte. So dachte ich, wie auch viele andere, nicht an eine Veröffentlichung. Mir war es wichtig, den Kindern Erinnerungen an die Nächsten zu hinterlassen, deren Liebe ihre Kinder- und Jugendjahre überstrahlt hätte, wäre der Holocaust nicht gewesen. Es waren doch ihre Großmutter, ihr Großvater, ihr Onkel ... Zu meiner Verwunderung wurden Rivoschs Erinnerungen dann doch in der Zeitschrift »Sowjetisch Hejmland« in jiddischer Sprache abgedruckt, aber, wie ich meine, nur ausgewählte Passagen.

Die Jahre gingen dahin, und ich fühlte mich hin und her gerissen zwischen dem konkreten Vorhaben, das Erlebte niederzuschreiben, und dem Wunsch, die ganze Tragödie der lettischen Juden in den Blick zu nehmen. Letzteres grenzte an Größenwahn. Denn mir war klar, dass es eine gewaltige Aufgabe wäre, der ich mein ganzes Leben widmen müsste, wobei es unter sowjetischen Verhältnissen kaum Aussichten auf Erfolg gäbe. Jemandem mit meiner Biografie war der Zugang zu den Beständen spezieller Archive absolut verschlossen. Es reichte nicht, die dringend nötigen Informationen nur aus Zeugenaussagen derjenigen zu gewinnen, die den Holocaust überlebt hatten und in Lettland lebten. Außerdem zweifelte ich daran, dass unter den Bedingungen, die zur Sowjetzeit herrschten, jemand bereit wäre, seine Erfahrungen mit mir zu teilen. Mir schien, dass allein der Gedanke eine solche Ausarbeitung anzufertigen, bereits zum Scheitern verurteilt wäre.

Da hörte ich vom Erscheinen des Buches von Max Kaufmann »Churbn Lettland - Die Vernichtung der Juden Lettlands«. Herausgegeben in Deutschland, umfasst es die Tragödie des ganzen lettischen Judentums. Mit allen Mitteln versuchte ich, dieses Buch zu bekommen. Vergeblich. Als Ende der 60er Jahre meine Cousine aus der Schweiz zu Besuch in Riga weilte, bat ich sie fast auf Knien, mir das Buch per Post zu schicken. Mit größter Mühe konnte sie es bekommen. Es war im Jahre 1947 in München im Selbstverlag und in kleiner Auflage gedruckt worden. Das Paket mit dem Buch landete ohne Umschweife direkt in der Spezialabteilung der Staatsbibliothek. So waren die Sitten in einem Land hinter dem Eisernen Vorhang.

Trotzdem las ich das Buch von Kaufmann. Meine gute Bekannte, Elga Itzikson, die sowohl den Holocaust wie auch den sowjetischen Gulag überlebt hatte, erhielt es von einer Verwandten aus dem Ausland. Nachdem ich »Churbn Lettland« gelesen hatte, zog ich vier Schlussfolgerungen: Erstens hatte Max Kaufmann mit diesem Buch eine Ruhmestat vollbracht, für die ihm die Nachwelt dankbar sein musste. Zweitens war es nicht notwendig, das noch einmal zu wiederholen. Drittens basierte die Arbeit Kaufmanns ausschließlich auf Erinnerungen von Zeugen, demzufolge waren Fehler unvermeidlich gewesen, da die Möglichkeit, die Glaubwürdigkeit der Zeugen zu überprüfen, äußerst gering war. Schließlich durfte ich, als ich mich endlich an die Arbeit machte das Buch zu schreiben, nur jene Informationen verwenden, von deren Glaubwürdigkeit ich absolut überzeugt war, um Fehler und Ungenauigkeiten zu vermeiden. Das hieß, in der Regel nur das zu schreiben, was ich selbst gesehen und gehört habe.

Zwischen dem Lesen von Kaufmanns Buch und dem Schreiben meines eigenen Buches sind mehr als 30 Jahre vergangen. Ich konnte mich lange nicht an den Schreibtisch setzen, um die dem Leser jetzt vorliegenden »Aufzeichnungen eines Untermenschen« zu Papier zu bringen. Wie war das lange Schweigen zu erklären? In erster Linie wohl durch mein damaliges Unvermögen, Wichtiges von Unwichtigem zu unterscheiden. Auch durch die Ansicht der Jugend, dass der Mensch endlos Zeit habe und das Aufschreiben des in der Zeit des Krieges Erlebten warten kann. Dann hatte ich als Anwalt noch einen interessanten Kriminalfall vor Gericht zu bringen. Ich wollte mich noch einmal in meinem geliebten Gagra im Kaukasus erholen usw., usw. Schließlich war ich nicht überzeugt, ob meine Geschichte für den Leser interessant wäre. Letzteres war das stärkste Argument, das meinen ohnehin geringen Schwung, mich an den Schreibtisch zu setzen, immer wieder bremste. Auch heute, nach der Vollendung des Buches, fühle ich diese Unsicherheit. Holocaust ist ein heiliges Thema. Darüber lässt sich nicht schreiben ohne zu zittern und ohne dass einem das Herz blutet. Ich bin ja auch kein Schriftsteller, sondern ich bin ein Jurist. Seit 52 Jahren im Dienst, stand ich in dem Ruf, Berufungen gegen Gerichtsurteile oft erfolgreich einzulegen. Über den Holocaust zu schreiben oder als Anwalt Schriftsätze zu erstellen, das sind zwei ganz unterschiedliche Dinge. Und dann war da noch der ungestüme Lauf meines Lebens. Nachdem der Gedanke an das Buch in meinem Kopf aufkam, waren die letzten zehn Jahre nicht nur beherrscht von beruflichen Anforderungen. Sie waren seit 1988 ausgefüllt mit gesellschaftlichen Aktivitäten, die mit dem Neuaufbau der Jüdischen Gemeinde Rigas, Leitung des Vereins der Holocaustüberlebenden Lettlands und öffentlichen Auftritten zum Thema »Holocaust« in Deutschland zusammenhingen.

Die Zeit für das Buch kam für mich erst 2002, als ich aus gesundheitlichen Gründen meine Anwaltspraxis schließen musste. Aber auch jetzt brauchte ich einen Anstoß von außen. Und als solcher erwies sich das mehrmalige freundschaftliche Drängen von Ludmilla und Arkadij Gitmann. Selbst Holocaustüberlebende aus der Ukraine, haben sie, da sie während des Krieges Kinder waren, fast keine eigenen Erinnerungen. Aufmerksam meinen Erzählungen lauschend, drängten sie mich immer wieder beharrlich, alles, woran ich mich erinnerte, zu Papier zu bringen. Und noch mehr: Ohne die beiden hätte es das Buch nicht gegeben. Sie waren auf tatkräftigste Art und Weise an dessen Entstehung beteiligt. Sie haben sich sowohl als Lektoren wie auch als Korrektoren verdient gemacht und mir wesentlich geholfen, den Text in den Computer zu schreiben. Außerdem waren sie meine ersten Leser und Kritiker, wofür ich ihnen aufrichtige Dankbarkeit schulde.

Tiefe Dankbarkeit bezeuge ich ebenfalls Maria Pljuchanova und Alexander Milow. Maria Pljuchanova hat nicht nur den Text redigiert und sprachliche Verbesserungen vorgenommen, sondern an manchen Stellen auch mit dem Autor um dessen Sichtweise gestritten. Alexander Milow hat mich, nachdem er den Text gelesen hatte, darin bestärkt, ihn als Buch herauszugeben. Gleichzeitig übernahm er die gesamte Bürde, die mit der Herausgabe verbunden war. Auch danke ich Rita Bogdanova und Grigorij Smirin für wertvolle Ratschläge und Hilfe, mit denen sie wesentlich zur vorliegenden Form des Buches beigetragen haben, von Herzen.

Ein paar Worte über das Buch.

Das Buch zu schreiben, ist mir einerseits leicht, andererseits aber auch unheimlich schwergefallen. Leicht deshalb, weil ich das ganze Material im Kopf hatte. Lange Jahre hindurch habe ich das Buch in Gedanken geschrieben, und diese mussten jetzt nur zusammenhängend zu Papier gebracht werden. Leicht war es auch, weil ich mir nichts ausdenken musste. Ich brauchte nur die Wahrheit zu schreiben. Sehr schwer aber war es wegen des Themas und der zu beschreibenden Begebenheiten.

64 Jahre sind vergangen. Aber als ich schrieb, war es, als wäre alles erst gestern gewesen, und ich begriff, was es heißt, alte Wunden aufzureißen.

Das Buch ist chronologisch aufgebaut, aber durchaus kein Tagebuch. Wenn ich es für angebracht hielt, gibt es Abschweifungen in die Vor- bzw. Nachkriegszeit. Meine »Aufzeichnungen« sind keine künstlerische Schöpfung. Sie wollen auch nicht den ganzen Holocaust in Bezug auf die lettischen Juden erzählen. Das Buch beschreibt einzelne Episoden aus meinem Leben in der Zeit des Krieges und in den ersten Monaten nach dessen Ende.

Die wichtigste Bedeutung des Buches sehe ich in der Glaubwürdigkeit der in ihm beschriebenen Ereignisse und in der getreuen Wiedergabe meiner Gedanken und Gefühle in jener Zeit.

HARRI

1. JULI 1941

Ohne dass wir uns verabredet hätten, trafen wir uns an der Ecke Elizabetes und Lazaretes iela, jetzt Jerusalemes iela, neben Gutmanns Schulbedarfladen. Doch unser Treffen war durchaus nicht zufällig. An der Ecke, in der Lazaretes iela, stand unsere Schule, und wir drei Klassenkameraden standen nun da und warteten in der Hoffnung, andere aus unserer Klasse zu treffen.

Ich hatte es am bequemsten von uns dreien, denn die letzten Tage hatte ich zusammen mit meinen Eltern und Brüdern im Keller der Schule zugebracht, um vor eventuellen Bombardierungen in Sicherheit zu sein. Das Haus, in dem wir wohnten, war nur 50 m von der Schule entfernt. Es war aus Holz gebaut und hatte auch keinen richtigen Keller. Mein Vater, der stellvertretender Schulleiter war, hatte uns in die Schule gebracht, weil wir hier sicherer waren.

Riga war von Bomben verhältnismäßig wenig zerstört worden. Nur der Flughafen Spilve mit den Flugzeugen und die Altstadt um die Petri-Kirche herum und auch der Turm der Kirche selbst, in dem sich ein Beobachtungspunkt zur Verteidigung der Stadt befand, wurden in den ersten Kriegstagen zerstört. Der Lärm, den das Krachen der Bomben und die Detonationen verursachten, war kaum auszuhalten. Das fast völlige Fehlen irgendwelcher Informationen über die Front um Riga und dazu der Höllenlärm der Explosionen versetzten uns in Angst.

Als es mir einmal gelang, auf die Straße herauszukommen, hatte ich ein niederschmetterndes Bild vor mir: Über die menschenleere Brivibas iela, die west-östliche Hauptverkehrsader der Stadt, zogen die Rotarmisten aus Riga hinaus. Staubbedeckt und schlecht gekleidet in Wickelgamaschen und bis auf die Knie reichenden Soldatenblusen, kamen sie mir vor wie Kleinwüchsige. Die Soldaten waren schlecht bewaffnet und bewegten sich völlig ungeordnet vorwärts. Als ich ihrer ansichtig wurde, ließ mich das böse Gefühl nicht los, dass sie Riga bereits aufgegeben hatten.

An dem Tag, an dem wir uns trafen, war ich morgens aufgewacht, und alles um mich herum war ungewöhnlich still. Keine Explosion, kein Schießen ... Und erst nach einiger Zeit hörten wir in unserem Keller aus den Lautsprechern, die auf der Straße aufgestellt waren, Musik und auch die lettische Nationalhymne, die vor mehr als einem Jahr durch die »Internationale« ersetzt worden war. Auf der Straße war ich erschüttert von dem, was ich an diesem ersten Julitag, dem ersten Tag der Besetzung Rigas durch die deutschen Truppen, zu sehen bekam.

Es war, als hätte sich alles mit den Nazis verbündet – eine strahlende Sonne an einem azurblauen Himmel, die freudigen Gesichter der Vorübergehenden und ganz besonders der Anblick der deutschen Soldaten. Hochgewachsen, sonnengebräunt mit aufgekrempelten Ärmeln, mit allen möglichen Waffen behängt, zogen sie in tadello-

Familie Bergmann im Jahr 1936. Von links nach rechts: Vater Jean, jüngster Bruder Daniel (Danja), Mutter Klara, älterer Bruder Michail (Mika) und der Autor Alexander (Sascha).

ser Marschordnung über die Elizabetes iela. Sie sangen Lieder, deren Melodien und Texte ich noch heute im Ohr habe. Über das Pflaster der Rigaer Straßen marschierten die Sieger!

Woher sollte ich 16-jähriger Junge wissen, dass da vor mir keine Frontsoldaten marschierten, sondern speziell ausgewählte Einheiten, die den Einwohnern klarmachen sollten, dass hier eine unbesiegbare deutsche Armee Einzug hielt? In diesem Universum beruht vieles auf Täuschung, und ich muss gestehen, dass es den Nazis absolut gelang, auch mich zu täuschen. Mir wurde angst und bange, und gleichzeitig durchzuckte mich der Gedanke - was wird mit uns Juden?

In unserer Familie gab man sich bezüglich der deutschen Nazis keinen Illusionen hin. Die Eltern und folglich auch wir Kinder wussten gut Bescheid über die Lage der Juden in Deutschland, Österreich und der Tschechoslowakei. Verwandte, die früher in Berlin gelebt hatten, waren 1936 nach dem Inkrafttreten der Nürnberger Rassengesetze nach Lettland zurückgekehrt, ebenso war nach der Besetzung der Tschechoslowakei meine Tante Betty aus Prag nach Riga zurückgekommen.

Bis zur sowjetischen Besatzung hatten wir ausländische Zeitungen abonniert, hatten Hitler im Radio gehört, wie er gegen die Juden, als die Quelle allen Unglücks für das deutsche Volk, gehetzt und gedroht hatte, mit ihnen abzurechnen. Vater beherbergte in unserer Wohnung zwei jüdische Emigranten aus Österreich. Ihnen war es nach dem »Anschluss« 1938 gelungen, das Land zu verlassen und eine Aufenthaltsgenehmigung in Lettland zu erhalten.

Aus Meldungen des englischen Rundfunks wussten wir, dass in Warschau eine Reihe von Wohnvierteln durch eine steinerne Mauer abgesperrt worden war und man dort eine halbe Million Juden aus der Stadt und der Umgebung eingesperrt hatte. Das bedeutete, dass in Warschau ein Ghetto für die Juden eingerichtet worden war. Wir hatten auch Informationen über die Konzentrationslager Buchenwald, Dachau, Sachsenhausen und wussten von der Willkür der SS, die dort herrschte und mordete. In einem dieser Lager war auch ein naher Freund unseres Vaters ermordet worden.

Wir rechneten mit Unterdrückungsmaßnahmen vonseiten der Deutschen, wie z.B. Berufsverbote, Reduzierung der Nahrungsmittel, eine mögliche Verschleppung in ein Ghetto u.Ä. Doch weder ich noch meine Eltern konnten uns vorstellen, dass uns gleich in den nächsten Tagen quasi der Prolog der Katastrophe erwarten würde, die nicht nur die lettischen Juden hinwegfegen sollte, sondern fast alle Juden Europas.

Es ging nicht darum, wie später viele im Ghetto behaupteten, dass man unmöglich von den Deutschen, die sich doch während der Okkupation Rigas im Ersten Weltkrieg der jüdischen Bevölkerung gegenüber anständig benommen hatten, ein so grausames Verhalten hätte erwarten können. Es ging auch nicht um die Deutschen an sich, sondern darum, dass ein normaler Mensch des 20. Jahrhunderts sich nicht vorstellen konnte, dass es in der sogenannten zivilisierten Welt möglich wäre, ein ganzes Volk zu vernichten. Jetzt, nach der Shoah, da wir es besser wissen, werfen wir uns oft gegenseitig vor, nicht weitsichtig genug gewesen zu sein.

Im Widerspruch zu dem eben Gesagten, werde ich später schreiben, hätten wir allen Grund gehabt, die Katastrophe voraussehen zu können, denken wir nur an Hitlers Buch »Mein Kampf«.

Doch das widerspricht sich nur scheinbar und beweist, dass auch ich, wie andere auch, die besten Gedanken erst hinterher, also nach dem Krieg hatte. Mit einem Wort: Ich behaupte, dass ich die Masse der Nachkriegsinformationen auf die Vorkriegszeit übertrug, obwohl sie uns damals nicht bekannt waren.

Auf dem Tisch in meines Vaters Arbeitszimmer in unserer Wohnung war Goethes bekannter Text auf einer Holztafel eingebrannt: »Wo man singt, da lass dich ruhig nieder, böse Menschen haben keine Lieder«.

Begleitet von dem Gesang der deutschen Soldaten und Goethes Vers mit Bitterkeit im Ohr, machte ich mich auf den Weg nach Hause. Da traf ich auf meine Mitschüler Aisik Aisikovitsch und Harri Fainson. Sie hatten dasselbe gesehen wie ich. Allerdings mit dem einen Unterschied, dass neben Aisik, der von der Schlagkraft der deutschen Truppen ebenso überwältigt war wie ich, dieser Umstand bei Harri völlig andere Emotionen und Antriebe ausgelöst hatte.

Harri war unser Klassengenie. Seine Familie war nach Hitlers Machtergreifung aus Deutschland nach Lettland emigriert. Kurz danach kam er in unsere Klasse. In allem war er anders als wir, die gewöhnlichen Schüler der 9. Klasse, auch was sein Äußeres anbetraf. Man konnte ihn fast mit Don Quichotte vergleichen - baumlang, dünn, leicht nach vorne gebeugt. Außerdem war er kurzsichtig, mit einer Brille auf der Nase. Dazu war er auch noch blond. Mit dem edelmütigen Hidalgo verband ihn sein Idealismus und der Wunsch, Gutes zu tun. Im Unterschied zu dem Ritter stand er fest mit den Füßen auf der Erde und versuchte nicht, gegen Windmühlenflügel zu kämpfen.

Im Sportunterricht war Harri keine große Nummer, was bei den Klassenkameraden zu Spott und Gelächter hätte führen können. Doch Harri war eine von allen anerkannte Autorität. Während wir uns mit der Lösung algebraischer Gleichungen herumschlugen, löste Harri Differentialgleichungen. Schon allein das Wort Differentialgleichung ließ uns erschauern. Harris Kenntnisse in Chemie waren so groß, dass unsere Chemielehrerin mir nach dem Krieg eingestand, dass Harri sie ohne Schwierigkeiten hätte ersetzen können. Wenn unser strenger Mathe-Lehrer für die Klasse eine Kontrollarbeit in Geometrie ansetzte, auf die wir völlig unvorbereitet waren, bat die ganze Klasse Harri, irgendetwas zu tun, damit die Kontrollarbeit nicht stattfände. Harri tat etwas. An dem für die Arbeit festgesetzten Tag war es unmöglich, den Klassenraum zu betreten. Es herrschte eine solch schlechte Luft in dem Zimmer, dass man kaum atmen konnte. Der Lehrer war nicht imstande, den Grund dafür herauszufinden. Auf unsere spätere Fragen, wie er das erreicht habe, murmelte Harri etwas von Käse-Destillation.

Im Jahre 1940 bombardierten deutsche Flugzeuge London und versuchten auf diese Weise, England aus dem Krieg auszuschalten. Viele Menschen kamen dabei um, und Harri machte es sich zur Aufgabe, die Stadt zu verteidigen. Ich sah selbst das Antwortschreiben mit dem gedruckten Wappen, das er von der englischen Regierung erhielt und, wie mir heute scheint, mit der Unterschrift von Churchill, in dem er seinen Dank für den zugesandten Vorschlag einer Verteidigung Londons ausspricht und ein Honorar in Aussicht stellt, sollte das Projekt verwirklicht werden. Ich weiß nicht, was und ob aus dem Projekt etwas geworden ist. Aber die Tatsache, dass später der Schutz Moskaus vor feindlichen Flugzeugen durch den Einsatz von Ballons sichergestellt werden sollte, lässt manches vermuten. Harris nicht zu bremsende Fantasie hatte immer eine reelle Grundlage, die zur praktischen Anwendung führen konnte.

Es war um die Mittagszeit, als wir uns trafen, und die Straßen füllten sich immer mehr mit Menschen. Die einen schlenderten umher, so als wenn sie die Stadt neu erkunden wollten. Andere wiederum, die sich mit den neuen Herren arrangieren wollten, schritten tatkräftig aus. Man erkannte sie nicht nur an der Art, wie sie sich bewegten, sondern vielmehr noch an ihrer Kleidung. Sie trugen entweder die Uniform der früheren lettischen Armee oder hatten auf den Ärmeln rot-weiß-rote Armbinden, (lettische Nationalfarben), die jedoch sehr bald durch grüne ersetzt wurden. Auch die lettischen Fahnen an den Häusern verschwanden. Das Märchen, dass Lettland mit der Ankunft der Deutschen seine frühere Selbstständigkeit wieder zurückbekäme, löste sich in nichts auf. Statt in einem wieder unabhängigen Lettland fand sich die Bevölkerung nun in einer neuen geografischen und politisch-rechtlichen Struktur wieder. D.h., Lettland wurde Teil des deutsch verwalteten Reichskommissariates Ostland, eines Territoriums, welches das gesamte Baltikum und einen Teil Weißrusslands umfasste.

Später nannten wir diese Leute mit den Armbinden auf Jiddisch »Bendeldiker«, was so viel heißt wie »Mensch mit Armbinde«. Offiziell wurden sie Schutzmänner genannt. Die Existenz dieser Schutzleute in Riga schon am ersten Tag der deutschen Okkupation überraschte mich. Meiner Meinung nach bestätigte dies, dass sich diese Leute schon vor der deutschen Okkupation Rigas vorbereitet hatten, zu handeln. Ein großer Teil der Schutzleute nahm bereits in den ersten Tagen der Okkupation in der einen oder anderen Weise, als Täter oder Helfershelfer, an der beginnenden Vernichtung der jüdischen Bevölkerung Lettlands teil.

Weder ich noch Harri wussten am 1. Juli 1941, was uns während der Naziokkupation erwarten würde. Den Holocaust haben wir zu diesem Zeitpunkt nicht vorhergesehen. Aber was uns von Hitlerdeutschland bekannt war, sagte uns doch, dass wir von den neuen Verhältnissen nichts Gutes zu erwarten hätten. Alles, was wir am 1. Juli in den Straßen Rigas gesehen hatten, stellte uns vor die immer wiederkehrende Frage: »Was tun?« Das fragten wir uns, als wir an der Ecke neben Gutmans Geschäft standen.

Harri hatte eine Idee: »Wir müssen uns in Richtung Osten durchschlagen, die Frontlinie überschreiten und uns in die Rote Armee einreihen.« Ohne dass groß diskutiert wurde, nahmen wir diese Idee auf. Weder machten wir uns weiter Gedanken über die Strecke, die zurückzulegen war, noch über die erforderliche Ausrüstung noch über sonst irgendetwas. Wir verabredeten uns einfach für den nächsten Tag um 11 Uhr am selben Ort, um von dort aufzubrechen.

Am nächsten Tag war ich zur angegebenen Stunde nicht am angegebenen Ort. Wie ich später erfuhr, war auch Aisik nicht gekommen, den ich nie mehr gesehen habe. Harri jedoch war gekommen. Da wir nicht da waren, machte er sich alleine auf den Weg in Richtung Osten. Nachts war er unterwegs, am Tage schlief er. Er ernährte sich von Brot und aus Konserven, die er von zu Hause mitgenommen hatte, auch von Beeren und Pilzen. Bei Bauern vorbeizugehen, vermied er aus Angst, dass diese ihn den Behörden übergeben könnten. Er war fast bis in das Gebiet von Pskov (Pleskau) gekommen, als er von der deutschen Feldgendarmerie festgenommen wurde. Sein »arisches« Äußeres, die deutsche Geburtsurkunde, sein tadelloses Deutsch und die Glaubwürdigkeit seiner erfundenen Legende retteten ihn. Doch wurde er gezwungen, nach Riga zurückzukehren.

All das erfuhr ich später im November desselben Jahres im Ghetto, als wir uns dort ein einziges Mal wieder trafen. Harri war weder auf mich noch auf Aisik wütend gewesen. Die Situationen zu bestehen, wie er sie erlebt habe, wäre für Aisik und mich mit unserem »nichtarischen« Äußeren gleich null gewesen, erzählte Harri.

Zwei Wochen nach unserem letzten Treffen – es war der 30. November 1941, der Tag der ersten Vernichtungsaktion des Rigaer Ghettos – begleitete Harri Fainson seine Mutter freiwillig in den Wald von Rumbula und wurde dort zusammen mit ihr ermordet. Es gibt außer mir keinen, der um ihn wissend trauert.

Als ich mich mit Harri und Aisik an jenem 1. Juli traf, war ich noch ein »Hauskind«. Unsere Eltern versuchten, uns drei Brüder zu selbstständig denkenden und handelnden Menschen zu erziehen, die für ihre Taten selbst verantwortlich waren. Meine Art von Selbstständigkeit drückte sich oft in allen möglichen und unmöglichen Dummejungenstreichen aus. So zog ich mir z.B. mit dem Angelhaken eine Eisscholle heran und schaukelte mit ihr auf der Daugava, wenn der Fluss Eisgang führte. Oder ich war den ganzen Tag bis zur Dunkelheit von zu Hause fort, ohne den Eltern etwas zu sagen, und verbrachte den Tag bei den Anlegestellen, nicht weit vom Hafen, wo ich mich beim Geräusch der leise an die Kaimauer schwappenden Wellen ins Lesen von Puschkins »Hauptmannstochter« und »Dubrovski« vertiefte.

Aber die Familie ohne Nachricht oder Erlaubnis der Eltern zu verlassen, traute ich mich denn doch nicht. Hätte ich von unserem Plan nach Osten zu gehen erzählt, dessen war ich mir sicher, hätte ich niemals die Erlaubnis dafür erhalten. Jetzt zweifele ich allerdings, ob das wirklich so gewesen wäre. Doch es gibt noch einen anderen Umstand, der bewirkte, dass ich nicht zum Treffen mit Aisik und Harri ging. Am dritten Tag des Krieges, es war der 24. Juni, hatten meine Eltern und Brüder Verwandte aus Moskau, die bei uns zu Besuch gewesen waren, zum Bahnhof begleitet. Ich war nicht mitgegangen, weil ich nach dem Ende des Schuljahres in einer Fabrik als Hilfsarbeiter arbeitete. Ich wollte mir auf diese Art und Weise die Grundlagen der »proletarischen Psychologie« aneignen. Vor Abfahrt des Zuges gab der Zugführer bekannt, dass, wer wolle, sich in den Zug nach Moskau setzen könne. Angesichts der Tatsache, dass ich nicht mit am Bahnhof war, hatten meine Eltern von dieser Gelegenheit keinen Gebrauch gemacht. Konnte ich sie denn daraufhin verlassen?

Diese Gedanken kamen mir erst etwas später, aber noch am selben Tag des Treffens mit Harri in den Sinn. Ihm und Aisik gleich am nächsten Tag zu erzählen, warum ich nicht nach Osten mitgehen könne, dazu fehlte mir der Mut. Ich fürchtete, vor ihnen als Feigling dazustehen. Unabhängig davon, dass ich sonst für Abenteuer jeglicher Art zu haben war, wollte ich in einer solch schwierigen Situation doch nicht die Familie verlassen und mich in den Osten absetzen. Ich wollte meinen Eltern keinen Kummer bereiten. Den aber habe ich zweifellos Harri bereitet, der ganz gewiss erwartet hatte, dass wir uns alle drei gemeinsam auf den Weg machen würden. Die Gedanken daran und mein schlechtes Gewissen verfolgen mich bis heute. Zu meiner Verteidigung kann ich nur sagen, dass Aisik und Harri, die ich beide in eine unangenehme Lage gebracht zu haben glaubte, doch die Möglichkeit hatten, auch ohne mich zu gehen oder statt meiner einen anderen Klassenkameraden mitzunehmen oder schlimmstenfalls von dem Plan Abstand zu nehmen. An dem besagten Tag hatten sie noch die Wahl. Das entschuldigt mein mangelhaftes Verhalten nicht.

Durch die Besetzung Lettlands durch deutsche Truppen entstand für mich und alle anderen Juden eine extreme Situation. Sie nahm uns die Möglichkeit, über unser eigenes Schicksal selbst zu bestimmen. Leben oder sterben – darüber entschieden jetzt andere. Abgesehen davon standen wir täglich vor dem gleichen Dilemma – sollten wir so oder anders handeln. Das Überleben hing oft von der eigenen Handlungsmöglichkeit, von der eigenen Vorgehensweise ab. Gleichzeitig stellte sich einem aber auch die moralische Frage nach der »Anständigkeit« des Handelns.

Im normalen Leben gibt es Regeln, nach denen das Handeln jedes Einzelnen beurteilt werden kann. Das sind die Zehn Gebote, Gesetze, sittliche Forderungen. Sogar unter Bedingungen, die ein normales Leben nicht zulassen, wie z.B. im Krieg, gibt es bestimmte Regeln, die unbedingt beachtet werden müssen – so das Verhalten gegenüber Kriegsgefangenen oder der Zivilbevölkerung, oder der Gebrauch von unkonventionellen Waffen. Ob diese Regeln eingehalten werden, ist eine andere Frage.

Für uns begann mit dem deutschen Einmarsch in Lettland ein »Spiel«, in dem keine Regeln mehr galten. Auch im normalen Leben kann nicht alles durch Regeln bestimmt werden. Das Verhalten eines Menschen hängt, besonders in kritischen Situationen, oft davon ab, ob er ein Gewissen hat oder nicht. Vom ersten Tag deutscher Präsenz in Riga an war das Gewissen für uns einzig und allein in Fragen wie Anstand und Menschenwürde maßgeblich. Doch das Gewissen hatte oft zu entscheiden zwischen mitunter unversöhnlichen Gegensätzen, wenn es z.B. darum ging, den Selbsterhaltungstrieb des Menschen zu befriedigen, dessen vier kurze Worte »Denk an dich selbst« man ständig im Ohr hatte.

Wäre ich damals über die kommende Vernichtung der Juden informiert gewesen, hätte ich dann so gehandelt, wie ich es am 2. Juli getan habe? Vielleicht hätte ich nicht auf meine Eltern Rücksicht genommen, sondern versucht, mein eigenes Leben zu retten. Ich wäre damit meinem Selbsterhaltungstrieb gefolgt.

Die Fähigkeit, in dieser ungemein grausamen Sachlage die Anständigkeit zu bewahren, ist meiner Ansicht nach die höchste Offenbarung des menschlichen Geistes. Nicht jeder konnte das. Hütet euch aber, diejenigen, die im Ghetto und besonders im KZ Kleinmut an den Tag legten, zu verdammen. Dort immer der Stimme des Gewissens zu folgen, war praktisch unmöglich. Sterben – das konnte man.

DIE ERMORDUNG MEINES GROSSVATERS

4. JULI 1941

Das passierte auf ganz alltägliche Art und Weise. Es waren drei Männer, die in die Wohnung eintraten. Zwei von ihnen trugen Armbinden, der dritte war entweder der Hausmeister oder dessen Sohn. Sie befahlen meinem Großvater mütterlicherseits, Schaja Hauchmann, und seinem Schwiegersohn, Ilja Brachmann, mitzukommen. Auf die Fragen »wohin?« und »warum?« setzte es Schläge ins Gesicht, wobei Ilja die Brille von der Nase gerissen und zerbrochen wurde, sodass er kaum noch etwas sehen konnte. Daraufhin gab es keine Fragen mehr. Großmutter konnte aus dem Fenster sehen, wie sich die beiden Schutzmänner und Großvater mit dem Schwiegersohn am Arm auf dem Siegfried-Mejerowitz-Bulvard in Richtung Polizei-Präfektur entfernten. Großvater und sein Schwiegersohn wurden nie wieder gesehen. Wo sie ermordet wurden, weiß ich nicht genau. Vielleicht hat man sie noch in der Präfektur oder im Wald von Bikernieki erschossen.

An diesem für uns schwarzen Tag wurden in Riga viele jüdische Männer ermordet. Die Orte waren immer dieselben, entweder die Präfektur oder der Wald von Bikernieki. Auch Frauen wurden erschossen, wenn auch nicht so viele. Man mordete bereits vor dem 4. Juli. Hierbei handelte es sich aber um Einzelfälle. Nach Aussage einiger belief sich die Zahl der am 4. Juli ermordeten Juden auf 2.000. Aber wer konnte die Opfer schon alle zählen? Mit Sicherheit kann gesagt werden, dass an diesem Tag Hunderte von Juden ermordet wurden.

Allein aus dem Kreis unserer Verwandten wurden neben Großvater und seinem Schwiegersohn die Frau von Vaters Bruder, Rosa Bergmann, und Vaters Cousins, Harri und Abram Bergmann, ermordet. Von den anderen Verwandten weiß ich keine Einzelheiten. Listen stellten die Täter nicht auf. Uns waren schon die Telefonanschlüsse gekappt worden, und auf die Straße gingen wir nur noch, wenn es unvermeidlich war.

An diesem Tag, dem 4. Juli, wurden auch die Rigaer Große Choral-Synagoge und das Bethaus auf dem Alten Jüdischen Friedhof niedergebrannt. In beiden Fällen verbrannten mit den Gebäuden die Menschen, die man willkürlich in sie eingesperrt hatte, bei lebendigem Leibe.

Mein Großvater, 1866 geboren, nahm trotz seines fortgeschrittenen Alters noch aktiv am gesellschaftlichen Leben teil. Er interessierte sich für alles, was um ihn herum vorging, und arbeitete in der jüdischen Gemeinde mit. Da ihn alle für einen redlichen und unbestechlichen Mann hielten, war er in der Gemeinde mit Revisions- und Kontrolltätigkeiten betraut. Von der großen Hochachtung, die er genoss, zeugt ein ihn betreffender Artikel in dem noch vor dem Krieg erschienenen Buch über die Juden Lettlands, »Jüdische Tuer«, Riga 1934, worin er als eine angesehene Persönlichkeit des öffentlichen Lebens erwähnt wird.

Großvater Isaj (Schaja) Hauchmann, 1927

Wir Kinder vergötterten ihn. Bei ihm war es immer so gemütlich, er strahlte so viel Güte aus und war so voller Humor, dass jeder Besuch bei ihm für uns zu einem richtigen Festtag wurde. Daneben war er auch derjenige, der uns den Kontakt zum jüdischen Glauben vermittelte. Unsere völlig areligiöse Familie ging an den Feiertagen zum Großvater, um die jüdischen Bräuche und Traditionen zu leben, sei es nun Chanukka, das Fest, an dem der wunderbaren Geschichte von der Einweihung des Tempels in Jerusalem nach der Entweihung durch die Griechen gedacht wird, sei es Purim, wenn an die Rettung vor dem Untergang in Persien erinnert wird, oder insbesondere Pessach, der Feiertag im Frühling zum Gedenken an den Auszug der Juden aus Ägypten - an diesen Tagen waren wir alle beisammen.

Vor meinen Augen steht der große Tisch, der 25 Personen Platz bot. Am Tischende sitzt Großvater und liest uns die Pessach-Haggada über den Auszug der Juden vor. Um den Tisch herum unsere ganze große Familie, Großvater hatte sechs Kinder, - alle in Festtagskleidung. Auf dem Tisch der Pessach-Wein und die Schüsseln mit den verschiedenen Speisen. Alles spielte sich genau nach den Vorschriften des Pessach-Seders ab. Obwohl wir alle, einschließlich der Generation der Eltern, aufgeklärte Juden waren, herrschte eine gehobene, irgendwie feierliche Stimmung, und wir vertieften uns in die Geschichte des Volkes, zweifelten nicht an dem wunderbaren Auszug aus Ägypten, als das Rote Meer sich vor den Juden auftat, und glaubten auch an andere Wunder, die geholfen hatten, aus der ägyptischen Sklaverei zu entkommen. Ich war aber noch wegen einer anderen Sache aufgeregt. Als Jüngster musste ich, dem Brauch entsprechend, dem Großvater vier Fragen stellen. Mein Bruder Danja, der eigentlich der Jüngste von uns dreien war, war noch viel zu klein dazu. Die Fragen musste ich in Ivrit stellen, eine Sprache, die ich eigentlich nicht kannte. Deshalb lernte ich die Fragen auswendig. Ich hatte Angst, ich könnte ins Stottern kommen und dadurch die feierliche Stimmung kaputt machen. Was für eine Blamage wäre das gewesen! Doch alles verlief reibungslos, und ich war glücklich und konnte die wunderbare feiertägliche Stimmung voll genießen.

Ich selbst bin nicht Augenzeuge der Verschleppung Großvaters und seines Schwiegersohnes gewesen. Ich weiß das nur aus den Worten der Großmutter, die uns dies einige Tage später erzählte. Die Situation wurde noch dadurch kompliziert, dass es nach der Ermordung der beiden in ihrer Familie außer dem einjährigen Alexander Brachmann keine Männer mehr gab. Später, als wir alle im Ghetto waren, schickte mich mein Vater zur Großmutter, damit ich bei ihr bleiben sollte. Irgendjemand musste doch Männerarbeit tun: Holz sägen und hacken, Wasser tragen. Während der anderthalb Monate bis zu ihrem Tod am 8. Dezember 1941 erzählte mir meine Großmutter jeden Tag, wie am 4. Juli zwei »Armbinden« mit dem Hausmeister gekommen waren, wie sie Großvater und dem Schwiegersohn ins Gesicht geschlagen und sie dann zur Präfektur geschleppt hatten.

Wer auch immer es war, wer auch immer das Einverständnis zum Mord an den Juden am 4. Juli in Riga gegeben hatte, uns war schon damals klar, dass das Mordgeschäft von unseren Landsleuten betrieben wurde. In allen Fällen ergriffen die »Armbinden« die Männer und Frauen in den Häusern. Sie sprachen Lettisch miteinander, wenn sie ihre Opfer in die Präfektur brachten, wo sich von den ersten Tagen der deutschen Besetzung Rigas an die einheimischen Nazis niedergelassen hatten. Das berichteten auch die wenigen, denen die Flucht aus der Präfektur mithilfe des einen oder anderen Armbindenträgers, den sie von irgendwoher kannten, gelang.

Im Laufe von anderthalb Monaten, von Oktober bis Ende November, existierte das »Große Ghetto«, in dem ungefähr 30.000 Rigaer Juden leben sollten. Zusammengepfercht auf einem kleinen Gelände hatten sie natürlich Kontakt untereinander und konnten sich auf diese Weise erzählen, was sie am 4. Juli erlebt hatten. Aus den übereinstimmenden Berichten der Bewohner des »Großen Ghettos« über die blutigen Ereignisse, konnte ich meine Schlussfolgerungen ziehen. Deutsche waren dabei nicht zu sehen gewesen, obwohl kein Zweifel daran bestand, dass sie als Anstifter fungierten und das Morden mit Wohlwollen betrachteten.

Einige Monate vor dem 4. Juli hatte uns der Geschichtslehrer erzählt, dass lettische Arbeiter durch eine solidarische Aktion zu Beginn des 20. Jahrhunderts ein Pogrom gegen die Juden in Riga verhindert hatten. Noch nicht einmal 40 Jahre später waren ihre Kinder und Enkel an den schrecklichen Ausschreitungen des 4. Juli beteiligt. Damals fand ich keine Erklärung dafür, und auch heute, mehr als 60 Jahre später, kann ich keine vernünftige Antwort darauf geben, was zu diesen Unmenschlichkeiten am 4. Juli geführt hat.

Sicher hat es in der lettischen Gesellschaft eine ziemlich starke antisemitische Stimmung gegeben, die ihre tiefen Wurzeln hatte und mit der auch wir Kinder in den Vorkriegsjahren konfrontiert waren. Weder dieser alltägliche, »normale« Antisemitismus, der in Lettland allerdings nie zuvor in ein Massaker gemündet war, noch die Okkupation Lettlands durch die Sowjets 1940 mit ihrem Unterdrückungsregime und den Deportationen nach Sibirien vom 14. Juni 1941 geben eine Antwort auf die Frage, warum sich die einheimische Bevölkerung an der Ermordung der Juden beteiligt hat.

In Übereinstimmung mit der antisemitischen Propaganda beschuldigte man die Juden des begeisterten Empfangs der Roten Armee im Juni 1940, der Teilnahme von Juden an den Repressalien gegenüber den Letten als Vertreter des NKWD[1] und der

1 NKWD: 1934 geschaffenes Volkskommissariat für Innere Angelegenheiten (Polizei)

Rosa Bergmann, 1939

Abram Bergmann, 1930

Ilija Brachmann, 1927

Harri Bergmann, 1922

Teilnahme des Juden Schustin als stellvertretendem Volkskommissar des NKWD der Lettischen SSR bei der Deportation von Letten nach Sibirien.

Vor einigen Jahren hat in Rumbula bei einer Gedenkveranstaltung für die Opfer des Holocaust eine bekannte lettische Persönlichkeit des öffentlichen Lebens gesprochen. Aus dem Inhalt der Rede ging hervor, dass der Redner die Teilnahme der einheimischen Bevölkerung am Holocaust als eine Reaktion auf das Verhalten der Juden in der sowjetischen Zeit vor dem Krieg ansah. Ich will mich gar nicht in die Streitigkeiten um diese abwegige »Begründung« einlassen, halte es jedoch für wichtig, kurz auf die oben genannten Gründe einzugehen.

Ein bestimmter Teil der Bevölkerung Lettlands, hauptsächlich die ärmeren Schichten, begrüßten die Ankunft der Roten Armee mit Freude. Nicht für alle war die »Goldene Zeit von Ulmanis« wirklich eine goldene gewesen. Es handelt sich hierbei um die Zeit vom 15. Mai 1934 bis zum 17. Juni 1940, während der Karlis Ulmanis mit seinem autoritären Regime herrschte. Ökonomisch ging es vielen Leuten nicht allzu gut. Außerdem waren viele mit dem politischen System in Ulmanis' Lettland nicht einverstanden - der Auflösung des Parlaments, des Verbots der politischen Parteien, der Verfolgung Andersdenkender und anderer »Blüten« autoritärer Herrschaft.

Eine andere Sache ist, dass die mit Ulmanis Unzufriedenen, die die Rote Armee begrüßten, einem großen Irrtum erlagen - sie kamen von Regen in die Traufe, d.h. von einem autoritären in ein unvergleichlich schrecklicheres totalitäres Regime. Die anziehenden Losungen des Sozialismus Lenin'scher und Stalin'scher Prägung konnten dessen Wesen nur für kurze Zeit verbergen. Aber das war nicht die Schuld derjenigen, die die Rote Armee begrüßten - unter ihnen waren auch Juden - sondern eher ihr Unheil. Die Ernüchterung kam sehr bald.

Am 21. Juli 1940 sah ich aus dem Fenster unserer Wohnung auf der Elizabetes iela eine imposante Demonstration. An unserem Haus zogen die Demonstranten mit Losungen wie »Lai dzivo tas, kam nav nekas«, was so viel heißt wie: »Es lebe der, der nichts besitzt«, oder: »Ulmani uz kūdru«: Ulmanis zum Torfstechen, u.Ä. vorbei. Unter den Demonstranten waren sowohl Letten wie auch Russen und Juden.

Im NKWD Lettlands gab es auch Juden. Anhand einer vor einigen Jahren veröffentlichten Auflistung der Partei-Organisation in dieser Behörde lässt sich nachweisen, dass es unter den aktiven Funktionären nur wenige Juden gab. Opfer der Tscheka-Willkür[2] wurden Letten im gleichen Maße wie Juden und Angehörige anderer Nationalitäten.

Es ist richtig, dass im NKWD der Jude Schustin als Stellvertretender Volkskommissar arbeitete. Es ist aber auch richtig, dass prozentual die meisten der nach Sibirien Deportierten Juden waren. Von den ungefähr 15.000 Deportierten stellten die Juden mehr als 12 %, d.h. 1.800 Menschen. Ihr Anteil an der Bevölkerung Lettlands betrug jedoch nur ca. 5 %.

2 Tscheka: Abkürzung der Worte »Tschreswitschainaja Komissia«. Erste politische Polizeitruppe der Sowjetunion. Sonderkommission, in den 20er und 30er Jahren des 20. Jahrhunderts.

Es ist aber weder Schustin noch der sowjetischen Herrschaft anzurechnen, dass die Deportation nach Sibirien einem großen Teil der Juden das Leben rettete, da sie dadurch dem in Lettland tobenden Holocaust entrannen.

Eine etwas weniger voreingenommene Analyse der Ereignisse der sowjetischen Herrschaft in Lettland in den Jahren 1940–41 hätte den besagten Redner bei der Gedenkveranstaltung in Rumbula zu anderen Schlussfolgerungen führen müssen. Dass nämlich erstens die Juden in der sowjetischen Vorkriegszeit nicht weniger, sondern in mancher Beziehung sogar mehr gelitten haben als die übrige Bevölkerung. Und zweitens die Zahl der an den Unterdrückungsmaßnahmen der Sowjets Beteiligten ihren prozentualen Anteil an der Bevölkerung Lettlands nicht überschritt.

Aber wie dem auch sei, Antisemitismus bedeutet, einen Splitter im fremden Auge zu sehen (auch wenn er gar nicht existiert), den Balken im eigenen Auge aber nicht wahrzunehmen.

Es ist bemerkenswert, dass diese bis heute gängige »Erklärung« für die Teilnahme der einheimischen Bevölkerung an der Vernichtung der Juden ihre Wurzeln in der menschenverachtenden Nazi-Propaganda hat, die die Seiten des Sammelbandes »Baigais gads«, zu Deutsch »Das schreckliche Jahr«, und der Zeitung »Tevija«, zu Deutsch »Vaterland«, füllten.

In »Baigais gads« wird verkündet, dass an allem die Juden schuld, und Kommunisten, Tschekisten und Juden ein und dasselbe seien. Erstaunlich ist nur, dass es heute noch Leute gibt, die diesen Sammelband wie einen Katechismus betrachten und sich in Zeitungsartikeln und Publikationen darauf beziehen. Was die »Tevija« betrifft, habe ich niemals eine widerlichere Lektüre in Händen gehalten, obwohl ich manchmal auch den »Stürmer« von Julius Streicher gelesen habe. Den Befehl zur Judenvernichtung hat Streicher nicht gegeben, aber er hat ihn empfohlen und dazu aufgehetzt. Ich bin überzeugt davon, dass die Redakteure und Journalisten der genannten lettischen Publikationen später genauso hätten angeklagt werden müssen wie Streicher beim Nürnberger Kriegsverbrecherprozess. Wenn auch Streicher ähnlich, so waren sie doch verglichen mit ihm kleinere Nummern. Legt man aber lettische Maßstäbe an, so unterscheiden sich die Auswirkungen ihrer Aktivitäten in keiner Weise von denen Streichers.

Mir ist nicht ein einziger Fall bekannt, in dem diese Schreibtischtäter wegen ihrer antisemitischen Hetze und Aufstachelung zur Tötung der Juden zur Rechenschaft gezogen worden wären – weder in der sowjetischen Nachkriegszeit noch in der Zeit nach der wiedererlangten lettischen Selbstständigkeit. Man muss dabei allerdings anmerken, dass sich ein Großteil von ihnen in den Westen flüchten und dort verbergen konnte. Auch da gab es keine nennenswerten Versuche, sie aufzuspüren und ihre Tätigkeit während des Krieges zu beleuchten.

Ich kann mir vorstellen, auch wenn diese Vorstellung absolut unentschuldbar ist, dass gewisse Teile in allen Schichten der Bevölkerung Lettlands mit tiefsitzenden antisemitischen Wurzeln, verstärkt durch die Wirkung des Giftes der Nazi-Propaganda, nach der der Jude an allem Übel schuld und daher zu vernichten sei, sich zu Bluttaten hinreißen ließen. Jedoch ist weder der Mord an meinem Großvater, an seinem Schwiegersohn noch der an Hunderten anderer Juden am 4. Juli 1941, dem vierten Tag der deutschen Okkupation Rigas, dadurch zu erklären. Der Sammelband »Das Schreckliche Jahr« war noch nicht herausgegeben, und die Zeitung »Tevija« kam gerade erst heraus. Das Radio sendete zwar schon, aber zum Massenmord rief es noch nicht auf.

Wer verübte dann die Morde vom 4. Juli?

Ich weiß, dass meine Erklärungsversuche verworfen werden können. Dennoch nenne ich diese Menschen oder besser Unmenschen »Mörder des ersten Tages«. Diese Banditen brauchten nicht erst motiviert zu werden. Schon lange vor der deutschen Okkupation waren sie bereit zu töten. Sie brauchten nur auf das Signal, die Stunde X, zu warten. Die Mordaktion vom 4. Juli war eine präzise organisierte Operation, die nur einen Tag dauerte. Dazu war es allerdings nötig, die Freiwilligen auszusuchen, sie mit Waffen und Armbinden zu versorgen, den Transport der zu Erschießenden und der Leichen in den Wald von Bikernieki zu organisieren und Gruben auszuheben. Auch musste die Anzahl der Todesopfer festgelegt werden. In allem, sei es der Mord an meinem Großvater, seien es die vielen anderen Morde, konnte weder von Spontaneität, noch von Pogromstimmung die Rede sein. Im Gegenteil, alles war sorgfältig geplant.

Die Motive dieser Mörder des ersten Tages waren vielfältig. Dazu gehörte auch die Gedankenwelt der einheimischen faschistischen Organisation, des »Perkonkrust«, zu Deutsch »Donnerkreuz«, und der »Aizsargi«, einer paramilitärischen nationalistischen Organisation aus der Vorkriegszeit. Hinzu kamen die Wünsche, sich bei der neuen Macht im Lande lieb Kind zu machen und sich - besonders auf dem Lande - am Vermögen der Juden zu bereichern. Die Zahl dieser Mörder war nicht begrenzt auf die berüchtigte Bande Arajs',[3] die ihre Mordtaten vom ersten Tag der deutschen Okkupation an verübte.

Im Juli 1941 hatte ich noch einige Tage die Hoffnung, dass Großvater zurückkommen würde. Doch schon bald, nachdem ich von anderen Juden hörte, deren Schicksal dem meines Großvaters ähnelte, schwand diese Hoffnung.

Ich weiß nicht, warum, aber vor meinem Auge habe ich ständig ein und dasselbe Bild: Großvater und mein Vater beim Schachspielen im Café Rainer, das sich in der Valnu iela befand. Ich, neun Jahre alt, sitze daneben. Großvater gewinnt ein Spiel nach dem anderen, obwohl mein Vater nach meinem Dafürhalten ein guter Spieler ist. Als Vater einen falschen Zug macht, nennt ihn Großvater im freundlichen Ton einen Dummkopf. Mein Vater war für mich immer die oberste Autorität, und ich war wegen dieser Bezeichnung furchtbar wütend auf meinen Großvater. Doch die beiden lächelten sich freundlich an.

3 Viktors Arajs, Jurist, Chef einer Abteilung des Sicherheitsdienstes in Lettland, berüchtigter Mörder an Juden, wurde nach dem Krieg in Hamburg zu lebenslänglicher Haft verurteilt. Er starb im Gefängnis.

ARBEITSBEGINN BEI DEN DEUTSCHEN

27. JULI 1941

Auf der Haustafel, die im Hauseingang hing, war bezüglich unserer Wohnung Nr. 3 der typisch lettische Name »Žanis Bergmannis« eingetragen. Für Juden war ein solcher Name eher ungewöhnlich. Das ist deshalb nicht unwichtig, weil uns nämlich am 4. Juli und den darauf folgenden Tagen keiner der Schutzleute besuchte. Nur mithilfe des Hausmeisters und aufgrund von Denunziationen bezüglich des angeblich jüdischen Aussehens oder eines typisch jüdischen Vor- und Familiennamens, der sich entweder im Telefonbuch oder auf den Tafeln in den Wohnhäusern fand, war es in den ersten Tagen möglich zu bestimmen, wer Jude war und wer nicht. Im Rigaer Telefonbuch stand »Bergmann, Jeannot« mit der Berufsbezeichnung »Lehrer«.

Allerdings beehrte uns eines Tages ein Wehrmachtsoffizier, der sich im Nebenhaus niedergelassen hatte. Elegant gekleidet, eine Reitgerte in der Hand und begleitet von einem einheimischen Zivilisten, möglicherweise dem Hauswart. Er sagte kein einziges Wort, würdigte uns keines Blickes, sondern ging durch alle sechs Zimmer und sah sich die Einrichtung an. Es war ersichtlich, dass er unsere Möbel nicht besonders schätzte. Nachdem er mit der Gerte seinen Begleiter nur auf eine kleine Etagere aufmerksam gemacht hatte, verließ er genauso schweigend wieder unsere Wohnung. Sein Begleiter fegte die Bücher von der Etagere, lud sich das Möbelstück auf die Schulter und folgte ihm. Im Vergleich mit dem, was ich mit der Verhaftung des Großvaters schon erlebt hatte, war das eine eher unbedeutende Episode. Doch hat sie sich mir tief eingeprägt. Zum ersten Mal verstand ich, dass wir in den Augen dieses Offiziers »Untermenschen« waren, die in der menschlichen Gesellschaft gar nicht existierten.

Zu einem weiteren Vorfall, der mich noch lange Jahre im Schlaf verfolgte, kam es ein paar Tage später. Das war schon zu der Zeit, als wir gezwungen waren, den Davidstern auf Brust und Rücken zu tragen, die öffentlichen Verkehrsmittel nicht mehr benutzen durften und es uns verboten war, in »arischen« Geschäften einzukaufen. Nur im Rinnstein durften wir gehen, nicht auf den Bürgersteigen.

Wenn wir es in den ersten Tagen der Okkupation wegen unseres jüdischen Aussehens möglichst vermieden, uns auf der Straße zu zeigen, so blieben wir nach der Verordnung erst recht zu Hause und gingen nur hinaus, wenn es unumgänglich notwendig war.

Dem freundlichen Verhalten der Bäckersfrauen Kruminja und Bulinja, die uns gegenüber ihr Geschäft hatten, war es zu verdanken, dass wir mit Brot versorgt wurden. Graupen und Konserven hatte Mutter schon in der sowjetischen Zeit beschafft, in weiser Voraussicht, dass diese zu irgendeiner Zeit vielleicht einmal aus den Ladenregalen verschwinden könnten. So konnten wir uns eine gewisse Zeit über Wasser halten, ohne auf die Straße gehen zu müssen.

Doch, als wenn es der Teufel gewollt hätte, bekam ich unter der Achselhöhle einen riesigen Karbunkel, der fürchterlich schmerzte. Ich brauchte einen Arzt. Zu einem »arischen« durften wir nicht gehen. Die einzige Ambulanz, an der Dr. Chazkelson, Vater meiner jüdischen Mitschülerin, Juden behandeln durfte, befand sich vier Kilometer von unserem Haus entfernt, an der Ecke Maskavas- /Lubanas iela. Zum ersten Mal sollte ich diesen Weg hin und zurück mit dem Stern auf Brust und Rücken im Rinnstein gehen.

Keiner der Vorübergehenden schlug mich, keiner spuckte mir ins Gesicht, keiner bedachte mich mit Schimpfworten. Sie sahen mich nur an. Aber mit was für einem Gesichtsausdruck! Viele spöttisch, mit unverhohlener Schadenfreude. Die meisten aber völlig gleichgültig. Nur selten bemerkte ich bei ihnen einen mitfühlenden Blick. Es war der reinste Spießrutenlauf für mich. Ich lernte, dass Blicke nicht nur verletzen, sondern wirklich töten können. Ich fühlte buchstäblich einen körperlichen Schmerz. Dieser Weg, den ich im Traum nach dem Krieg so oft erneut ging – während des Krieges träumte ich nicht davon -, hatte aber auch einen positiven Effekt. Langsam härtete ich mich ab. Ich kümmerte mich nicht mehr um die Menschen um mich herum, sofern sie meinem Überleben nicht im Weg standen. Noch einige Male musste ich diesen Weg zum Arzt mit dem Stern auf Brust und Rücken zurücklegen, aber nichts Unangenehmes vonseiten der Passanten ist mir dabei im Gedächtnis geblieben. Ich hatte mich an meine Situation ebenso gewöhnt, wie sie sich jetzt daran gewöhnt hatten, dass diese »Untermenschen« mit einem Stern auf Brust und Rücken eben nur im Rinnstein gehen durften.

Einige Zeit später, als das Ghetto schon existierte, wir aber noch in unserer Stadtwohnung lebten, war ein Gang durch die Stadt ohne »arische« Begleitung einfach zu gefährlich. Deshalb überredete ich meinen Freund Eli Levenson dazu. Sein Äußeres ließ ihn glatt als Arier durchgehen. Blond und mit blauen Augen bot er das Bild eines Ariers schlechthin. So ging er also auf dem Bürgersteig und ich im Rinnstein. Eli, der immer gerne Scherze machte, trieb mich unablässig vor sich her und rief dabei so laut, dass die Vorübergehenden es hören konnten: »Ej ātrāk, netūļājies.« – »Los schneller, nicht trödeln.«

Elis Vater hatte Frau und Kinder sich selbst überlassen und war nach Russland geflohen, weit weg von der Familie. Zusammen mit seiner Mutter und dem jüngeren Bruder ist Eli in einer der Mord-Aktionen umgekommen.

Ich will das, was ich auf meinem ersten Gang zum Arzt beobachtete, nicht überbewerten und bin weit davon entfernt, dem den Charakter objektiver Wahrheit zuzumessen. Auch heute werden in wissenschaftlich fundierten Erhebungen Fehler begangen. Mir blieben mit den Blicken der Passanten nur flüchtige und schwindende Eindrücke. Doch bleibe ich bei dem, was ich beobachtet und woraus ich meine Schlüsse gezogen habe.

Während der deutschen Besatzung fühlte ich mich fast wie ein Versuchskaninchen, mit dem ein Experiment angestellt werden sollte: Wie lange lebt dieses Kaninchen in einer Situation ständiger, gewaltsamer Unterdrückung ohne die geringste Möglichkeit, einmal frei atmen zu können? Dennoch verlernte ich dabei nicht, meine Umgebung genau zu beobachten, mit Ausnahme von Zeiten der völligen Apathie und Abstumpfung, die es natürlich auch gab. So habe ich im Winter 1941/42 und besonders im Winter 1942/43 einige Veränderungen im Umgang der einheimischen Bevölkerung mit uns beobachten können. Schon damals konnte ich feststellen, dass diese Veränderung mit der Lage an der Front zusammenhing, dem Zurückweichen der deutschen Truppen vor Moskau im Dezember 1941 und der Zerschlagung der deutschen Armee bei Stalingrad im Februar 1943.

Meine oben angeführten Beobachtungen bezüglich der Reaktionen der Passanten auf mein Erscheinen auf der Straße mit den Davidssternen erfordert es, in wenigen Worten auf die Bedeutung der Zeugenaussagen und dabei besonders der Aussagen jener Menschen einzugehen, die den Holocaust überlebt haben. Das ist auch deshalb wichtig, weil mein Buch zu großen Teilen als Aussage eines Augenzeugen anzusehen ist.

In meiner beruflichen Tätigkeit als Anwalt und Verteidiger in Strafsachen sah ich mich jeden Tag mit dem Problem der Zeugenaussagen und ihrer Wahrhaftigkeit konfrontiert. Oft waren die einen Aussagen bewusst unwahr, andere deshalb nicht wahrheitsgetreu, weil der Zeuge sich in dem, was er wahrgenommen hatte, irrte.

Dem ersten Fall konnten verschiedene Motive zugrunde liegen. Es konnte sich um Liebedienerei handeln oder um materiellen Eigennutz. Beiden Motiven ist gemeinsam, dass der Zeuge von einem Eigeninteresse bestimmt ist. Im anderen Fall, wenn der Zeuge die Vorgänge falsch wahrgenommen hat, können dessen physische oder psychische Verfassung die Ursache sein. Offensichtlich ist es erforderlich, jede Zeugenaussage, wie auch jeden anderen Beweis, kritisch zu bewerten.

Gleichzeitig sind Zeugenaussagen der Menschen, die den Holocaust überlebt haben, insbesondere der Augenzeugen des Massenmordes, und es gibt ihrer nur wenige, eine unschätzbare Quelle des Wissens über den Holocaust, die nicht hoch genug bewertet werden kann und durch nichts zu ersetzen ist.

Trotzdem sind Versuche zu beobachten, die Bedeutung der Aussagen der Holocaustüberlebenden gering zu achten oder sogar zu negieren. Ihre Aussagen werden mitunter auch von ernst zu nehmenden Historikern außer Acht gelassen, weil es ihnen legitim erscheint, Aussagen, die nicht in ihr Konzept passen, mit dem Hinweis auf das Eigeninteresse der Opfer abzulehnen. In unserem Fall ist die Rede von den Aussagen der Augenzeugen des Holocaust, die Zeugnis geben vom Anteil der Einheimischen an der Vernichtung der lettischen Juden. Ich meine, dass die Aussagen der Augenzeugen nur in dem Fall unberücksichtigt bleiben dürfen, wenn sie im Gegensatz zu anderen, nicht zu widerlegenden Beweisen stehen. In keinem Fall aber durch den Vorwand, dass ein Opfer eines Verbrechens immer als eine im Eigeninteresse handelnde Person angesehen wird.

Die emigrierten lettischen Historiker, die sich mit einzelnen Teilen der Geschichte Lettlands während des Krieges beschäftigten, haben in der Nachkriegszeit den Holocaust entweder totgeschwiegen oder die Beteiligung der lettischen Bevölkerung am Judenmord rundweg bestritten. Eine Ausnahme bildete Professor Ezergailis, der damit den Zorn der übrigen emigrierten Historiker auf sich zog und des Verrats beschuldigt wurde.

Nach dem Prozess, der gegen den lettischen Hauptmörder, Viktor Arajs, in Deutschland geführt wurde, und vor allem nach der Öffnung der Archive nach der wiedererlangten Unabhängigkeit Lettlands, war es nicht mehr möglich, an den jahrelangen lügenhaften Behauptungen weiter festzuhalten. Jetzt gestanden lettische Historiker und mit ihnen leider auch Ezergailis eine nur geringe Beteiligung von Letten an der Judenvernichtung zu und räumen lediglich ein, dass am Judenmord das Kommando Arajs und irgendwelche Polizeikräfte teilgenommen hätten. Demzufolge haben sich also nur einige lettische Mitbürger an der Ermordung beteiligt. Erst im Jahre 2003 wurden Untersuchungen veröffentlicht, die das bestätigen, was Holocaustüberlebende schon lange bezeugt haben: Dass nämlich die Mörder, besonders auf dem Land, die Nachbarn von nebenan waren.

Der Versuch, das wirkliche Ausmaß der Beteiligung am Holocaust zu verschweigen, ist nicht neu. Auch in Deutschland gab es erst 20 Jahre nach dem Krieg einen Durchbruch in der Historiografie des Holocaust, und erst nach Überwindung heftigen Widerstandes einzelner Historiker und von Teilen der Bevölkerung konnte diese schreckliche Zeit wahrheitsgetreu dargestellt werden. Denken wir nur an die Geschichte der Ausstellung über die Beteiligung der Wehrmacht an der Judenvernichtung. Bis dahin hielt man an der These fest, dass nur SS und Gestapo die Schuldigen gewesen seien. Die Ausstellung bestätigte die aktive Rolle der Wehrmacht bei der Verfolgung und Vernichtung der Juden und teilte die deutsche Gesellschaft in zwei beinah gleiche Teile. Den Deutschen fehlte es nicht an Mut, die Wahrheit zu sagen.

Ich hoffe, dass auch bei uns bald etwas in dieser Hinsicht passiert und die Gesellschaft die ganze Wahrheit über den Holocaust in Lettland erfährt. Ich wünschte mir, dass auch meine Beobachtungen bezüglich des Verhaltens der Passanten während meines Weges zur Arztpraxis in das Blickfeld der Historiker gerieten. Lassen wir die Frohlockenden wie die Mitfühlenden für einen Augenblick außen vor. Wenn ich mich darin nicht irre, dass die meisten mir gegenüber völlig gleichgültig waren, dann hätten Gläubige und deren Hirten sowie Nichtgläubige gleichermaßen guten Grund, darüber nachzudenken.

Am 27. Juli 1941 kam ein Polizist zu uns in die Wohnung und forderte meinen Vater, meinen älteren Bruder Mika und mich auf, ihm zum Polizeirevier, das sich auf dem Kalpaka Boulevard befand, zu folgen. Dort wurde uns eröffnet, dass wir einen Tag lang bei der deutschen Polizei in der Valdemara iela, schräg gegenüber dem lettischen Polizeirevier, arbeiten sollten. Dieses Haus gehörte früher dem Reeder Grauds.

Zu fünfzehnt warteten wir im großen Saal des Hauses, als ein Deutscher, der in eine Uniform gekleidet war, die wir bis dahin noch nicht gesehen hatten, zu uns kam. Er forderte uns auf, ihm zu einem wartenden Lastwagen zu folgen und uns auf die Ladefläche zu setzen. Der Laster hielt vor dem Haus, das im Volksmund »Eckhaus« genannt wurde. Dieses Haus war das berüchtigte Tscheka-Haus an der Brivibas-Ecke Stabu iela. Hier mussten wir Schreibtische und andere Möbel heraustragen und zum Haus der deutschen Polizei bringen. Es war uns klar, dass die Deutschen sich einzurichten begannen und dabei die Möbel der ihnen verwandten sowjetischen Organisation nutzten. Während die Deutschen nach den Möbeln suchten, streunten wir durch das leere sechsgeschossige Haus. Die Tschekisten hatten sich eilig, aber geordnet zurückgezogen. Die auf den Tischen zurückgelassenen Papiere enthielten keinerlei wichtige, geheime Angaben. Als ich durchs Haus stromerte, stieß ich im Keller auf einen Raum ohne Fenster, dessen Wände aus Gummi bestanden, das mit zahllosen kleinen Löchern überzogen war. Das ließ alles darauf schließen, dass das Gummi mit Kugeln durchschlagen worden war. Mir schien, dass es sich hier um eine Erschießungskammer handelte. Erst später kamen mir Fragen zur Bedeutung dieses Raumes. Ich vermutete, dass die Tschekisten sich hier einen Übungsraum zum Schießen eingerichtet hatten.

Michail (Mika) Bergmann, 1939

Nachdem wir mit dem Be- und Entladen fertig waren, durften wir nach Hause gehen. Nach einer kurzen Beratung schickten wir meinen Vater zu den Deutschen. Uns war klar, dass man uns nicht erlauben würde, die alten Berufe weiterhin auszuüben. Weder würde Vater gestattet werden, als Lehrer noch Evelson als Rechtsanwalt zu arbeiten, noch Springenfeld, sein Geschäft wieder zu öffnen. Keiner von uns war so naiv, das zu erwarten. In dieser Zeit lebten wir in Ungewissheit und in Angst vor den Schutzmännern, die sich jeden Augenblick in unserer Wohnung einfinden konnten. Die Arbeit bei der deutschen Polizei, so seltsam sich das heute auch anhört, konnte uns vor der Willkür der einheimischen Leute schützen. Zu Beginn der Arbeit hatten wir schon gehört, dass einzelne deutsche Organisationen »ihren« Juden Schutzurkunden ausstellten, die diese dann an ihre Wohnungstüren hängten. Das schreckte viele Schutzmänner ab. Vater hoffte so eine Urkunde zu bekommen und kam während seines Gesprächs mit dem Deutschen darauf zurück. Ich glaube, dem Deutschen gefiel, dass er sich mit uns direkt unterhalten konnte und keinen Dolmetscher brauchte. Er versprach, uns solche Urkunden zu besorgen.

Ob es nun der Schutz durch unsere Urkunde war, die besagte, dass wir beim Befehlshaber der Ordnungspolizei Ostland arbeiteten und unter seinem Schutz stünden, oder nicht, jedenfalls wurde unsere Familie bis zur Umsiedlung ins Ghetto nicht mehr belästigt. Mit der Arbeit bei der deutschen Polizei waren zwei Vorteile verbunden. Diese Arbeitsstelle befand sich nicht weiter als 200 Meter von unserem Haus entfernt. Allerdings wussten wir am 27. Juli noch nicht, dass wir bald ins Ghetto würden umziehen müssen. Auch hatten wir richtig vermutet, dass wir auf der Arbeitsstelle verpflegt würden, was unter diesen Bedingungen für uns nicht unwichtig war.

Am nächsten Tag erschienen wir wieder zur Arbeit. Fast alle übrigen Juden taten dasselbe, aber es gab keine Arbeit. Offensichtlich war die deutsche Polizei, mit Ausnahme einiger Quartiermeister, noch gar nicht in Riga angekommen. Unsere Arbeit bestand in nichts anderem als im Aufräumen des Raumes, in dem wir uns befanden. Und so ging es zwei Wochen lang weiter. Wir vertrieben uns die Zeit, machten uns miteinander bekannt, hörten uns Evelsons' Erzählungen aus seiner Anwaltspraxis an und spielten sogar in dem Raum mit Tennisbällen Fußball.

Unsere Glückssträhne endete, als sich im Haus mehrere Deutsche einfanden und ein Auto mit einem grün lackierten Häuschen in den Hof gefahren kam. Dieses Gebilde erwies sich als ein transportabler Radiosender, bedient von einem Chauffeur, Wachtmeister (Unteroffizier) Schlöter. Der Wachtmeister bestimmte mich zu seinem Gehilfen und befahl mir, täglich sein Häuschen blitzblank zu putzen. Nie war er mit meiner Arbeit zufrieden. »Du wirst mir das Auto mit der Zahnbürste sauber machen, und wehe dir, wenn nicht alles glänzt.« Mit diesen Worten versetzte er mich jedes Mal in Panik. Mit donnernder Stimme brüllte er mich an, nannte mich ein dreckiges jüdisches Schwein, drohte mir Schläge und sogar die Erschießung an. Ich fühlte mich völlig hilflos und wusste nicht, wie ich auf seine antisemitischen Ausfälle reagieren sollte. Mein Instinkt sagte mir, dass es gefährlich sei zu widersprechen. Je mehr ich zeigen würde, wie tief verletzt ich sei – desto besser würde er sich fühlen. So stand ich schweigend vor ihm und wusste, dass er von mir Worte wie: »Ja, ich bin ein dreckiges Schwein!« oder »Jawohl, Herr Wachtmeister!« erwartete.

Die Tiraden Schlöters wiederholten sich Tag für Tag, sodass sie mir schon fast wie ein gewohntes Ritual vorkamen. Die Hand rutschte ihm nie aus, auch wenn er mir das ständig androhte. Ich glaube, er fand es großartig, jemanden, von dem er wusste, dass der sich nicht wehren konnte, zu beschimpfen. Das verlieh ihm in seinen eigenen Augen Größe, machte ihn zu einem bedeutenden Menschen. Damals vermutete ich, dass Schlöter ein SS-Mann war, obwohl er eine Polizei-Uniform trug und ich SS-Abzeichen bei ihm nicht gesehen hatte. Seine Sprache ähnelte sehr stark derjenigen, die ich aus den Büchern über die SS kannte. In der Polizei dienten auch SS-Männer. Sie waren an der schwarzen Uniform mit der roten Hakenkreuzarmbinde oder wenigstens an den SS-Runen zu erkennen. An der Polizei-Uniform von Schlöter fand sich weder das eine noch das andere. Er verhielt sich einfach nur nach SS-Art.

Zugegeben, Schlöter war der einzige unter den deutschen Polizisten, der uns gegenüber den SS-Jargon gebrauchte. Der Umgang der übrigen Polizisten mit uns war ganz unterschiedlich: von arrogant-verächtlich seitens der Offiziere bis beinahe freundschaftlich seitens der unteren Ränge. Wir waren aber immer auf der Hut, jederzeit konnten wir provoziert werden und in eine Falle laufen.

Nach einiger Zeit fuhr Schlöter mit seinem grünen Häuschen weg. Im Stab gab es jetzt eine Standort-Radiostation. Ich atmete erleichtert auf, doch hatte mich der Umgang mit Schlöter auch abgehärtet, was mir dann später im KZ von Nutzen sein sollte.

Ich muss zugeben, dass ich bis heute nicht weiß, womit sich die Ordnungspolizei in Lettland beschäftigte. Auf den Straßen patrouillierten sie nicht, und überhaupt habe ich außer im Stab, wo wir arbeiteten, und gelegentlich Einzelne im Ghetto, nie Männer in Polizei-Uniform gesehen. Mir war bekannt, dass der Chef der Ordnungspolizei Ostland, Generalmajor der Polizei, Brigadefrüher der SS, Jedike, Stellvertreter des Höheren SS- und Polizei-Führers Ostland, SS-Obergruppenführer Friedrich Jeckeln, war, dass es im Stab eine Aufklärungs-Abteilung gab und dass der Stab ziemlich groß war. Außer dem Haus, in dem wir uns befanden, hatte der Stab noch ein großes Gebäude in der Strelnieku iela 1b und einen Teil des Hauses Valdemara iela 11 besetzt. Doch welche Funktionen mit dieser Organisation verbunden waren, blieb für mich ein Rätsel - mit Ausnahme eines Vorfalles.

Ilija Bregmann, 1946

Irgendwann im Jahre 1943, als ich auf der Suche nach Zigarettenstummeln die Abfallkörbe der Kanzlei durchstöberte, stieß ich im Papierkorb auf ein Blatt Papier, auf dem ein dechiffrierter Text zu lesen war. Aus ihm ging hervor, dass ein Bataillon der Ordnungspolizei an der Niederschlagung des Aufstandes im Ghetto Litzmannstadt teilgenommen hatte. Diese, auf den ersten Blick so friedlichen Leute, waren in der Wirklichkeit Schergen wie die SS und nahmen an der Vernichtung der Juden teil.

Wir hatten in erster Linie mit den unteren Rängen, die nicht über den »Meister« hinausgingen, zu tun. Die Meister Mayer und Windisch waren unsere Chefs und teilten uns zur Arbeit ein. Mayer war dünn, uns gegenüber zurückhaltend, voller Verachtung, gab seine Kommandos in abgehackten Worten und war allem Anschein nach ein eigennütziger Mensch. Windisch war das genaue Gegenteil - dick, süß lächelnd, äußerlich liebenswürdig, aber immer bereit, einem eins reinzuwürgen. Vor ihm hatte ich mehr Angst als vor Mayer.

Die interessanteste Person war Wachtmeister Fast. Im Unterschied zu den anderen war er gebildet, benahm sich gegenüber den jüdischen Arbeitern anständig und war immer höflich. Von uns allen war es mein Vater, den er aus der Menge hervorhob. Er wusste, dass mein Vater bis 1940 Gymnasialdirektor gewesen war, und sprach ihn daher nie anders als mit Herr Professor an. Die anderen Deutschen nannten Vater ebenfalls Herr Professor, jeder mit einer eigenen Betonung. Nur bei Fast war es zu merken, dass er es ehrlich meinte. Er erzählte Vater, dass er bis 1933 Sozialdemokrat gewesen, jetzt aber überzeugter Nationalsozialist sei. Vater war ihm sympathisch, und er war oft bereit, ihm zu helfen, was aber durchaus auch seine Grenzen hatte.

Später, als wir schon im Ghetto waren, begleitete Fast Vater mehrmals auf dem Weg zur Bäckerei Kruminja & Bulinja. Einmal ging er mit ihm sogar durch die ganze Stadt, überquerte den Fluss Daugava (Düna), zum Direktor der polnischen Schule, Herrn Merzhwinski. Vater gab ihm seine silberne Taschenuhr und meine Armbanduhr zur Aufbewahrung. Nach dem Krieg gab mir Herr Merzhwinski die Uhr, die das einzige Andenken an meinen Vater war, wieder. Doch Anfang der neunziger Jahre wurde mir die Uhr aus meiner Wohnung gestohlen.

Es gab noch andere unter den Polizisten, die sich im Umgang mit uns ausgesprochen anständig verhielten. Der Großteil von ihnen waren Deutsche, im zivilen Beruf Handwerker, die freundlich mit ihren jüdischen Kollegen umgingen. Der Schneider Gasner verköstigte »seinen« Juden Armist und nannte ihn freundschaftlich »Seehund«. Auch die Schuster Klewanski und Katzenas, die Rundfunktechniker Bermann und Lejbowitz konnten sich nicht über die Behandlung durch die Deutschen beklagen. Etwas anders war es mit uns, den Hilfsarbeitern. Wir hatten keinen direkten Kontakt mit den Deutschen, außer mit Windisch und Mayer, die über uns verfügten, zu denen wir aber keine persönliche Beziehung hatten. Unsere Aufgabe bestand darin, wegzubringen, ranzuschleppen, aufzuladen, abzuladen usw. Weil das Hauptkommando die ganze Zeit vom 27. Juli 1941 bis Mitte Juli 1943 durcharbeitete, hatten wir auch ständige Verpflichtungen. In der Herbst- und Winterzeit mussten wir Holz sägen und hacken, die Öfen in drei Häusern heizen und die Zimmer aufräumen.

Damit waren hauptsächlich drei Familien beschäftigt: Mein Vater mit seinen zwei Söhnen, Weinberg mit seinen zwei Söhnen, Iola und Niko, Springenfeld mit seinen zwei Söhnen, Petja und Isja. Alle sechs Söhne haben den Krieg überlebt. Auch der Rundfunktechniker Bermann hat überlebt, beide Schuster, der Schneider Armist und auch der noch nicht erwähnte Ilja Bregmann, unser »Kolonnenführer«.

Ilja Bregmann war ein guter Kolonnenführer. Ein Kolonnenführer wurde von den Deutschen als ausführendes Organ ihrer Befehle und ihres Willens benutzt und sollte kein Interessenvertreter der jüdischen Häftlinge sein. Für die Deutschen war der Kolonnenführer nur als Überbringer der Befehle wichtig. Die Interessen der eigenen jüdischen Kameraden zu verteidigen, sofern das überhaupt möglich war, und sich nicht in eine Kreatur der Deutschen zu verwandeln, erforderte nicht nur Mut. Daneben waren auch Gewandtheit, diplomatisches Geschick und eine hohe Moral vonnöten. Wir hatten Glück, denn Ilja Bregmann besaß all dies, und im Laufe von fast zwei Jahren steuerte er unsere Sklavengaleere, alle Riffe und Felsen sicher umschiffend. Nach dem Krieg traf ich Ilja Bregmann als Mathematik-Lehrer an einem Gymnasium in Jurmala wieder und sprach ihm meinen großen Dank und meine große Anerkennung für sein damaliges Verhalten aus.

Ich will keine Charakteristik meiner Arbeitskameraden im Stab des Befehlshabers der Ordnungspolizei Ostland (BdO) vornehmen. Dazu habe ich kein moralisches Recht. Umso weniger, als der größte Teil von ihnen bei den verschiedenen Mordaktionen umgekommen ist. Unser BdO-Kommando war im Großen und Ganzen ein einmütiges Kollektiv, und ich kann mich nicht an einen einzigen Streit unter uns erinnern. Die Freundschaft unter uns gründete sich darauf, dass wir alle unter dem gleichen Joch standen und dasselbe Elend im Ghetto ertragen mussten.

Von den Jüngeren möchte ich ganz besonders den jüngsten Sohn von Springenfeld, Isja, hervorheben. Er war zwei Jahre älter als ich, groß, gut aussehend und konnte gewandt auftreten. Was die Hauptsache war, mit ihm konnte man gut zusammenarbeiten. Wir benutzten beide dieselbe Säge. Bei der Arbeit waren wir bis Juli 1943 unzertrennlich. In dieser ganzen Zeit stützte mich sein unerschütterlicher Optimismus. Erst 50 Jahre später, im Jahre 1993, haben wir uns wiedergesehen und sind einander seit der Zeit freundschaftlich verbunden. Eine tiefe Freundschaft verbindet mich bis heute auch mit Isjas älterem Bruder, Petja, wie mit Iola Weinberg, der jetzt in Israel ein angesehener Geschichtsprofessor ist. Sein Bruder Niko, der Jüngste von uns, starb nach dem Krieg als Erster.

WIR WERDEN INS GHETTO »UMGESIEDELT«

23. OKTOBER 1941

Wie schon gesagt, wurde unsere Familie die ganze Zeit nicht bedrängt, aber es existierten bereits Verfügungen der Behörden über die Organisation eines Ghettos für die Juden in der Moskauer Vorstadt, einem Stadtteil Rigas. Das Gelände des Ghettos war durch einen Stacheldrahtzaun abgesteckt, die nichtjüdischen Bewohner waren aus ihren Häusern ausquartiert und die Juden zwangsweise in die frei gewordenen Wohnungen umgesiedelt worden. Vater hatte sich rechtzeitig mit der Bitte an den Judenrat gewandt, uns und der Familie der Großmutter jeweils eine Wohnung zuzuteilen. Doch die Entscheidung wurde vom Einverständnis Vaters abhängig gemacht, die Leitung der jüdischen Ghetto-Polizei zu übernehmen. Vater wollte nicht. Man schlug ihm andere Posten vor, wieder ohne Erfolg. Inzwischen war es Oktober geworden. Nun sollten die Ghetto-Tore geschlossen werden, und wir befanden uns noch immer in unserer Wohnung in der Elizabetes iela. Ein weiterer Aufenthalt außerhalb des Ghettos würde für uns vorhersehbare Folgen haben. Im Umgang der Besatzer mit den Juden gab es nach nationalsozialistischem Recht nur eine Form der Bestrafung für jede Art der Nichtbefolgung von Befehlen und Anordnungen - die Todesstrafe.

Unsere »Umsiedlung« ins Ghetto bewerkstelligte Vater. Wir konnten es kaum glauben, aber es gelang ihm, bei der unbeschreiblichen Enge und dem Mangel an leeren Wohnungen im Oktober, für unsere Familie und eine Verwandte, zusammen sechs Personen, eine Wohnung zu beschaffen. Sie bestand aus zwei Zimmern und lag in der Maza Kalnu iela 14-16. Für Großmutter, ihre Töchter und den einjährigen Enkel fand er eine Wohnung in der Jekabpils iela 6. Mit Mühe gelang es uns, einen Leiterwagen zu bekommen, den wir mit dem nötigen Bettzeug, allen möglichen Utensilien, Winterkleidung und einem Vorrat an Konserven beluden. Vater zog, und wir Brüder schoben an den Seiten. Der »arische« Besitzer des Wagens begleitete uns.

Tags darauf schlossen sich die Tore des Ghettos. Für uns begann eine neue Periode, die sehr schnell zu Ende ging. Wenn die Juden zu dieser Zeit auch noch wenig von dem ahnten, was ihnen bevorstand, und ihre Hauptaufgabe erst einmal darin sahen, dem sich allmählich ausbreitenden Hunger zu entgehen, sich im Ghetto einzurichten und die notwendigen technischen und sanitären Fragen zu lösen, so sahen die Nazis darin doch nur eine notwendige Vorbereitung zur Durchführung ihres eigentlichen Hauptzieles, der Vernichtung der Juden. Jetzt, da alle hinter Stacheldraht auf engstem Raum konzentriert waren, war diese Aufgabe leicht zu lösen.

Ungeachtet der schwierigen Lebensbedingungen, des Hungers derjenigen, die keinerlei Vorräte an Lebensmitteln hatten und auf die lächerlich geringe Ration angewiesen waren, die im Ghetto ausgegeben wurde, schien es, dass es den Juden im Ghetto besser ginge als es draußen, in den Wohnbezirken der Stadt, gegangen wäre. Im Ghet-

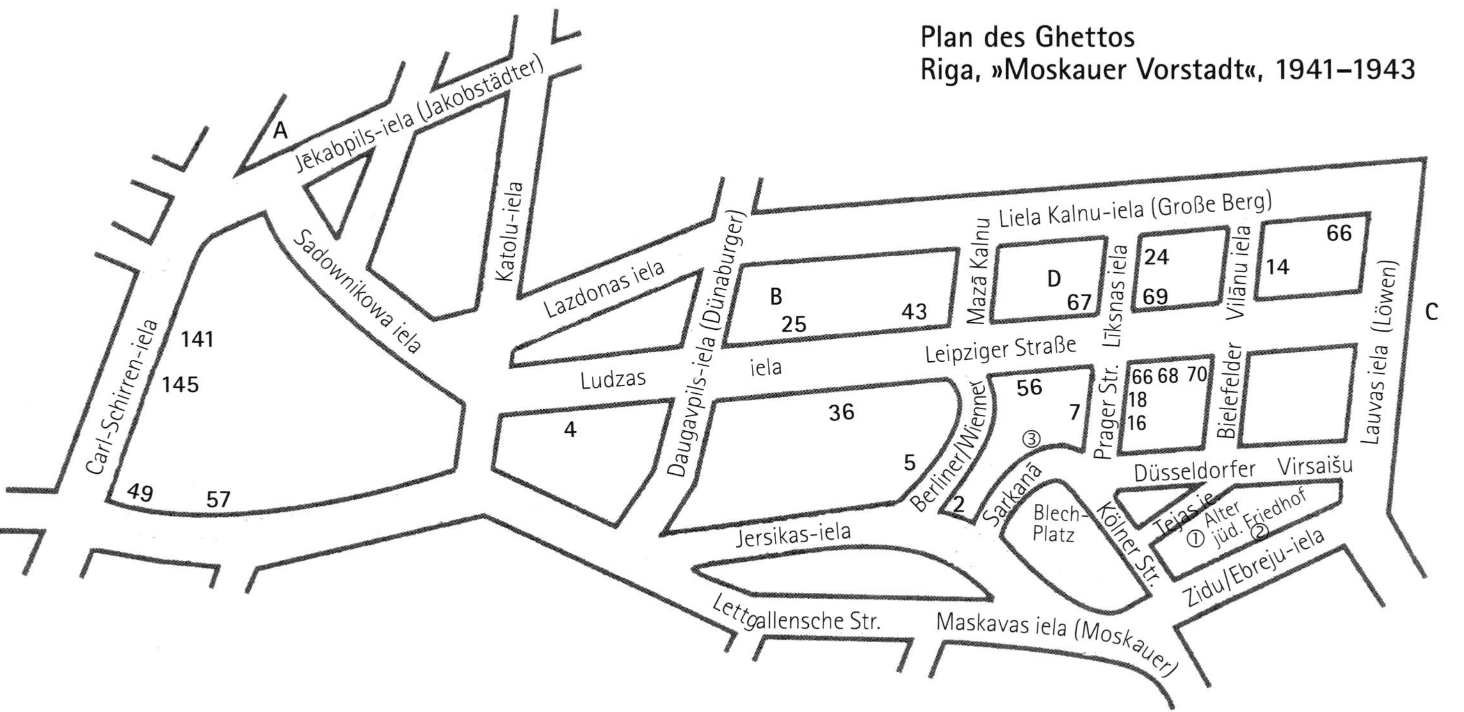

Lageplan des Rigaer Großen Ghettos

1 Pforte des Großen Ghettos; 2 Judenrat; 3 die jüdische Arbeitsbörse; 4 Krankenhaus Linat Hazedek (später Lazarett der SS); 5 Ghettowache; 6 alter Jüdischer Friedhof; 7 Haus Jekabpils iela 6 (Wohnung der Großmutter des Autors); 8 Haus in der L. Kalnu iela 6 (in dem der Autor mit dem Vater und anderen Verwandten wohnte); 9 Haus in der Maza Kalna iela 14-16 (Wohnung der Familie des Autors); 10 Haus in der Liksnas iela 22 (in dem der Autor mit einem Vater und seinem Bruder Mika wohnte); 11 Haus an der Ecke Liela Kalna- und Lauvas iela (wo im Fenster im Falle einer Gefahr ein Handtuch aufgehängt worden wäre); 12 Haus in der Lauvas iela 5 (wohin der Autor am 30. Nov. 1941 gebracht wurde.); 13 Pforte des Kleinen- und Reichsjuden-Ghettos

to waren wir unter uns, und da wir das uns zugedachte Schicksal nicht kannten, fühlten wir uns hier sicherer. Außerhalb des Ghettos waren wir umgeben von Menschen, die sich uns gegenüber, vorsichtig ausgedrückt, nicht wohlwollend verhielten und jederzeit mit uns machen konnten, was sie wollten.

Die Meinung der Leute war eher die folgende: »Wir leben nun halt im Ghetto, zwar mehr schlecht als recht, aber wir leben so weiter bis zum Ende des Krieges.« Weiter dachten die meisten nicht. Einen Anlass zu glauben, dass die Sowjets den Krieg gewinnen würden - wie sehr wir uns das auch wünschten - hatten wir zu dieser Zeit nicht. Die Verbündeten taten sich nicht gerade durch Siege hervor, was sich allerdings später änderte. Von der deutsch-sowjetischen Front kamen dagegen nur schreckliche Nachrichten, und das nicht nur aus deutschen Quellen. Aber in Erwägung zu ziehen, die Deutschen würden siegen, war für uns einfach nicht möglich.

Nach dem Krieg hat mir mein späterer Schwiegervater, der mit Frau und zwei Töchtern ins russische Hinterland fliehen konnte, erzählt, dass er im Oktober 1941 in einer Kolchose im Jaroslavler Gebiet als Claqueur an einem Konzert teilnahm. Seine Aufgabe war, das Publikum durch Bravo-Rufe und Applaus zu Beifallsbekundungen anzuregen. Hier spielte man u.a. auch das von dem bekannten Rigenser Komponisten Oskar Strok gerade verfasste Lied »Wir werden siegen, daran gibt es keinen Zweifel«. Auch im Ghetto gab es Leute, die daran glaubten. Aber das war eher die Minderheit.

Da ich bei der Großmutter lebte, konnte ich beobachten, wie schnell das Ghetto-Verhalten auf die Leute übergriff. Obwohl wir dank unserer Lebensmittelvorräte noch nicht unter Hunger litten, hob Großmutter, eine Frau, die durch ihre Gastfreundschaft allgemein bekannt war und nicht an Knauserei litt, die Kartoffelschalen auf, reinigte sie sorgfältig, briet sie auf einer dünnen Blechplatte und verteilte sie als Extra-Mahlzeit.

Das Ghetto war abgeschirmt von jeglicher Information über all das, was draußen in der Welt geschah. Zeitungen bekamen wir nicht, Radiohören war unter Todesstrafe verboten, und die Informationen, die diejenigen mitbrachten, die außerhalb des Ghettos arbeiteten, waren einfach nur negativ: Der Zusammenbruch der Roten Armee an der Front, die grässlichen antisemitischen Pamphlete in der »Tevija« und in der »Deutschen Zeitung im Ostland« u.Ä. So ist es nicht verwunderlich, dass unter diesen Bedingungen im abgeschlossenen Ghetto sehr schnell eine Gerüchteküche entstand. Im Unterschied zu einer gewöhnlichen Spießergerüchteküche, die eigentlich nur Klatsch verbreitete, erörterte die Ghetto Agentur, »IWA« genannt, für das Ghetto lebenswichtige Fragen.

Mir scheint, dass in dieser »IWA« eine jüdische nationale Eigenart ganz deutlich zum Ausdruck kam. Sie bestand in dem unauflösbaren Widerspruch zwischen dem Glauben an den Messias, der Hoffnung und dem unausrottbaren Optimismus auf der einen, und der auf Selbstironie gründenden, realistischen Einstellung zum Leben und seinen Wendepunkten auf der anderen Seite. Das wird auch deutlich in der Bezeichnung für diese Informationsagentur »IWA«. IWA ist eine Abkürzung des jiddischen »Idn wiln asej«, zu Deutsch »Die Juden wollen es so«. Auf den folgenden Seiten sollen Beispiele des Wirkens dieser einzigartigen Agentur angeführt werden. Gleich nach der Umsiedlung ins Ghetto versuchte meine Großmutter, ihren Schmerz um den Verlust des Großvaters zu lindern, indem sie Gerüchten glaubte, dass jemand Großvater noch nach dem 4. Juli in den Fluren der Präfektur gesehen habe.

In der Zwischenzeit nahm das Leben im Ghetto bis zum 29. November seinen gewohnten Gang. Im Dunkeln gingen wir zur Arbeit und kehrten nach der Arbeit im Dunkeln ins Ghetto zurück. Der Unterschied war, dass wir auf dem Weg zur Arbeit nicht kontrolliert, sondern nur gezählt wurden. Bei der Rückkehr dagegen wurden wir nicht nur gezählt, sondern peinlichst genau kontrolliert, ob wir nicht irgendetwas Verbotenes mit uns führten. Verboten war alles - Essen, etwas zum Rauchen, Zeitungen usw. Inoffiziell war es jedoch erlaubt, ein bisschen Holz mit ins Ghetto zu bringen.

Durchsucht wurden wir von lettischen Schutzmännern, die in der Ghetto-Kommandantur in der Sadovnikov iela 19, neben dem Eingangstor zum Ghetto, untergebracht waren. Bei der Kontrolle legten sie besonderen Eifer an den Tag. Man führte uns auf den Hof neben dem Judenrat, damit man uns von der Straße aus nicht sehen konnte, und nachdem man uns je nach Laune gefilzt hatte, wurden wir verprügelt.

Ich wurde einmal verprügelt, weil ich versucht hatte, zwei Röllchen Tabak ins Ghetto zu bringen, die ich mir aus Zigarettenstummeln gedreht hatte. Auf der Arbeitsstelle bei der Polizei konnte man immer Stummel finden. Die peinlichst genaue Durchsuchung war der Grund dafür, dass der Tabak in den Jackentaschen völlig zerbröselte. Wegen dieses bisschen Tabaks schlugen sie wie wild auf mich ein.

Zu einer tragikomischen Geschichte mit unserer Arbeitskolonne kam es einige Monate später, als bei uns ein junger Jude aus dem »Deutschen Ghetto« zu arbeiten begann. Dieser Bursche war von Beruf Tischler und sehr erfinderisch. Er nahm ein großes Holzscheit mit zur Arbeit, höhlte es teilweise aus und verschloss es mit einem Deckel, ohne dass davon etwas zu sehen war. In diesem Holzscheit versteckte er Brotstücke, die ihm jemand zugesteckt hatte, oder ein Paar Kartoffeln. Das Holzscheit steckte er dann in einen Sack. Auf diese Weise konnte er seiner Mutter, die nicht aus dem Ghetto herauskam und von der Ghetto-Ration leben musste, etwas helfen. Die Ghetto-Ration bestand aus einer Scheibe Brot, Heringsköpfen, verfaulten Kartoffeln und, aus irgendeinem Grund, Brothefe. Jedes Mal fragte ihn die Wache am Ghetto-Tor bei der Rückkehr von der Arbeit, was er in dem Sack habe, und er, der kein Lettisch konnte, öffnete den Sack und zeigte das Stück Holz. Wenn sie ihn schlugen, dann nicht wegen des Holzes, sondern weil er kein Lettisch konnte.

Weil er das irgendwann nicht mehr ertrug, lernte er das lettische Wort für Holz. Man erklärte ihm, dass Holz auf Lettisch »malka« heißt, und als man ihn beim nächsten Mal fragte, was er in dem Sack habe, sagte er stolz »mauka« und wurde daraufhin furchtbar verprügelt. Denn »mauka« heißt auf Deutsch Dirne. Der Wachmann vermutete mit der ihm eigenen Intelligenz, dass der Junge ihn beleidigen wollte.

Für mich waren die anderthalb Monate im »Großen Ghetto« ziemlich eintönig. Morgens zur Arbeit, nach der Arbeit zur Großmutter, um ihr ein bisschen zur Hand zu gehen, danach ging ich zur Wohnung der Eltern und nachts wieder zur Großmutter. An Sonntagen arbeiteten wir nicht, doch gab es in den beiden Wohnungen so viel zu tun, dass ich nur selten auf dem Gelände des Ghettos an die frische Luft kam. So traf ich mich an einem Sonntag mit Harri, an einem anderen Sonntag mit zwei Mädchen. Ich mochte beide sehr gern, aber jede auf ihre Weise. Esja Ehrenstein war meine

Mitschülerin gewesen. Ich hatte ihr nie etwas von meinen Gefühlen gesagt, sondern sie eher vor ihr verborgen gehalten und mich nach ihr gesehnt. Ich hatte Esja einfach toll gefunden. Mir gegenüber war sie sehr freundlich und lieb gewesen, sodass ich vermutet hatte, dass sie mich auch mochte. Das hatte mich nur noch in meinen Gefühlen bestärkt. Unsere Treffen außerhalb der Schule hatten sich nur darauf beschränkt, dass ich mit ihr zu dem von mir so heiß geliebten stillen Hafen an der Daugava gegangen war, wo wir über alles Mögliche hatten sprechen können, was uns bewegte, oder wo wir einfach nur dagesessen und geschwiegen, den schwappenden Wellen gelauscht, das Treiben auf den beiden vertäuten U-Booten beobachtet oder zu den Fischern am Ufer geschaut hatten.

Das Treffen mit Esja im Ghetto war nur kurz. Ihre Wohnung war dermaßen überbelegt und auf der Straße war es so kalt, dass wir beschlossen, uns am nächsten Sonntag wieder zu treffen, und zwar bei meinen Eltern, wo etwas mehr Platz war. Aber es gab für uns kein zweites Treffen. Die Nazis hatten anders entschieden. So habe ich nur die liebevolle Erinnerung an die hübsche und zarte Esja.

Nach dem etwas glücklosen Treffen mit Esja ging ich in trüber Stimmung, doch nichts Böses ahnend, zu meiner anderen Freundin, zu Raja Krivitzka. Mit ihr verband mich nicht die übliche Verliebtheit eines 16-Jährigen zu einer Gleichaltrigen. Dieser jungen, klugen und tief empfindenden jungen Frau gegenüber empfand ich so etwas wie Verehrung. Raja war im Gegensatz zu ihrer jüngeren Schwester keine große Schönheit, aber sie war irgendwie von innen schön. Ich glaube, sie stammte aus Polen, sprach fehlerlos vier Sprachen und war sehr belesen. Alles, was sie sagte und tat, hatte eine innere Logik, die mich faszinierte. Ich fand Gespräche mit ihr immer interessant und anregend. Mich zog es wie einen Süchtigen zu ihr und den Gesprächen mit ihr hin. Im Umgang mit den Menschen um sie herum war sie kompromisslos und anspruchsvoll. Damals habe ich ihr kategorisches Verhalten oft als ungerechtfertigt empfunden, es aber dabei belassen, denn ich wusste, dass sie davon nicht abrücken würde. Entweder man akzeptierte sie so, wie sie war, oder gar nicht. Und ich suchte ihre Freundschaft. An jenem Abend war es wie gewöhnlich. Raja redete über die Lage an der Front, über den nahenden Winter, und sie verglich dabei die veränderte militärische Situation mit dem polnischen Feldzug von 1939. Raja befürchtete den Fall Moskaus und meinte, dass die Einnahme Warschaus den Widerstand der polnischen Armee gelähmt hätte. Wir sprachen auch über die Lage im Ghetto, über den drohenden Hunger und das Fehlen von Holz für das Heizen der Wohnungen. Ich erinnere mich ganz besonders an unsere Unterhaltung, als wir über den Roman »Der Jüdische Krieg« von Lion Feuchtwanger, den sie gerade gelesen hatte, sprachen. Das war das einzige Buch gewesen, das sie bei der Umsiedlung ins Ghetto hatte mitnehmen können. Sie sah eine Parallele zwischen dem von Feuchtwanger beschriebenen Krieg und uns: »Damals ist ein Teil der Israeliten ermordet worden, ein Teil wurde versklavt, und ein Teil wurde nach Rom gebracht, wo eine blühende jüdische Gemeinde existierte. Bei uns ist und wird auch ein Teil ermordet, uns machen sie zu Sklaven, aber ich glaube nicht, dass ein Teil von uns bleiben wird, der sich durch Emigration nach dem Krieg retten könnte.« Mit diesen pessimistischen Worten beschrieb Raja unsere unbestimmte Zukunft. Aber nichts deutete darauf hin, dass die Tragödie buchstäblich in den nächsten Tagen über uns hereinbrechen sollte.

Ich habe mich deshalb so genau an das Treffen mit diesen beiden netten Mädchen erinnert, weil ich mir zum einen die Erinnerung an die beiden, die, wie auch alle anderen, völlig schuldlos umgebracht worden sind, bewahren möchte und weil es zweitens allein diese Treffen mit ihnen, wie auch mit Harri, waren, durch die ich mir eine Art Privatsphäre im »Großen Ghetto« schaffen konnte. So wurde bis zur ersten Vernichtungsaktion, d.h. bis zum 30. November 1941, das ganze Ghettogebiet genannt.

Außer den Mitgliedern meiner Familie und den Besuchen bei Harri, Esja und Raja bin ich niemandem sonst im »Großen Ghetto« begegnet. Für mich war das Ghetto - wie man heute sagt - eine Schlafstadt. Das ganze Leben spielte sich bei der Arbeit ab. Dort erhielten wir sowohl offizielle Informationen aus der deutschen Lokalpresse als auch inoffizielle über unsere Rundfunktechniker. Das waren Nachrichten aus englischen und sowjetischen Sendern.

Auf dem Arbeitsplatz erfuhren wir von den Kollegen Neuigkeiten über das, was im Ghetto passierte. Und schließlich bekamen wir bei Treffen mit Leuten aus der Bevölkerung neueste Nachrichten aus Riga.

Mir schien es, als stabilisiere sich unsere Lage etwas. Die Deutschen hatten erreicht, was sie wollten. Sie hatten uns im Ghetto eingeschlossen und nutzten unsere Arbeitskraft aus. Sicher musste man bei ihnen auf alles gefasst sein. Doch schien es so, als läge unsere Vernichtung gar nicht in ihrem Interesse. Jeden Morgen wurden die Arbeitskommandos aufgerufen, die dann unbehelligt arbeiten konnten: HKP, TWL, ABA, Reichsbahn. BdO, Quartieramt usw. Die Deutschen brauchten uns. Das aber bedeutete, dass sie uns nicht töten würden.

Gerade in diesen Tagen wurde im Ghetto die Ansicht geäußert, dass es zwischen der SS, dem SD und der Gestapo auf der einen und dem Gebietskommissariat auf der anderen Seite zu Meinungsverschiedenheiten über unser weiteres Schicksal gekommen sei. Der Streit unter diesen Gliederungen ginge um den Zeitpunkt unserer Vernichtung. Die einen wollten diese Frage so früh wie möglich gelöst sehen. Die anderen, im Prinzip derselben Meinung, sahen es jedoch als sinnvoll an, erst einmal unsere Arbeitskraft zu nutzen und dann zur Tat zu schreiten. Ich denke, dass das Gerücht nicht aus der Luft gegriffen war. Nach dem Krieg ließ sich dieser Streit durch Dokumente belegen. Die Ereignisse vom Ende November und Anfang Dezember 1941 waren aber ein Beweis dafür, zu welch teuflischem Kompromiss die streitenden Parteien gekommen waren.

Inzwischen war das Leben im »Großen Ghetto« organisiert worden. Neben den vielen Problemen sozialer und technischer Art, die gelöst werden mussten, hatte man im Judenrat auch noch Zeit gefunden, sich Gedanken über die Schulbildung der Kinder oder über Fragen des kulturellen Lebens im Ghetto zu machen. Wem es möglich war, der organisierte gesellige Abende. (Darüber schreibt übrigens der ehemalige Häftling Bernhard Press in seinem Buch: »Judenmord in Lettland 1941-1945«). Das »Große Ghetto« bereitete sich insgesamt auf ein langes Bestehen vor.

DIE SCHRECKLICHEN TAGE

29. NOVEMBER BIS 8. DEZEMBER 1941

Ich beklage mich nicht über mein Gedächtnis, im Gegenteil: Ich bin eher stolz darauf. Das, was ich im Holocaust erlebt habe, hebt sich klar und deutlich von all meinen anderen Erinnerungen ab. Ich erinnere mich nicht nur an die einzelnen Daten und Ereignisse, sondern oft auch an die kleinsten Details. Ich erinnere mich nicht nur an das, was ich erlebt habe, sondern auch an meine Gedanken und Gefühle aus dieser Zeit.

Doch alles, was in den Tagen, um die es in diesem Kapitel geht, passiert ist, habe ich nur bruchstückhaft in Erinnerung. Meine Gefühle aber und meine Empfindungen sind fast vollständig aus meinem Gedächtnis gelöscht. Ich erkläre mir das durch die schrecklichen Ereignisse, die in mir so etwas wie eine emotionale Starre ausgelöst hatten. Aber nicht nur das. Bewusst habe ich alles verdrängt, was mich daran hätte erinnern können, dass ich, vom Selbsterhaltungstrieb geleitet, meinen Pflichten als Sohn nicht nachgekommen bin. Dieser Trieb erwies sich als stärker als die Liebe zu meiner Mutter und meinen Pflichten als Sohn.

Bald nach meiner Befreiung begann ich den Verlauf des Holocaust, dessen Opfer ich geworden war, im Geiste nachzuzeichnen. Aber jedes Mal, wenn ich mich an die Geschehnisse in dieser kurzen Zeitspanne, Ende November bis Anfang Dezember 1941, erinnern wollte, stieß ich an ein unüberwindbares Hindernis. Erst Jahrzehnte später kam ich zu dem oben erwähnten Schluss und begann, in aller Öffentlichkeit, bei Vorträgen und auch im Film[4] darüber zu sprechen. Doch hörte ich immer wieder den Einwand, dass ich meine Mutter nicht hätte retten können und selbst dabei umgekommen wäre.

Gehe ich rein pragmatisch und mit meinem heutigen Wissen an die Sache heran, dann ist das richtig. Doch kann das mein Gewissen nicht beruhigen. Denn erstens hatte ich damals keine schlüssigen Beweise dafür, welches Schicksal meiner Mutter und mir zugedacht war, und zweitens – und das ist die Hauptsache – hätte ich meine Mutter unter keinen Umständen verlassen dürfen, als ihr Gefahr drohte. Ich kann nicht einfach darauf verweisen, dass die Nazis mich von meiner Mutter trennten, indem sie mir vorübergehend ein anderes Schicksal bestimmten: nämlich am Leben zu bleiben und für sie zu arbeiten. Harri und Eli waren doch auch mit ihren Müttern gegangen und hatten ihr Schicksal mit ihnen geteilt. Und ich hätte das auch gekonnt. Die Nazis hätten nichts dagegen unternommen.

Ich spreche über meine Mutter. Aber in diesen Tagen haben die Nazis auch meinen jüngeren Bruder Danja ermordet und meine Großmutter und die anderen Verwandten. Das Herz krampft sich mir zusammen, wenn ich an sie alle denke. Beson-

4 Es handelt sich dabei um den Film »Die Präsidenten«.

ders an meinen geliebten Bruder. Meine Mutter aber steht über allen, weil sie mir das Leben gegeben hat und wir Söhne verpflichtet sind, unsere Mütter stellvertretend für alle Frauen immer und überall zu beschützen.

Am 29. November holte uns die Wache wie gewöhnlich zur Arbeit ab und führte unsere Kolonne zum Stab des BdO. Der Arbeitstag verlief wie immer. Wir begannen mit dem Heizen der Öfen im Haus Valdemara iela 11. Dann sägten wir Holz. Was nach der Mittagspause war, weiß ich nicht mehr. Als wir uns am Morgen im Ghetto gesammelt hatten, war nichts Gefährliches zu bemerken und den Gesprächen mit den Bekannten nichts Ungewöhnliches zu entnehmen gewesen. Alles begann, als wir nach der Arbeit zum Ghettotor geführt wurden. An diesem Tag wurden wir nicht gefilzt, aber entgegen dem, was sonst üblich war, wurde unsere Kolonne auf der Ludzas iela, der Hauptstraße des Ghettos, nicht aufgelöst, sondern weitergeführt. Dann weiß ich nur noch, dass ich mich am Abend dieses Tages in einem einstöckigen Haus Ludzas /Ecke Lauvas iela wiederfand. Es war von Süden aus gesehen das letzte Haus im Ghetto. Dort traf ich auf 30 bis 40 mir unbekannte Juden. Unter ihnen war niemand aus unserem Arbeitskommando, auch nicht mein Vater und mein Bruder.

Im Jahre 2002 erinnerte mich mein Freund Gava Ziwijan daran, dass wir beide in diesem Haus waren. Als ich mich darüber wunderte, rief er ganz erstaunt aus: »Wie, du erinnerst dich nicht mehr daran? Wir haben doch eine ganze Woche zusammen im selben Bett geschlafen.« Ich weiß noch gut, dass es in diesem Haus wenig Schlafplätze gab und wir uns zu mehreren ein Bett teilen mussten. Und trotzdem kann ich mich an den Gava von damals, der mir doch so nahe war, nicht erinnern.

Da ich heute die Details der Vernichtung des Rigaer »Großen Ghettos« kenne, weiß ich auch den Grund, warum wir uns in dem Haus in der Lauvas iela befanden. Die Nazis hatten, um die Liquidierung durchführen zu können, das Ghetto in zwei Hälften geteilt - eine nördliche und eine südliche. Die Grenze zwischen beiden bildete die Daugavpils iela. Die Großmutter wohnte mit den Töchtern Dascha und Slava und dem Enkel Alexander im nördlichen Teil, unsere Familie im südlichen. Die Bewohner des nördlichen Teils sollten am 30. November umgebracht werden und wurden deshalb alle einen Tag vorher in einem Haus konzentriert. Großmutter und die Mitglieder ihrer Familie wollten sich nicht von meiner Mutter trennen und gingen daher trotz Verbotes in den südlichen Ghetto-Teil. Da ich als arbeitsfähig eingestuft worden war, war mir vorübergehend ein anderes Schicksal bestimmt - zum Wohl Großdeutschlands zu arbeiten. Daher wurde ich ins »Kleine Ghetto« gebracht. So wurde der Teil des »Großen Ghettos« genannt, in welchen die arbeitsfähigen Männer am Vorabend der ersten Vernichtungsaktion geschafft wurden. Grenzen des »Kleinen Ghettos« waren die folgenden Straßen: Daugavpils im Norden, Liela Kalnu im Osten, Lauvas im Süden und Ludsas im Westen. Ins »Kleine Ghetto« kamen auch mein Vater und mein älterer Bruder. Da aber familiäre Bindungen völlig bedeutungslos waren, kamen beide in ein anderes Haus in der Liksnas iela 22.

Am 30. November 1941 ermordeten die Nazis zusammen mit ihren einheimischen Helfershelfern ungefähr 12.000 bis 14.000 Frauen, Kinder und alte Leute. Unter ihnen waren auch arbeitsfähige Männer und Jugendliche, die ihre Angehörigen nicht im Stich lassen wollten. Die Mörder hatten nichts dagegen.

Als die Unglücklichen ihren letzten Weg gingen, war ich auf Arbeit und erfuhr erst am Abend im »Kleinen Ghetto« davon. Im Ghetto gab es einige Pferdefuhrwerke, und ich erfuhr, dass die Kutscher die unterwegs Erschossenen einsammeln und auf dem alten jüdischen Friedhof abladen mussten. Was dann mit den Übrigen geschah, wusste angeblich niemand. Auch nicht die Kutscher.

Frida Michelson, die die zweite Vernichtungsaktion überlebt hat, schrieb den erschütternden Bericht »Ich überlebte Rumbula«. Das Buch ist 1973 in Israel herausgegeben worden. Darin berichtet sie auch über den Beginn der Tragödie vom 30. November. Es gibt auch noch andere »Augenzeugen« - das sind die Massenmörder selbst, die ihre Spuren in den Untersuchungs- und Gerichtsprotokollen, von denen ich damals natürlich nichts wusste, hinterlassen haben. Ich hatte den Namen Rumbula vorher nie gehört. Rumbula ist eine kleine Eisenbahnstation, 12 km von Riga entfernt. Dort hatte man in einem Wäldchen, in der Nähe der Eisenbahnstation, Gruben für die Massenerschießungen ausgehoben.

Bis auf einen Tag, dessen Datum ich nicht mehr weiß, sind mir alle Tage aus dem Gedächtnis entschwunden. Ich weiß nur noch, dass ich mich noch ein- oder zweimal mit meiner Mutter, meinem jüngeren Bruder und den übrigen Verwandten erlaubterweise treffen konnte. Aber so sehr ich mich auch mühe, mich zu erinnern, ich weiß nicht mehr, was wir miteinander gesprochen haben.

Aber einer der Tage zwischen dem 30. November und 8. Dezember ist mir in Erinnerung geblieben, und ich erinnere mich daran, als wäre es heute gewesen. An diesem Tag hielt man mich auf dem Weg zur Arbeitstelle beim Verlassen des Ghettos zurück. Das nannte man »von der Arbeitskolonne abgeschnitten werden«. Kurze Zeit darauf brachte man mich und noch ein Dutzend andere Ghettoinsassen in den nördlichen, jetzt leeren Teil des Ghettos, wo uns schon in warme Pelze gekleidete lettische Polizisten erwarteten. Es war furchtbar kalt, der kälteste Winter, den ich je erlebt habe. Der Frost erreichte in diesen Tagen minus 30 Grad und darunter. Uns wurde eröffnet, dass wir in den uns angegebenen Häusern durch die Wohnungen gehen, sie auf Gold, Silber und Pelzsachen durchsuchen und diese dann den wartenden Polizisten, die nach ein paar Stunden wieder zurückkommen würden, übergeben sollten.

Wir verteilten uns auf die angegebenen Häuser. Ich betrat eine Wohnung, in der alles darauf hindeutete, dass ihre Bewohner sie in aller Hast und unter Zwang verlassen hatten. Auf dem Tisch standen Teller mit halb aufgegessenem Essen, die Betten waren nicht gemacht, die Kleidung lag überall herum. Es sah alles danach aus, dass hier noch vor kurzem Leben geherrscht hatte. Aber die schreckliche Kälte in der Wohnung und das gefrorene Essen auf den Tellern brachten mich schnell in die Wirklichkeit zurück. Nein, hier gab es kein Leben mehr, und was jetzt mit der Familie war, die noch wenige Tage, bevor ich hier gewaltsam eindrang, am Tisch gesessen hatte, wusste nur Gott allein. Die Gedanken an das tragische Ende dieser Familie ließ ich nicht an mich herankommen.

Einer meiner Kameraden kam in die Wohnung. Er hatte ein Silberfuchsfell gefunden und schlug nun vor, es im Ofen zu verbrennen, damit es nicht den Polizisten in die Hände fiele. Als der Ofen brannte und ungewöhnlich gut zog, warfen wir den Pelz hinein. Augenblicklich ging er unter dumpfem Getöse in Flammen auf und hatte sich bald in Asche verwandelt. Wenn es auch eine simple und vielleicht kindische Tat war, so fühlten wir dabei doch so etwas wie Befriedigung.

Am Abend kamen die Polizisten. Wie sich herausstellte, war die Beute, die wir für sie gemacht hatten, nicht gerade klein. Ohne die geringsten Hemmungen knöpften sie vor uns ihre steifen Halbpelze auf und wickelten sich unter ihren Mänteln die Fuchspelze um den Leib. Sie waren also nicht nur gemeine Mörder, wovon ich mich allerdings erst später überzeugen konnte, sondern auch ganz miese kleine Räuber.

Der Polizei-Kommandant war ein Mann mittleren Wuchses und trug einen Offiziersmantel. Anfang der 90er Jahre las ich in der Zeitung die empörende Reaktion eines Mitarbeiters des Militärmuseums Lettlands auf die Forderung, das Porträt von Herbert Cukurs, abzuhängen. Herbert Cukurs war ein bekannter Luftwaffenpilot und ein nicht weniger bekannter Mörder der Juden in den Jahren des Krieges. Ich ging ins Museum, um mich zu überzeugen, ob auf diesem Porträt auch wirklich Cukurs zu sehen sei. Tatsächlich, es war jener Flieger, dessen Porträt in der Vorkriegspresse so oft zu sehen gewesen war und der auch die Polizisten und Pelzjäger kommandiert hatte. Wie ich später erfuhr, war Cukurs in den 60er Jahren von einer israelischen Spezialeinheit in Süd-Amerika entdeckt worden. Da es nicht möglich gewesen war, ihn in Israel vor ein Gericht zu stellen, war er an Ort und Stelle umgebracht worden.

Ich bin mir der ganzen Problematik und der Verantwortung bewusst, die eine Identifizierung ein halbes Jahrhundert später mit sich bringt. Noch vor dem Besuch des Militärmuseums hatte ich auf Bitten kanadischer Untersuchungsrichter Foto-Alben angeschaut, in denen Personen zu sehen waren, die unter dem Verdacht standen, am Judenmord in Lettland beteiligt gewesen zu sein und zu dieser Zeit in Kanada lebten. Doch ich hatte in den Alben niemanden erkannt.

Als ich 60 Jahre nach dem Untergang der Juden in Rumbula das Buch von Frida Michelson las, in dem sie den Weg vom Ghetto in die Hölle von Rumbula, die sie selbst überlebt hat, beschreibt, musste ich daran denken, was meine Mutter, mein Bruder und die anderen Unglücklichen in ihrer Kolonne vor ihrem Tod durchgemacht hatten. Immer und immer wieder tauchten daraufhin vor meinen Augen Bilder auf, in denen sie sich vom Ghetto nach Rumbula schleppten, vorwärtsgetrieben durch die Schüsse, die diejenigen trafen, die bei jedem Schritt stolperten und die 12 Kilometer nicht mehr bewältigen konnten. Am Ende des Weges gerieten sie in Rumbula in ein höllisches Räderwerk von Polizisten, die sie mit den Worten: »Âtrâk,âtrâk«, lettisch für: »schneller, schneller«, vorwärtstrieben und den armen Leuten befahlen, sich bei fast 40 Grad minus zu entkleiden - hierher die Mäntel, dahin die Kleider, Schuhe an die Seiten und vorwärts zur Grube ... Frida Michelson gelang es sich tot zu stellen, als sie nach dem Schlag eines Polizisten auf die Erde fiel. Zu ihrem Glück wurde sie von Schuhen und Stiefeln derer überschüttet, die zu den Gruben hasteten.

An diesem Tag kam die zweite Hälfte der Ghetto-Bevölkerung um, zu der auch meine nächsten Angehörigen zählten.

Ich kann mich nicht an meinen Gemütszustand an diesem 8. Dezember und in den Tagen darauf erinnern. Ich entkam dieser Erstarrung erst, als sich im »Kleinen Ghetto« das »IWA«-Gerücht verbreitete, dass unsere Frauen und Kinder nahe Minsk gesehen worden seien. Sie würden dort auf den Straßen Schnee räumen. Irgendjemand wollte von einem Bekannten sogar eine Nachricht von seiner Frau bekommen haben. Mir war klar, dass dieses Gerede aus der Gerüchteküche des Ghettos stammte, und doch wollte auch ich einige Tage danach daran glauben, bis mir die Kutscher die schreckliche Bedeutung des Wortes »Rumbula« erklärten.

Mit Rumbula kam ich zum ersten Mal 1949 in Kontakt. Als Student im sechsten Semester an der Juristischen Fakultät, musste ich zum Praktikum in die Staatsanwaltschaft der Stadt Riga und wurde dem Untersuchungsrichter V.P. Semjankevitsch zugeteilt, der in Sachen »Klondike« ermittelte. Zwei geschäftstüchtige Männer und eine Frau waren regelmäßig in Rumbula gewesen, wo sie mit einem großen Sieb die Asche, das Einzige, was von 30.000 Menschen übrig geblieben war, durchgesiebt hatten. Sie hofften, dabei Zahngold, Goldmünzen oder Ringe zu finden, die die Opfer vor der Erschießung hatten verstecken können. Die Funde wurden von den Dreien gereinigt und einem Goldankauf-Geschäft angeboten, das sich in Riga an der Ecke Dzirnavu/ Marijas iela befand. Ihr wiederholtes Auftauchen in dem Geschäft machte sie verdächtig. Sie wurden festgenommen und dem Gericht übergeben. Der Bezirksrichter in Riga konnte das begangene Verbrechen juristisch schwer einordnen und sprach sie daraufhin nur der Aneignung der Funde schuldig! Sie erhielten die Höchststrafe von drei Monaten Freiheitsentzug und wurden aus dem Gerichtssaal entlassen.

Diese Troika, die im Grunde genommen mit dem Schrecken davongekommen war, nahm ihre gewinnbringende Arbeit von Neuem auf. Wiederum wurden sie festgenommen, und ich war diesmal bei den Ermittlungen dabei. Aus dem Trio war ein Quartett geworden. Im Rigaer Bezirksgericht war ein Feuer ausgebrochen, wodurch das ganze Archiv vernichtet worden war. Der Richter, daraufhin beurlaubt, hatte anschließend den Kontakt zu der Gruppe aufgenommen, die er so milde verurteilt hatte. Verständlicherweise wurde er von ihr mit offenen Armen empfangen.

Zur Überprüfung der Aussagen der Beschuldigten kam ich zusammen mit diesen nach Rumbula. Dort erblickte ich einen jungen Wald und eine Lichtung, auf der unter einer dünnen Moosdecke Asche mit kleinen Teilchen verkohlter, nicht völlig verbrannter Knochen aufgeschüttet war. An einigen Stellen hatte die Asche kleine Erhöhungen gebildet. Nach Aussage der Beschuldigten war die Asche hier schon durchsiebt worden. In diesem Augenblick, so entsinne ich mich, dachte ich an nichts anderes als an die Arbeit, die ich zu tun hatte, und ließ das Unmenschliche, das sich hier abgespielt hatte, kaum an mich heran.

Es vergingen Jahre, bis ich Rumbula ein zweites Mal besuchte. Ich hatte erfahren, dass dieser Ort hergerichtet werden und an ihm eine Gedenkstätte entstehen sollte. Mit dem Spaten in der Hand fuhr ich hin, um mich an der Beisetzung der in der Gegend verstreuten Asche der Opfer und der Ausgestaltung der Gräber zu beteiligen.

Man kann sich heute schwer vorstellen, wie schwierig es für uns damals war, von den sowjetischen Behörden die Erlaubnis zu bekommen, eine Gedenkstätte in Rumbula zu errichten. Als wir die Genehmigung hatten, war es, als hätten wir einen großen Sieg errungen. Den verdankten wir Bubi Zeitlin und seinen Freunden. Die sowjetischen Behörden ließen keine privaten Initiativen zu, wenn sie nicht zuvor von Partei-Organen gebilligt worden waren. Private Initiativen waren strafbar, umso mehr, wenn sie von Juden ausgingen. Doch Zeitlin ließ sich nicht einschüchtern. Ihm wurde widersprochen und gedroht. Furchtlos überwand er alle Hürden, die man ihm in den Weg legte, und erhielt letztendlich die Genehmigung. Er musste dabei Kompromisse in Kauf nehmen. Auf dem ersten Gedenkstein in Rumbula wurden die Juden nicht erwähnt. Statt dessen wurden alle Opfer, ohne sie näher zu bestimmen, »sowjetische Bürger« genannt. Der zweite Stein trug schon eine Inschrift in Jiddisch, aber mit dem sowjetischen Emblem Hammer und Sichel. Auf keinen Fall durfte der Text in Ivrit geschrieben sein, weil die Regierung das mit dem verhassten Staat Israel identifizierte. Dieser Stein steht heute noch dort.

Bevor der Gedenkort seiner Bestimmung übergeben wurde, rief mich der stellvertretende Vorsitzende des Stadtsowjet an und bat mich, aus diesem Anlass ein paar Worte zu sagen. Mit einer glaubwürdigen Ausrede lehnte ich ab. Ich konnte mich nicht dazu entschließen, offen das zu sagen, was ich im Herzen dachte. Andererseits verbot mir mein Gewissen, die erwartete Dankbarkeit für die gewährte Genehmigung zu zeigen.

Bei der Einweihung der Gedenkstätte war Rumbula von Komsomolzen geradezu überschwemmt. Es waren Studenten des Luftfahrttechnischen Instituts, die Augen und Ohren für den KGB[5] offen halten mussten, um nötigenfalls »antisowjetisches Auftreten« rechtzeitig zu verhindern. Die Studenten wurden in der nachfolgenden Zeit, Jahr für Jahr am letzten Sonntag im November, am Tage unserer jährlichen Trauerveranstaltung, nach Rumbula beordert.

Zufällig bekam ich in unmittelbarer Nähe zu Rumbula eine Gartenparzelle, sodass ich fast täglich, außer im Winter, an Rumbula vorüberfuhr. Von da an begann ich, Rumbula häufig zu besuchen. Bei einem meiner Besuche sah ich einen großen schwarzen Vogel über mir schweben. Ich bildete mir ein, dass er bei Weitem größer sei als ein schwarzer Rabe. Man könnte denken, dass ich diesen schwarzen Vogel als billigen literarischen Trick in meine Erzählung einflechte, aber er war wirklich da. Jahrelang war er immer wieder zu sehen und schwebte langsam über Rumbula, und ich wurde immer mehr von dem Gefühl durchdrungen, dass dies ein geweihter Ort ist.

In Rumbula sprach ich in Gedanken mit meinen Angehörigen. Hier erinnerte ich mich an meine heitere Kindheit, aber auch an die Geschehnisse des Holocaust. Vergeblich bemühte ich mich, die Ereignisse der schrecklichen Tage im November-Dezember 1941 zurückzuholen. In Rumbula machte ich mir Vorwürfe, dass ich meine Pflichten als Sohn nicht erfüllt hatte, und bereute es tief. Hier bat ich meine Mutter um Vergebung ...

Ende November 2002 weihten wir das Denkmal in Rumbula nach einer Umgestaltung neu ein. Ich verlas dabei einen Abschnitt aus dem Buch von Frida Michelson. Lesend kehrte ich in Gedanken zum 8. Dezember 1941 zurück. Vor mir stand das Bild meines kleinen Bruders Danja, so wie ich ihn gekannt hatte - ein kleiner Junge von 13 Jahren. Er war der Liebling unserer Familie. Ein blonder Junge mit blauen Augen, seinen älteren Brüdern überhaupt nicht ähnlich. Er war ein sehr begabtes Kind, aber seine wichtigste Eigenschaft - er war sehr gütig, unser kleiner Bruder.

5 Komitee der Staatssicherheit (Sowjetischer Geheimdienst).

DIE DEUTSCHEN JUDEN KOMMEN INS GHETTO

DEZEMBER 1941 UND DIE MONATE DANACH

Der Titel dieses Kapitels ist nicht ganz zutreffend, denn auch österreichische und tschechische Juden wurden ins Ghetto gebracht. Jedoch in der Mehrzahl waren es deutsche Juden. Daher begann man den Teil des Ghettos, in dem sie lebten, als »Deutsches« oder offiziell als »Reichsjudenghetto« zu bezeichnen. Ich vermute, dass Züge aus anderen von den Deutschen okkupierten Ländern auch nach Riga gingen. Doch sie kamen nicht bis ins Rigaer Ghetto. Die Menschen wurden bereits vorher ermordet. Belege für meine Vermutungen habe ich allerdings wenig. So bekam ich z.B. 1942 aus der Kleiderkammer des Ghetto ein Jackett aus belgischer Fabrikation. In der Innentasche fand ich einen Brief in französischer Sprache und mit einer belgischen Briefmarke versehen. Außer mir bekamen noch einige andere Kleidung mit belgischen Etiketten. Es ist schwierig sich vorzustellen, dass die Deutschen mitten im Kriege Kleidung aus Belgien für die Juden ins Rigaer Ghetto schickten. Wohl eher hatte diese Kleidung Menschen gehört, die nach Riga deportiert und sofort vernichtet worden waren.

Die ersten Juden aus Deutschland kamen in Riga zur selben Zeit an, als die Vernichtungsaktionen an den Rigaer Juden liefen. Sofort, als die zweite Aktion abgeschlossen war, wurden die deutschen Juden in die Wohnungen der Ermordeten einquartiert, darunter auch in unsere Wohnung. Zwischen unserem »Kleinen Ghetto« und dem »Deutschen Ghetto« lief die Ludzas iela, der entlang zwei Stacheldrahtzäune errichtet worden waren. Der Durchgang aus einem Teil des Ghettos in den anderen war anfangs generell verboten. Doch wurde mit der Zeit der Durchgang gestattet, allerdings nur mit einem speziellen Erlaubnisschein. Wir sahen unsere deutschen Leidensgefährten daher entweder nur über die Zäune hinweg oder wir trafen mit ihnen bei der Arbeit zusammen, sofern wir zu ein und derselben Arbeitskolonne gehörten.

Die deutschen Juden waren schockiert von dem, was sie in Riga vorfanden. In Deutschland waren sie zwar auch beleidigt und erniedrigt worden und die Unterdrückung und die Ausgrenzung waren für sie immer unerträglicher geworden, doch hatte im Ganzen weniger Willkür geherrscht, das Leben war vorhersehbarer gewesen. In Riga lernten sie bereits beim Ausladen auf dem Bestimmungsbahnhof das volle Programm der »deutschen Ordnung« im Ostland kennen: die Selektion, die SS-Männer mit den Hunden und das brutale Verhalten dieser Unmenschen. Im Ghetto selbst kamen sie dann in Wohnungen, in denen sie das traurige Schicksal derjenigen ahnen konnten, die kurz vorher noch darin gewohnt hatten. Über ihr eigenes Schicksal konnten sie sich jetzt kaum noch Illusionen machen.

Schrecklicher Hunger erwartete sie. Das, was sie zu essen bekamen, konnte man kaum als Lebensmittel bezeichnen. Diejenigen, die aus dem Ghetto zur Arbeit herauskamen, konnten dem Hunger noch irgendwie entgehen, indem sie bei der einheimischen Bevölkerung Teile ihrer Kleidung für Brot eintauschten. Doch das konnte nicht auf Dauer so weitergehen. Die deutschen Juden wurden in der ersten Zeit für die schwersten Arbeiten eingesetzt. Die Frauen wurden in der Morgendämmerung in die Stadt geführt, wo sie den ganzen Tag lang ohne Pause und Essen das Eis auf den Rigaer Straßen aufhacken mussten. Ein Teil der Männer wurde sofort nach der Ankunft direkt vom Zug weg nach dem 18 Kilometer von Riga entfernten Salaspils zum Aufbau des gleichnamigen Lagers gebracht.

Die ersten Begegnungen mit deutschen Juden hinterließen seltsame Empfindungen und Eindrücke, und das nicht nur bei mir, sondern bei vielen anderen aus dem »Kleinen Ghetto« auch. Auf der einen Seite hatten wir Mitleid mit ihnen. Hungernd befanden sie sich jetzt in einem fremden Land mit einer fremden Sprache. Auf der anderen Seite waren mir ihr deutscher Patriotismus, wie auch ihr Glaube an die deutsche Ordnung und ihre brave Befolgung von Gesetzen und Vorschriften völlig unverständlich. Obwohl sie natürlich wussten, dass die Nürnberger Gesetze nicht rechtmäßig waren, erwarteten sie doch, dass die Behörden bei der Befolgung der Gesetze nicht über den Gesetzesrahmen hinausgehen würden.

Für mich war das ein Zeichen von Beschränktheit aufseiten der deutschen Juden und erboste mich geradezu. Schon vor der Ankunft der deutschen Juden waren wir zu der Überzeugung gekommen, dass unsere Angehörigen nicht mehr lebten. Zu unserer Trauer war jetzt noch der glühende Hass auf die Mörder unserer Mütter, Brüder und Schwestern, in erster Linie der Hass auf die Deutschen hinzugekommen. Uns war klar, dass sie auch uns ermorden würden. Die Frage war nur, wann. Wir glaubten nichts und niemandem mehr, aber die hier versuchten uns von der sogenannten »deutschen Ordnung« und der Existenz des »deutschen Rechts« zu überzeugen.

Für die deutschen Juden wurde die verächtliche Bezeichnung »Jeckes« gebraucht. Am meisten regte mich auf, dass meine Gesprächspartner nicht davon zu überzeugen waren, dass uns alle ein und dasselbe Schicksal erwartete. Niemand konnte die deutschen Juden davon überzeugen, dass sie aus dem »gesegneten« Deutschland nach Riga gebracht worden waren, um hier ermordet zu werden. Sie in Deutschland massenhaft umzubringen, das war nicht so leicht durchzuführen. Aber hier im »wilden Osten« waren alle Voraussetzungen dafür vorhanden oder eigens geschaffen worden.

Schon gleich bei der Entladung der Waggons führten die Nazis Selektionen durch und sonderten die Alten von den Übrigen ab. Sie wurden nie mehr gesehen. Derartige Selektionen wurden mehrfach auch im Ghetto unter dem Vorwand durchgeführt, dass man die Alten nach Dünamünde bringen würde, wo sie unter guten Bedingungen in einer Fischfabrik arbeiten könnten. In Wirklichkeit aber wurden die ausgesonderten deutschen Juden in den uns bekannten blauen Autobussen zur Vernichtung nach Bikernieki oder Rumbula gebracht.

Weder der Zustand der Wohnungen, in welche die deutschen Juden gebracht wurden, noch unsere Berichte über die Vernichtungsaktionen am 30. November und 8. Dezember machten auf sie Eindruck. Nichts konnte ihren festen Glauben an die deutsche Ordnung, die solche Willkürakte nicht zulasse, erschüttern. Monate mussten vergehen, bis die deutschen Juden begriffen, dass die deutsche Ordnung darin bestand, zuerst die Arbeitskraft der Juden auszunutzen und gleichzeitig jene umzubringen, die aufgrund ihres Alters oder ihrer Schwäche nicht arbeiten konnten, um schließlich auch die Arbeitsfähigen zu ermorden. Die deutsche Ordnung kannte nur eine Variante, nämlich die Vernichtung der einen wie der anderen.

Die Zeit verging, und langsam entwickelten sich unter den Arbeitsjuden aus dem »Kleinen« und dem »Deutschen Ghetto« freundschaftliche Beziehungen. Vor allem zwischen den Rigaer jungen Männern und den deutschen Mädchen. In unserem »Kleinen Ghetto« gab es nur Männer. Ungefähr 200 Frauen hatten die Aktionen 1941 überlebt, weil deren Arbeitgeber offenbar Informationen über die zu erwartende Vernichtung der Frauen bekommen und sie rechtzeitig aus dem Ghetto hatten herausbringen können. Sie behielten sie eine Zeit lang bei sich oder brachten sie ins Gefängnis. Nach der Aktion kehrten die Frauen ins Ghetto zurück, wo sie in einem abgesonderten Haus in der Ludzas iela untergebracht waren. Zu diesen Frauen gehörte meine Tante Betti Sandler, die bis zur Besetzung der Tschechoslowakei mit ihrem tschechischen Mann in Prag gelebt hatte.

Auch bei den freundschaftlichen Beziehungen zu den deutschen Juden blieb die verächtliche Bezeichnung »Jeckes« im Gebrauch, doch war der Tonfall jetzt eher gutmütig. Ich denke, dass wir uns gegenüber den deutschen Juden ungerecht verhalten haben. Sie konnten sich solche Grausamkeiten, über die wir ihnen berichteten und deren Spuren sie in den Wohnungen zum Teil selber wahrgenommen hatten, einfach nicht vorstellen. All das zu begreifen, war ja auch für den normalen Verstand gar nicht möglich.

Es war im Juni 1942, als ich an einem Sonntag im Ghetto etwas sah, was sich meinem Gedächtnis lebenslang eingeprägt hat. Ich befand mich in der Ludzas iela und sah über den Zaun hinweg, wie dort einige Frauen auf der gegenüberliegenden Seite der Straße - im »Deutschen Ghetto« - in der Sonne standen und ihre Männer wie kleine Kinder an die Brust gedrückt hielten. Wie ich später erfuhr, waren das jene Männer, die zusammen mit ihren Familien in Güterwagen aus Deutschland nach Riga gebracht worden waren. Doch hatte man sie nicht ins Ghetto, sondern zum Aufbau des Lagers nach Salaspils geschafft. Dort lebten sie unter unmenschlichen Bedingungen in Erdhöhlen, ständig hungernd und permanenten Beleidigungen und Entwürdigungen ausgesetzt. Die Männer starben wie die Fliegen, und die verzweifeltesten versuchten zu fliehen. Die Flucht dieser Männer konnte unmöglich gelingen. Die Front stand hunderte von Kilometern im Osten von Salaspils. Ohne Sprachkenntnisse und in einer ihnen nicht gerade freundlich gesonnenen Bevölkerung, ausgemergelt und bei den eisigen Temperaturen halb nackt, konnten sie auf nichts hoffen. Diejenigen, die nach Fertigstellung des Lagers noch am Leben waren, brachte man ins Ghetto. Das waren die Männer, die ich zu sehen bekam. Sie waren nur noch Haut und Knochen, so klein und zusammengeschrumpft sahen sie aus.

Später erzählte man mir eine Geschichte, deren Inhalt mich seelisch aufgerichtet, mich sowohl in den Kriegsjahren wie auch nach dem Krieg verfolgt hat und auch heute noch nicht losläßt. Unter den Erbauern des Lagers Salaspils gab es einen gewissen Wertheim, den die Deutschen zum Lagerältesten ernannt hatten. Nach Meinung der Leute, die ihn gekannt hatten, war er ein hochanständiger Mensch. Unter den schrecklichen Bedingungen beim Bau des Lagers Salaspils anständig zu bleiben, war an sich schon eine Heldentat, unter diesen Bedingungen aber das Lager zu leiten und anständig zu bleiben, war eine schwere Herausforderung, die kaum zu meistern war. Darüber erfuhr ich Näheres, als man mir Einzelheiten über das Verhalten Wertheims erzählte.

Heinz Wertheim, 1947

In Salaspils hatte es drei deutsche Juden gegeben, die es dort nicht mehr ausgehalten hatten und geflohen waren. Als am darauffolgenden Tag die Flüchtlinge noch nicht eingefangen waren, erschien der Chef des SD Lettland, Dr. Rudolf Lange, im Lager. Er befahl allen Lagerinsassen, anzutreten. Nach dem Kommando »Stillgestanden« hielt er eine kurze, mit Drohungen gespickte Rede und wandte sich dann an Wertheim mit der Aufforderung, Geiseln zu benennen, die aufgehängt werden sollten - zehn für jeden Flüchtigen. Wertheim antwortete, dass er dem Herrn Obersturmbannführer nur eine Geisel nennen könne, nämlich sich selbst. Völlig unerwartet schlug Lange daraufhin Wertheim auf die Schulter und sagte: »Prima Jude.« Das alles hielt Lange aber nicht davon ab, selbst noch Geiseln auszusuchen. Später erzählte mir jemand, dass man Wertheim noch in Salaspils umgebracht habe.

Das tapfere Verhalten Wertheims und seine Bereitschaft zur Selbstaufopferung erschütterten mich. In seinen Worten spürte ich keinerlei Koketterie. Er war sich sicher, dass er mit seinem Vorschlag auf kein gutes Ende hoffen konnte. Lange war als kalter Sadist bekannt. Wenn er im Ghetto oder in den Lagern gesehen wurde, hinterließ er immer eine blutige Spur. Als Wertheim sich als Geisel anbot, schaltete er seinen Selbsterhaltungstrieb aus und erreichte damit eine ungeheure moralische Höhe. Die Information über ihn war damals wie Balsam für meine verwundete Seele und ist es auch heute noch. Ich fragte mich, ob auch ich zu einer solchen Selbstaufopferung fähig gewesen wäre, hätte ich an Wertheims Stelle gestanden. Wie damals kann ich auch heute keine befriedigende Antwort auf diese Frage geben. In der Regel ist der Mensch schwach und denkt in erster Linie an sein eigenes Wohlergehen. Nur wenige handeln nicht so.

Ich kam zum Glück nie in eine ähnliche Situation wie Wertheim beim Besuch Langes. Normalerweise wird man nicht auf eine solche Probe gestellt. Meist erweist es sich erst in Extremsituationen, ob man anständig handelt oder nicht. Nachdem ich seine Geschichte gehört hatte, begann ich mir Gedanken über mein eigenes Verhalten, besonders im KZ, zu machen und es mit der Handlungsweise Wertheims zu vergleichen. Doch hat es sich immer um Bagatellen gehandelt, durch die mein Leben nicht bedroht war.

Die Geschichte mit Wertheim hatte ein unerwartetes Ende. Die Jahre vergingen, aber die Ereignisse aus den Kriegsjahren kreisten noch ständig in meinem Kopf. Ich hoffte, das Erlebte irgendwann einmal niederschreiben und meinen Kindern hinterlassen zu können. Doch der Beruf, die schnell dahineilende Zeit, hinderten mich daran, und ich verschob es immer wieder auf später. Irgendwann merkte ich, dass ich mich zwar an belanglose Details der Geschichte erinnern konnte, aber nicht mehr an den Namen des Mannes aus Salaspils. Später kam er mir wieder in den Sinn, aber ich vergaß ihn doch wieder. So ging das lange weiter.

In den 90er Jahren war ich oft in Deutschland und trug dort meine Erinnerungen aus den Jahren des Krieges vor. Das Thema Wertheim kam dabei immer vor. Am 27. Januar 2001 war ich anlässlich des Holocaust-Gedenktages in Hamburg. Gegen Ende meines Vortrags kam eine Frau auf mich zu und sagte mir, dass es nicht stimme, dass Wertheim in Salaspils umgekommen sei. Sie sei eine Bekannte von Heinz Wertheim und wüsste, dass er Salaspils, das Rigaer Ghetto und mehrere KZs überlebt hätte. Nach dem Krieg habe er eine Frau namens Hella geheiratet. Auch sie habe den Holocaust überlebt, doch nicht in Lettland, sondern in Theresienstadt, worüber sie auch ein Buch geschrieben habe.[6] Heinz Wertheim sei einige Jahre zuvor gestorben. Im Februar 2003 war ich wieder in Deutschland und wollte Wertheims Witwe besuchen. Doch da sie krank war, konnten wir nur am Telefon lange miteinander sprechen.

6 Hella Wertheim, Manfred Rockel: »Immer alles geduldig getragen. Als Mädchen in Theresienstadt, Auschwitz und Lenzing.«

BEI DER ARBEIT UND IM KLEINEN GHETTO

DEZEMBER 1941 BIS JULI 1943

Gewöhnlich betrauern die Menschen den Verlust ihrer Nächsten das ganze Leben lang. In der ersten Zeit ergreift der Schmerz Besitz vom Menschen und vertreibt alles Übrige aus seinem Bewusstsein. Doch allmählich fordert das Leben sein Recht ein. Der Schmerz rückt an die zweite Stelle; und aus einem brennenden wird ein leiser, dumpfer Schmerz. Die Zeit kann dabei heilende Wirkung haben. Bei mir, so scheint es, ging es genau umgekehrt. Ich kann mich an keinen brennenden Schmerz im Dezember 1941 und den darauffolgenden Tagen erinnern. Umso quälender fühlte ich den schmerzvollen Verlust als Erwachsener und fühle ihn heute im Alter.

Wenn ich zurückschaue und mich an mein Leben im »Kleinen Ghetto« und an die Arbeit bei der Ordnungspolizei erinnere, komme ich zu dem Schluss, dass ich dort ein unter Ghetto-Bedingungen »normales« Leben geführt habe. Bei mir gab es keine Depressionen und kein Gefühl der Sinnlosigkeit des Lebens. Sicher wussten wir Bewohner des »Kleinen Ghettos«, dass uns ständig der Tod drohte, mehr noch, dass wir auf jeden Fall liquidiert würden. Die Frage war nur, wann. Trotzdem hoffte ich, dass es mir gelänge zu überleben. Ich hatte das Sprichwort: »Dum spiro, spero«, »Der Mensch hofft, solang er lebt« verinnerlicht. Die Berechtigung einer solchen Hoffnung sah ich darin, dass man uns vorläufig noch am Leben ließ, weil man unsere Arbeitskraft brauchte. Ich bildete mir ein, dass die Meinungsverschiedenheiten zwischen Polizei und Zivilverwaltung im Ostland für uns vorteilhaft wären und wir daher eine Chance hätten, zu überleben. Diese Überlegungen und die sowjetische Gegenoffensive vor Moskau ließen meine Hoffnung nicht ganz unbegründet erscheinen.

Im Gegensatz zu der späteren Zeit in den Konzentrationslagern war der Häftling im »Kleinen Ghetto« noch so etwas wie ein Individuum. Auch in den Konzentrationslagern gab es Individualität. Hier bestimmten die Beziehungen zur Lagerleitung, die Arbeitsverhältnisse, die Versorgung mit Lebensmitteln das Schicksal des Einzelnen. Am stärksten bedroht war die Existenz des Häftlings von den Massenmorden wie auch von den spontanen Tötungen. Im »Kleinen Ghetto« gab es auch große Unterschiede. Einmal was die Ernährungslage anbelangte, die einen hungerten, andere dagegen wurden hinreichend ernährt. Zum anderen, was die Arbeitsbedingungen betraf. Die einen schufteten, andere arbeiteten in der Wärme und ohne sich anstrengen zu müssen. Und schließlich hinsichtlich der sozialen Lage. Zur »Elite« gehörten diejenigen, die in der Ghetto-Verwaltung arbeiteten, sowie die Führer der Arbeitskolonnen. Hierzu gehörte auch, wer in der Stadt Beziehungen zu Nichtjuden hatte oder über Goldschmuck aus seinem Vor-Ghetto-Leben, am besten über Goldmünzen mit Zaren-Prägung, verfügte. Diese konnten gegen Lebensmittel eingetauscht und, wenn es nötig war, damit »Arier« bestochen werden.

Als wir im »Kleinen Ghetto« lebten, waren wir bemüht, uns unter den schrecklichen Lebensbedingungen Momente privaten Lebens zu bewahren. Diese dienten der persönlichen Hygiene, der Suche nach einer privaten Nische, in der es möglich war, während der arbeitsfreien Zeit zu lesen oder, wenn Lehrbücher vorhanden waren, darin zu studieren. Auf dem Ghetto-Gelände konnte ich mich frei bewegen und konnte Freunde und mit Genehmigung auch meine Tante Betti besuchen. Zu bestimmten Zeiten war es den jungen Leuten der »Elite« erlaubt, das »Deutsche Ghetto«, in dem das Leben viel mannigfaltiger war, zu besuchen. Hier lernten die Kinder, wurden Konzerte gegeben, und hier gab es ein religiöses Leben. Die jungen Männer aus dem »Kleinen Ghetto« pflegten Freundschaften mit den Mädchen aus dem »Deutschen Ghetto«.

Wir, d.h. mein Vater, mein Bruder und ich, verhungerten nicht, da wir auf der Arbeit eine Suppe und von außen Hilfe bekamen. Doch das Hungergefühl verschonte auch uns nicht. Wertsachen hatten wir nicht, zur »Elite« gehörten wir nicht und konnten daher auch nicht an den geselligen Abenden teilnehmen, die Bernhard Press, der in der Ghetto-Ambulanz arbeitete, in seinem Buch erwähnt. Und ins »Deutsche Ghetto« zu gehen, war uns nicht erlaubt.

Wie schon erwähnt, wurde ich zusammen mit 30 bis 40 anderen in einem kleinen Haus in der Lauvas iela einquartiert. Mein Vater und mein Bruder aber in der Liksnas iela 22. Nach zehn Tagen ging ich zu ihnen, und eine Woche darauf wurde ich mit meinem Vater an einen neuen Wohnort, in die Liela Kalnu iela 6, gebracht. Dort trafen wir in zwei kleinen Zimmern auf unsere Verwandten und auf gute Freunde. In einem Zimmer »wohnten« mein Vater, sein Bruder Edgar, unser Onkel Eddi, mein Cousin und Namensvetter Alexander »Alik« Bergmannn und ich. In dem zweiten Zimmer »wohnten« Vaters Sekretär aus der Schule, Benzion Wischnevski, Johann Jakoby, der zwei Töchter hatte, die bei den Mordaktionen umkamen, und ein mir unbekannter Herr Prag. Mein Bruder Mika blieb weiter in der Liksnas iela 22. Für Ghetto-Verhältnisse lebten wir geradezu im Luxus. Jeder hatte sein eigenes Bett, in der Wohnung gab es fließend Wasser und ein Wasserklosett.

Die Ernährung der Ghetto-Bevölkerung war unglaublich schlecht. Grundnahrungsmittel waren gefrorene Kartoffeln, Kohl und an »großen Feiertagen« vergammeltes, weggeworfenes Pferdefleisch. Onkel Eddi war für unser Zimmer der »Ernährungsbeauftragte«. Früher war er Luftfahrtmechaniker. Für uns, seine Neffen, war er einer von uns gewesen und hatte mit echter, ehrlicher Begeisterung an all unseren Jungenspielen teilgenommen. Immerzu erfand er irgendetwas, wenn er dabei auch nicht gerade sehr erfolgreich war. Als ich ihn und seine Frau vor dem Krieg einmal in der neuen Zweizimmer-Wohnung in Mežaparks besuchte, amüsierten wir uns über seine Erfindung, durch die das Licht beim Betreten der Toilette an- und beim Verlassen wieder ausgehen sollte. Doch als er uns stolz seine Erfindung vorführen wollte, lief es genau umgekehrt: Beim Betreten der Toilette wurde es finster, und beim Verlassen ging das Licht an.

Arme Leute haben oft schlaue Einfälle. Eddi briet aus Pferdefleisch Buletten, die mir damals als die Krönung kulinarischer Kunst erschienen. Aus gefrorenen Kartoffeln zauberte er ein Nationalgericht aus der jüdischen Arme-Leute-Küche, »Kugel« ge-

Список евреев гор. Риги, содержавшихся в Рижском гетто.

№	имя и фам.		год рожд.	откуда	занимаемая должность	специальн.	вновь
1.	Антикол Соломон	Ли 29-14	1901	Лудза	Зав. „ГД"	механик.	1.
2.	Аксельрод Давид	VI 20.4	1904.	Витебск. губ.	пом. бальщика	бракер лес.	
3.	Абрам Альфред		1878				
4.	Акиен Отто		1877				
5.	Алперович Д		1905	—	бракер леса		

. . . .

№	имя и фам.	год рожд.	занимаемая должность
23	Баскин Хаскел	1897	
24.	Баумгартен Давид	1902	
25.	Бедер Яков	1893	
26.	Бергман Ал-др	1924	рабочий
27	Бергман Исаммий	1894	инженер-директор средней школы.
28	Беляк Яков	1921	столяр.
29	Беляк Лева	1924	„—"
30	Бергер Юлиус	1900	рабочий
31	Блюм Яков	1926	пом. столяра.

. . . .

№	имя и фам.	занимаемая должность
438	Альперт Иосиф	электр
439	Алер К.	
440.	Аугустон И.	

зам. Ответственного секретаря
Чрезвычайной Республ. Комиссии:

Левольман (Зольман).

Fragment der unvollständigen Liste der Häftlinge des Kleinen Ghettos. Unter der Nummer 26 der Autor, unter Nummer 27 der Vater des Autors. Die Liste wird im Staatlichen Historischen Archiv Lettlands aufbewahrt.

nannt. Der »Kugel« bestand aus fein geriebenen Kartoffeln, die mit Mehl und Fett in der Bratröhre gebacken wurden. Heute kann ich mir nicht vorstellen, woher das Fett dazu kam. Butter oder Margarine bekamen wir niemals zu sehen, aber irgendetwas Fettähnliches muss es gegeben haben. Der Kugel war einfach köstlich, und wir lobten Eddi ständig. Aber einmal passierte ihm doch etwas Komisches. Als ich an diesem Tag nach der Arbeit nach Hause kam, roch es sehr seltsam. Eddi arbeitete zu der Zeit nicht und war zu Hause. Er merkte nichts von dem Geruch, sagte aber, dass er einen Kugel in die Röhre gestellt hätte, der von der Zeit her eigentlich fertig sein müsse, und man sich jetzt an den Tisch setzen könne. Als der Kugel auf den Tisch kam, war er nicht dunkelbraun sondern violett. Eddi murmelte etwas in seinen Bart, äußerte Unverständnis und schob es dann endlich auf das Mehl, das angeblich nichts tauge. Ich bat ihn daraufhin, doch einmal die Tüte mit dem Mehl zu bringen, und da stellte sich heraus, dass mein lieber Onkel den gefrorenen Kartoffeln statt Mehl Waschpulver beigefügt hatte.

Wer Geld hatte, konnte im Ghetto Lebensmittel kaufen. Natürlich nicht im Laden, handelte es sich dabei doch um das, was am ehesten mit Schleichhandel beschrieben werden kann. Irgendjemand hatte es geschafft, die Sachen aus der Stadt heimlich ins Ghetto zu bringen. Durchsuchungen, wie sie im »Großen Ghetto« von den »Armbinden«, also den Schutzmännern, vorgenommen wurden, gab es bei uns nicht. Wenn wir aber an der Kommandantur, die sich in der Zeit des »Kleinen Ghettos« in der Ludsas-Str. 66 befand, vorübergingen, konnte es gefährlich werden. Denn der diensthabende Wachtmeister der Ordnungspolizei konnte jeden, der ihm verdächtig vorkam, zur Durchsuchung in die Kommandantur befehlen.

Besonders lebhaft entwickelte sich der Handel, als 500 Juden aus Kaunas in zerrissenen und schmutzigen Mänteln, die sie sich mit Stricken um den Leib geschnürt hatten, mit tagealten Bartstoppeln und schlechtem Schuhwerk ins »Kleine Ghetto« kamen. Es tat fast weh, sie ansehen zu müssen. In nur wenigen Monaten kamen unsere Litauer allmählich wieder zu sich. Sie arbeiteten außerhalb des Ghettos, hatten sich relativ schnell mit der Situation arrangiert und verstanden es, aus dem Nichts heraus Geschäfte zu machen. Wo sie das nötige Kapital hernahmen, blieb mir ein Rätsel. Mir scheint, dass die litauischen Juden besser mit den schwierigen Ghetto-Verhältnissen zurechtkamen als die durch Komfort und Luxus verwöhnten Rigenser Juden.

Zwei litauische Juden aus Kaunas, beide Schuhmacher von Beruf, kamen in unser Kommando beim »BdO«. Schnell verständigten sie sich mit ihren Auftraggebern, die ihnen Schuhe zur Reparatur brachten oder angefertigt haben wollten. Das waren deutsche Besatzer. Die Litauer aber sprachen nur Jiddisch oder Litauisch, kannten aber viele obszöne, unanständige Redewendungen. Mit diesen Sprachkenntnissen, einer Mischung aus Jiddisch und Litauisch, kräftig gewürzt mit unflätigen Ausdrücken, waren sie nicht nur für den Umgang mit den Auftraggebern, sondern auch mit der obersten Führung bestens gerüstet.

Zu der Zeit, als die Schuhmacher zu uns kamen, arbeiteten bei uns einige Wiener Juden, darunter zwei Mädchen. Wenn sie sich morgens zu uns gesellten, grüßten sie auf wienerisch »Servus, Grüß Gott«. Daraufhin grüßten die Litauer zurück mit »Lumpenpack«. Hinter dieser absichtlichen Grobheit versteckten sie eigentlich eher ihre Sympathie für die Wiener Mädchen. Nach dem Krieg hat übrigens einer der beiden Schuhmacher, Klavanskas, eins der Mädchen geheiratet.

Benzion Wischnjevski, Foto aus den 30er Jahren

Wenn ich an die Litauer im Ghetto zurückdenke, sind mir noch zwei komische Episoden in Erinnerung, die zeigen, wie unglaublich begabt die litauischen Juden waren, wenn es um Warenumsatz und Werbung ging. Eines Sonntags klopfte ein Litauer an unsere Wohnungstür. Als ich öffnete, fragte er mich: »Darft ihr Safran? Benötigt ihr Safran?« Ich war völlig verblüfft. Was sollte ich mit Safran? Statt ihm zu antworten, fragte ich ihn, wie viel Safran er habe. Der Litauer antwortete, er könnte mir anderthalb Kilo verkaufen. Safran wird u.a. dem Teig zugefügt, damit das Ganze eine gelbliche Farbe annimmt. Die angebotene Menge hätte ganz Riga für das nächste halbe Jahr mit Safran versorgen können.

Da man uns erzählt hatte, dass die Litauer im »Kleinen Ghetto« ein Café aufgemacht hätten, machte ich mich von Neugierde getrieben auf den Weg zur angegebenen Adresse. Tatsächlich standen in dem dunklen Raum, der eine dringende Renovierung nötig gehabt hätte, ein runder Tisch und drum herum einige Stühle. Der Litauer in dem Raum zeigte auf die Tasse auf dem Tisch und ein winziges Feinbrot. Er bot mir als Menü eine Tasse Ersatzkaffee und das Feinbrötchen unter der Bezeichnung »Bismarck« an. Auf meine verständnislose Frage, warum das Feinbrot den Namen des berühmten deutschen Kanzlers trage, klärte mich der Litauer voller Verachtung auf. Teile man den Namen Bismarck in zwei Hälften, kommt dabei der Werbeslogan »Ein Biß - eine Mark« heraus. Wahrlich ein solider Werbespruch.

Lieber Leser! Entrüste dich nicht, dass der Autor in den tragischen Inhalt dieses Buches auf den ersten Blick nebensächliche und komische Begebenheiten einflicht. Aber das Leben, besonders unter schweren Bedingungen, kann nicht ausschließlich mit schwarzer Farbe gemalt werden.

Während des fast zweijährigen Bestehens des »Kleinen Ghettos« (Dezember 1941 bis November 1943) gab es viele tragische Ereignisse, über die hier berichtet werden soll. Gleichzeitig stabilisierte sich aber auch das Leben im »Kleinen Ghetto«, was sich daran zeigt, dass ein großer Teil seiner Häftlinge die Ghetto-Zeit überlebte.

Nach Stalingrad, besonders aber nach der Niederlage der Deutschen bei der Schlacht am Kursker Bogen und dem darauf folgenden schnellen Vormarsch der sowjetischen Truppen frohlockte ich nicht nur, sondern die Hoffnung, dass die Deutschen an allen Fronten verlieren würden, wuchs immer mehr in mir. Dieses Hoffnungsgefühl machte aber allzu oft der Befürchtung Platz, dass die Nazis uns in allerletzter Minute doch noch umbringen würden.

Während ich die Ereignisse von damals niederschreibe, fallen mir nicht nur die tragischen, sondern auch die eher komischen Geschichten ein. Auch wenn wir ein Leben unter Extrem-Bedingungen führten, so gab es doch für uns nicht nur finstere Zeiten, sondern auch witzige Situationen. Über das Durchlebte zu schreiben, ist keine einfache Aufgabe - auch nach 60 Jahren nicht. Das kostet enorme psychische Kraft. Sich an die komischen Episoden zu erinnern, hilft beim Aufschreiben der tragischen Ereignisse.

UNSERE WOHLTÄTER

Neben der Ghetto-Ration und der Suppe auf der Arbeit halfen uns auch noch Außenstehende. Zwei davon habe ich schon erwähnt - die Bäckersfrauen Kruminja und Bulinja, die uns, noch bevor das Ghetto geschlossen wurde, mit Brot versorgten. Wenn es meinem Vater gelang, mithilfe des Deutschen Fast in ihren Laden zu kommen, bekam er immer einen Laib Brot geschenkt. Bezahlen konnten wir ja nicht, denn wir hatten doch kein Geld und durften unter Todesandrohung auch keines haben. Unsere Wege führten uns zwar nicht so oft zum Bäckerladen, doch war die Hilfe dieser beiden mutigen Frauen ein herausragendes Zeichen der Solidarität mit uns. Jeder konnte es sehen, wenn mein Vater in der Bäckerei auftauchte. Vaters beide Sterne auf der Brust und dem Rücken identifizierten ihn als Juden. Der Laden war immer voller Kunden, und die Frauen konnten sich selbst ausmalen, was passierte, wenn einer der Kunden den Besuch eines Juden in ihrem Laden und dazu die Ausgabe von Brot an ihn meldete. Nach dem Krieg versuchte ich, die beiden ausfindig zu machen. In dem Laden Elizabetes iela 10 war auch zu Sowjetzeiten eine Bäckerei. Aber die Verkäufer wussten über die früheren Besitzer nichts. Auch ich wusste nicht viel über sie und konnte mich nur noch an den Familiennamen auf dem Ladenschild erinnern. Hinzu kam, dass es während der stalinistischen Zeit nicht empfehlenswert war, Ermittlungen anzustellen. Das konnte einem selbst und den anderen manchmal teuer zu stehen kommen. So bleiben mir an dieser Stelle nur Worte des tiefen Dankes gegenüber diesen beiden Frauen.

Jekaterina Karlovna Miket, aus einer russifizierten deutschen Familie stammend, von Beruf Buchhalterin, arbeitete bei Slava, der Schwester meiner Mutter, und hütete deren einjähriges Kind. Mit dem Einmarsch der Deutschen war diese Arbeit beendet, doch blieben die freundschaftlichen Beziehungen zwischen beiden Frauen auch weiterhin bestehen. Jekaterina nahm von Großmutter und zum Teil auch von uns Wertsachen in Verwahrung. Ich weiß nicht mehr, wie sie es angestellt hat, mit uns Verbindung aufzunehmen, jedenfalls tauchte sie eines Tages im Keller des Hauses in der Valdemara iela 11 auf. Dort waren in mehreren Wohnungen, in denen wir die Öfen heizen und sauber machen mussten, Polizisten untergebracht. Dort befand sich auch die Radio-Werkstatt der Polizei.

Slava Brachmann, 1927

Ich legte gerade in der Wohnung der Deutschen im Ofen nach, als man mich in den Keller rief. Jekaterina umarmte und küsste mich und erklärte mir, dass sie von jetzt ab immer an einem bestimmten Tag käme, um uns Lebensmittel zu bringen. Unsere Verbindungsperson wäre die Haushälterin der Familie Skulme, die im selben Haus wohnte. Bis zu unserer Verlegung ins KZ bekamen wir regelmäßig von Tante Kati, wie wir sie jetzt nannten, alle zwei Wochen einmal ein Netz mit Lebensmitteln. Uns reichte das für einen ganzen Tag. Den größten Teil aßen wir auf der Arbeit, und das Brot teilten wir noch mit Onkel Eddi und mit meinem Namensvetter. Das war uns eine große Hilfe, besonders auch deshalb, weil Tante Kati eine gute Köchin war. Nach dem Krieg gelang es mir, Tante Kati am Russischen Drama-Theater in Riga ausfindig zu machen, wo sie als Buchhalterin arbeitete. Ich konnte ihr unsere unendliche Dankbarkeit dafür ausdrücken, dass sie uns trotz aller Risiken so sehr geholfen hatte. Katis Hilfe hätte für mich tragisch enden können, aber davon später.

Auch die Familie Skulme und deren Haushälterin halfen uns. Ich entsinne mich, dass die Haushälterin uns hin und wieder etwas zu essen in den Keller brachte. Mein Vater hatte den Mut, Frau Skulme zu fragen, ob sie einige wichtige Dokumente für ihn aufbewahren könne. Sie war einverstanden, und mein Vater konnte sie hinter einer Etagere in der Skulme'schen Wohnung verstecken. Die Skulmes waren in Riga eine sehr bekannte Familie. Aus ihr waren zwei Generationen begabter Künstler hervorgegangen, und Frau Xenia Skulme war eine bekannte Diät-Ärztin.

Nach dem Krieg besuchte ich sie. Sie hatten schon völlig vergessen, was sie für uns getan hatten, und waren ganz erstaunt, als ich die Etagere wegrückte und das Diplom meines Vaters über die Beendigung seiner Ausbildung am Polytechnischen Institut hervorzog sowie das Studienbuch meines Bruders und noch ein anderes Dokument über den Militärdienst meines Großvaters während der Zarenzeit. Für mich waren diese Dinge von unschätzbarem Wert. Die Skulmes hatten viel für uns riskiert.

Tante Kati kam regelmäßig. Nach einem Besuch, der an einem orthodoxen Feiertag stattfand, hatte ich plötzlich die verrückte Idee, das Netz mit all den Lebensmitteln ins Ghetto zu bringen, um dort in aller Ruhe zusammen mit Onkel Eddi und mit Alik ein Festessen zu arrangieren. Die Idee kam mir in diesem Moment gar nicht so verrückt vor, weil keine scharfen Kontrollen beim Betreten des Ghettos stattfanden und man daher auf sein Glück setzen konnte.

Als unsere Kolonne am Ghettotor ankam, stand bei der Kommandantur in der Ludzas iela Wachtmeister Tuchel, der schrecklichste aus dieser Riege. Er war nicht nur ein wirklicher Sadist, sondern darüber hinaus ein erfindungsreicher. Ich habe mit eigenen Augen gesehen, wie er einmal frei nach Schillers »Wilhelm Tell« ein Theaterstückchen spielte. Er stand nahe bei der Kommandantur. Statt des Apfels auf dem Kopf von Tells Sohn hielt nun ein Jude ein Päckchen Zigaretten in der ausgestreckten Hand. Darauf zielte Tuchel mit seiner Pistole. »Wenn ich die Zigaretten treffe, gehören sie dir«, sagte Tuchel. »Wenn ich die Hand treffe, hast du Pech gehabt.« Ich entfernte mich schnell, konnte aber noch im Weglaufen den Pistolenschuss hören.

Als wir von der Arbeit heimkehrten und an Tuchel vorübergingen, blieb sein Blick an mir hängen. Mein Gesichtsausdruck und auch das Netz in meiner Hand waren ihm verdächtig. Mit dem Finger vor mir herumfuchtelnd, sagte er in liebenswürdigem Ton: »Mensch, du fieberst ja. Lass dich in der Kommandantur filzen.« Das war das Ende. Nicht nur, dass mir für den Versuch, Essen ins Ghetto zu bringen, der Tod drohte. Die Lebensmittel und das sauber in Cellophan eingewickelte zubereitete Essen, das ich im Netz hatte, zeigten deutlich, dass uns jemand versorgte, für uns kochte, briet und buk. Das bedeutete, dass sie mich so lange nicht in Ruhe lassen würden, bis sie nicht alles über meine Kontakte in der Stadt wüssten und ich aus diesem Grunde nicht auf einen schnellen Tod hoffen konnte. Diese Überlegungen durchfuhren mich während der nächsten zehn, zwanzig Schritte, die mich von der Kommandantur noch trennten. An der Tür stand ein Bursche von der jüdischen Ghetto-Polizei, Saja Israelovitsch. Saja war eine der tragischsten Figuren im »Kleinen Ghetto«. Von ihm wird noch zu erzählen sein, wenn es um die Erschießung der jüdischen Polizisten aus dem »Kleinen Ghetto« geht.

Jetzt müssen wir kurz in die Zeit vor dem Krieg zurückgehen. Es war im April 1939, Italien war in das kleine Albanien eingefallen, und König Achmet Zogu hatte fliehen müssen. Auf der Durchreise war er in Riga und wohnte im Hotel »Petersburg«. Alles lief zum Hotel, um einmal einen echten König zu sehen, so auch ich. Als Vater an diesem Tag nach Hause kam, erzählte er Mutter, dass er auf der Straße einen ehemaligen Schüler getroffen habe, der jetzt in einem Textil-Geschäft arbeite. Er habe Vater erzählt, dass im Geschäft zwei Lagen besten englischen Wollstoffs, passend für einen Sommeranzug, eingetroffen seien. Eine Lage sei schon verkauft – an den König Achmet Zogu, die andere wolle er Vater, seinem hoch geschätzten ehemaligen Lehrer verkaufen. Vater nahm das Angebot an und hatte nun einen wertvollen Stoff, wie ihn nur noch der König besaß. Es verging ein Monat, während dessen unser Familienschneider Brosgal den Anzug nähte. Vater rief seinen guten Freund Josif Israelovitsch an und verabredete sich mit ihm für den nächsten Sonntag zu einem gemeinsamen Spaziergang. Sie wollten sich auf halbem Wege, Elizabetes- Ecke Skolas iela, treffen.

Als wir zu der besagten Ecke kamen, hörten wir schon beim Herannahen ein nicht enden wollendes Gelächter. Unsere ganze Familie, Saja und auch seine Mutter, Tante Fanja, lachten laut schallend. Nur Onkel Josif, Sajas Vater, lachte nicht. Es war allgemein bekannt, wie viel Mühe und Zeit er seinem Äußeren widmete. Zum Beispiel putzte er, der Ingenieur-Chemiker war, seine Schuhe nur mit selbst gemachtem Wachs auf unerhörten Hochglanz. Mein Vater und Onkel Josif trugen nun beide haargenau die gleichen, nagelneuen Anzüge. Es war nur die Frage, wer von beiden König Achmet Zogu war. Meinen Vater im gleichen Anzug zu sehen, hatte ihm einen Schlag versetzt, von dem er sich aber schnell wieder erholte.

Zu seinem Sohn also ging ich in schrecklicher Erwartung des Kommenden. »Saja«, stieß ich auf Jiddisch hervor, »ich bin trejf« (»Saja, ich habe verbotene Sachen bei mir«).[7] Oft sind die einfachsten Lösungen die genialsten. Saja antwortete mir bloß: »Geh in den Auskleideraum, warte ein bis zwei Minuten, geh wieder raus und tu so, als wärest du durchsucht worden.« Und so tat ich es. Noch ein psychischer Kraftakt - nicht rennen, sondern mich langsam in die auf der Straße vorbeigehende Kolonne einreihen - und ich war gerettet.

In dem Haus, in dem sich die Kommandantur befunden hatte, war in der sowjetischen Nachkriegszeit und auch in den ersten Jahren der Unabhängigkeit Lettlands eine Abteilung der Sozialfürsorge untergebracht. Aus beruflichen wie auch privaten Gründen war ich oft dort. Jedes Mal, wenn ich in dem Auskleideraum stand, musste ich an meinen Retter Saja Israelovitsch denken.

7 Jidd. Wort trejf vom hebr. tereif, zerrissen. Hier in der Bedeutung von unrein, nicht koscher.

DAS LEBEN IM »KLEINEN GHETTO« UND BEI DER ARBEIT GEHT WEITER

ICH LERNE STEHLEN UND BETRÜGEN

Nicht zufällig hatte die Lebensmittelfrage für mich eine solche Bedeutung. Essen war das A und O für den Ghetto-, mehr noch den Konzentrationslager-Häftling. Wenn es ihm gelang, eine auch noch so kleine Ration zusätzlich zu erhalten, dann hatte er gewisse Chancen zu überleben. Wenn nicht, konnte er sich langsam vom Leben verabschieden.

In totalitären Regimes ist die Sprache voll von Euphemismen, hinter denen sich konkrete Begriffe verbergen. So ersetzten die sowjetischen Behörden das Wort »Erschießung« in dem Bescheid, den sie den Angehörigen zukommen ließen, durch die Worte »verurteilt zu zehn Jahren ohne schriftlichen Kontakt nach außen«. Bei den Nazis wurde der Begriff »Vernichtung aller Juden« in den offiziellen Dokumenten durch die Formel »Endlösung« ersetzt. Der am häufigsten gebrauchte Euphemismus betraf die Worte »rauben und stehlen«. In der Sprache des Dritten Reiches sagte man dazu »organisieren«. So würde der Polizist, der etwas auf sich hielt, nicht sagen, dass er das aus dem Dorf herangeschleppte Schwein gestohlen oder es seinen Besitzern gewaltsam weggenommen habe. Er hatte es »organisiert«. Das hört sich doch ganz anders an. Diesen Euphemismus übernahm auch ich allmählich in meinen Sprachgebrauch, ohne dabei ein schlechtes Gewissen zu haben. Vergessen hatte ich das biblische Gebot »Du sollst nicht stehlen«. Es glitt von mir ab, als hätte es nie für mich gegolten. »Organisieren« war bei den Deutschen etwas völlig Selbstverständliches. Man durfte sich nur nicht dabei erwischen lassen. Zweimal ist mir das passiert. Davon wird noch die Rede sein.

Ich hatte Glück. »Meister« Mayer bestellte mich in die Katrinas iela im Hafenbezirk, wo sich auf einer freien Fläche das Holzlager der Polizei befand. Das ganze Areal war von einem Zaun mit Tor umgeben. Meine Aufgabe war es, die Fuhren der Bauern mit Brennholz aufzulisten und das Holz in meiner freien Zeit zu stapeln. Diese Arbeit hatte den Vorteil, dass ich allein, ohne Aufsicht arbeiten und mich mit den Bauern unterhalten konnte, jedoch den Nachteil, dass ich die tägliche Suppe nicht mehr bekam. Dieser Nachteil wurde aber bald dadurch wettgemacht, dass unter den Bauern mitfühlende Leute waren, die ihr Frühstück mit mir teilten. Es gab Brot mit herrlich duftendem, köstlich geräuchertem Speck. Mit der Höhe des Holzstapels wuchs auch meine kriminelle Energie. Einigen Bauern trug ich eine erfundene Fuhre ein. Auf diese Weise leisteten sie ihren »Frondienst« ab, behielten aber ihr Holz. Das war ein gutes Geschäft für beide Seiten, und die Speckbrote wurden immer dicker.

Der Höhepunkt in dieser Zeit aber war der Verkauf von fünf Flaschen Wein an die Bauern. Ich hatte sie im Keller der Polizei in der Valdemara iela 11 »organisiert«.

In der Zeit vor dem Krieg, als mein Vater noch Schuldirektor gewesen war, hatte er immer einen Dietrich benutzt, mit dem man alle Schultüren öffnen konnte. Das Bund, an dem vierzig Schlüssel hingen, hatte er damals nicht ständig bei sich tragen müssen. So war ich irgendwann in den Besitz des Dietrichs gekommen und hatte ihn auch im Ghetto noch, wo er sich hervorragend bewähren sollte.

Anfang April 1942 bekamen wir den Auftrag, eine Anzahl Kisten in den Keller der Valdemara iela 11 einzulagern. Was sich in den Kisten befand, wussten wir nicht. Einige Tage später ging ich neugierig in den Keller, öffnete mit dem Dietrich die Tür und sorgfältig eine der Kisten. Darin waren Flaschen, die in kleine Strohballen eingepackt waren. Auf den Flaschen stand nicht nur die Weinsorte, sondern auch die Aufschrift »Abgefüllt für den Chef der Ordnungspolizei. Zu trinken am Geburtstag des Führers«. Nun hatte ich ein Problem. Sollte ich eine Flasche aus fünf verschiedenen Kisten nehmen oder lieber alle fünf Flaschen aus ein und derselben Kiste? Dieses Problem, wie auch die Frage des Verkaufs der Flaschen an meine Fuhrleute, habe ich leicht gelöst. Nur war ich nicht so sicher, ob die Bauern sich auch an das halten würden, was auf den Etiketten stand: Den Wein nämlich am 20. April zu trinken. Aber das konnte ihnen egal sein. Sie waren ja nicht die Chefs der Ordnungspolizei.

Nach dem Krieg fand diese Geschichte noch eine Fortsetzung. Dass man zu Sowjetzeiten gut daran tat, sich mit dem Reden zurückzuhalten, wenn man sich in Gesellschaft von mehr als zwei Menschen befand, war mir in meiner Naivität nicht klar gewesen. Ich bereitete mich damals auf das Examen in politischer Ökonomie vor und saß mit Kommilitonen zu Hause. Wir bissen uns durch »Das Kapital« von Karl Marx, wurden bald müde und begannen, uns irgendwelche Schnurren zu erzählen. Da hatte ich die blöde Idee, meine Geschichte vom »Organisieren« des Weins bekannt zu geben und betonte dabei, dass der Wein an Führers Geburtstag getrunken werden sollte. Die Antwort bekam ich zwei Wochen später. Auf einer Partei-Wahlversammlung in der Universität prangerte Karl Pugo, Sekretär der Partei-Organisation, die juristische Fakultät wütend dafür an, dass sich in ihren Reihen ein Student befände, der anlässlich des Geburtstages Adolf Hitlers auf dessen Wohl mit einem Glas Wein angestoßen habe. Erstaunlich ist, dass diese Geschichte ohne irgendwelche Folgen für mich blieb.

DER SCHOCK IM JANUAR 1942

Von den ersten Tagen der deutschen Okkupation Rigas an bestimmten nicht enden wollende Kolonnen von kriegsgefangenen Rotarmisten das städtische Straßenbild. Abertausende von ihnen schleppten sich durch die Straßen, von einem Lager ins andere. In zerrissener Kleidung, oft ohne Schuhe, mit blutdurchtränkten Verbänden, mit hängenden Köpfen, boten sie einen solch traurigen Anblick, dass es sogar uns, denen es auch nicht gerade glänzend ging, das Herz zerriss. In der Regel gingen die Soldaten in Dreierreihen, zwei mussten den dritten stützen. Mich beeindruckte diese Solidarität unter ihnen. Wir hörten, dass die Soldaten zu Tausenden einfach verhungerten oder an Krankheiten und unversorgten Wunden starben. Wir hatten nicht die geringste Möglichkeit, ihnen zu helfen, da wir mit ihnen überhaupt nicht in Berührung kamen.

An einem Januartag 1942 wurde ich wieder einmal von meiner Kolonne getrennt und kam mit einer anderen, bunt zusammengewürfelten Gruppe zum Hafen. Es war der kälteste Tag in diesem Winter. Im Hafenviertel herrschten minus 40 Grad. Als wir uns unserem Arbeitsplatz näherten, wo stapelweise gepresstes Stroh lag, das wir in Waggons verladen mussten, sahen wir eine Kolonne von Gefangenen. Sie hatten ihre Nachtschicht beendet und warteten auf den Abtransport ins Lager. Als sie unsere Kolonne bemerkten, begannen sie plötzlich ein Lied zu singen, dessen Worte mir auch heute noch wehtun:

Auf dem Boden liegt ein Sack
gefüllt mit Kascha teuer.
Denkt nur nicht, ihr Judenpack,
Russland, das sei euer.

Ich war von dieser Strophe wie vom Donner gerührt. Wie konnte es sein, dass in der Armee, die sich den Internationalismus auf ihre Fahnen geschrieben hatte, solche Zeilen kursierten? Wann und von wem waren sie verfasst worden? Diese Gefangenen sangen sie wacker im Chor. Woher dieser Hass auf uns, denen es doch genauso dreckig ging, rührte, konnte ich mir nicht erklären. Zu dieser Zeit hatten die Nazis ihre Strategie im Umgang mit den Kriegsgefangenen noch nicht geändert. Sie ermordeten diese genauso wie uns. Das führte mich zu einer trostlosen Erkenntnis. Auch der Mythos von der unerschütterlichen Freundschaft unter den Völkern zerbrach dabei. Mir 16-jährigem Burschen, der ich mir gerade eine eigene Weltanschauung zurechtlegen wollte, wurde damit der Boden unter den Füßen weggerissen.

IM EIGENEN GRAB. EINE NAZI-POSSE
JULI 1942

Meister Windisch befahl mir eines Tages, Gras zu schneiden. Ich war völlig verdutzt. Auf dem Hof in der Valdemara iela 7 gab es gar kein Gras. Ich musste an die Zeit denken, als Schlöter mir befohlen hatte, mit der Zahnbürste die Karosserie der Radiostation zu putzen. Mit einem Messerchen Gras zu schneiden, das bedeutete wieder nichts anderes, als mit mir Spaß zu treiben, mich zu erniedrigen. Aber für welches Vergehen? Doch den Juden stand es nicht zu, dem Meister Fragen zu stellen. Schon nach kurzer Zeit kam ein Wagen vorgefahren. Mir wurde befohlen, einzusteigen. Der Chauffeur setzte sich ans Steuer, und wir fuhren die Valdemara iela hinüber nach Sarkandaugava, einem Stadtteil im Norden Rigas.

Das Auto hielt in Mežhapark neben einer Villa, und der Chauffeur befahl mir, ihm zu folgen. Das Gras im Garten wuchs wirklich wild und war nicht geschnitten. Ich malte mir mit Schrecken aus, wie viel Zeit ich brauchen würde, um diesen Rasenplatz herzurichten. Der Chauffeur ging ins Haus und kam bald darauf mit einem

Mann in Polizei-Uniform wieder zurück, der ganz offensichtlich schon seit dem Morgen kräftig getrunken hatte. Der Chauffeur verabschiedete sich von dem betrunkenen Polizisten, dem ich nun voll ausgeliefert war. Mit bellender Stimme befahl er mir, mit einem im Garten stehenden Rasenmäher den Rasen zu scheren. Ich machte mich an die Arbeit und versuchte, den Auftrag so gut wie möglich zu erfüllen. Es war klar, dass die Villa dem Betrunkenen nicht gehörte, sondern dass er nur die Rolle eines Hausmeisters spielte. Mich durchzuckte der schaurige Gedanke, dass die Villa vielleicht Jeckeln[8] gehören könnte, der, wie ich gehört hatte, in Mežhaparks wohnte. Von ihm und seinen Spießgesellen war nichts Gutes zu erwarten.

Beweise, dass diese Villa Jeckeln gehörte, habe ich allerdings nicht. Ich habe dies von niemandem bestätigt bekommen, doch bin ich fest davon überzeugt, dass es stimmt. Hier lebte ein Mensch, der Kontakte zur Polizei hatte. Hierher war ich zur Arbeit geschickt worden. Und hier traf ich auf einen Polizisten. Die Villa war äußerst luxuriös und glich eher einem Schloss. Hier konnte nur jemand von hohem Rang wohnen. Den zweithöchsten Rang hatte der Leiter der Ordnungspolizei Ostland, Jedicke. Doch der wohnte, soviel ich wusste, in der Stadt. Das, was im Folgenden passierte, und mit welchen Worten mich der Polizist bedachte, bestärken mich nur noch in meiner Vermutung.

Nach ungefähr drei Stunden war ich mit meiner Arbeit fertig und stellte den Rasenmäher wieder an seinen Platz. Im selben Moment kam der Polizist aus dem Haus, und bei der Vorstellung, dass er mich die ganze Zeit beobachtet hatte, blieb mir vor Schreck fast das Herz stehen. In der rechten Hand hatte er eine Pistole, in der linken eine eiserne Schaufel. Er winkte mich herbei und wies mit der Pistole in Richtung des Zauns, der das Grundstück vom Nachbargelände trennte. Als ich mich dem Zaun näherte, befahl mir der Polizist mit völlig besoffener Stimme, mich am Zaun auf die Erde zu legen. Dort sollte ich mir dann ein Grab schaufeln. Ich legte mich also hin. Nachdem der Polizist um mich herum die Umrisse der Grube gezeichnet hatte, brüllte er mich an, aufzustehen und mit dem Schaufeln zu beginnen. Im Weggehen erklärte er mir, dass ich im Gegensatz zu den übrigen Juden mein eigenes Grab bekäme. In einer Stunde hätte meine Arbeit fertig und die Grube mindestens 70 cm tief zu sein.

Ich habe absolut keine Erinnerung daran, was ich beim Ausheben meines eigenen Grabes dachte. Wahrscheinlich schaufelte ich ganz mechanisch. Schaufeln, das bedeutete etwas zu tun, und das beruhigt in der Regel. Ich zweifelte jedenfalls nicht an dem Willen des Polizisten, seine Androhung wahr zu machen. Später, nachdem alles vorbei war, meinte ich zu wissen, dass mich seine Worte nicht geängstigt hätten. Was für einen Sinn hätte es gehabt, mich umzubringen und direkt neben der Villa zu begraben? Eine solche Grube diente gewöhnlicherweise als Kompostplatz. Der Polizist hatte mir nur Angst einjagen wollen. Ich selbst hatte allerdings nie eine Kompostgrube gesehen und glaubte auch nicht, dass ich hier so etwas ausheben sollte. Vielmehr

8 Der höhere SS- und Polizeiführer Ostland, Friedrich Jeckeln, verantwortlich für den Massenmord an den Kiever Juden im September 1941, war danach nach Riga versetzt worden und leitete hier die Ermordung der Juden aus dem Rigaer Ghetto. Er wurde im Februar 1946 in Riga hingerichtet.

dachte ich wirklich an das Graben meines eigenes Grabes. Könnte ich behaupten, dass ich damals bereit gewesen wäre, mein Leben mit der Eisenschaufel in der Hand zu verteidigen, anstatt es in die Hand des Polizisten zu legen, gäbe ich jetzt eine bessere Figur ab. Aber so war es nicht.

Der Polizist, der anscheinend nicht aufgehört hatte zu trinken, kam schwankend auf mich zu, fuchtelte mit der Pistole herum und befahl mir, mich in die Grube zu legen, um zu sehen, ob sie inzwischen die richtige Größe habe. Gehorsam legte ich mich hinein. Die Grube passte. Daraufhin entfernte sich der Polizist ein paar Meter, gab wiehernde Laute von sich und warf mir ein Päckchen deutsche Zigaretten der Marke »Juno« auf die Brust. In reinstem Russisch stieß er dann hervor: »Du weißt, bei welcher Hure du gearbeitet hast.« Mir verschlug es die Sprache. Er aber drehte sich um und entfernte sich torkelnd, ohne auf ein Dankeschön meinerseits für die Zigaretten zu warten. Bald darauf kam das Auto und holte mich wieder ab.

Das war das erste Päckchen richtiger Zigaretten während des Krieges, das ich mit Genuss rauchte. Und schon deshalb ist mir diese ganze Geschichte im Gedächtnis haften geblieben. Doch dazu gehört noch eine zweite Sache. Noch wenige Tage zuvor hatte ich irgendwo eine Reklame für die »Juno« gesehen. Der Inhalt der Reklame war blödsinnig, aber gerade deshalb so eindringlich. Da hieß es: »Warum ist Juno rund? Aus gutem Grund ist Juno rund.« Niemals werden mir diese Worte aus dem Kopf gehen. Sie tauchen immer wieder aus dem Unterbewusstsein auf und mit ihnen diese Episode aus dem Sommer 1942, und dazu der Hochgenuss, mit dem ich die »runde« Juno geraucht habe.

Nach dem Krieg habe ich versucht, den Ort wiederzufinden, an dem die Villa gestanden hatte. Ich setzte mich in mein erstes Auto und fuhr suchend die ganze Gegend in Mežhaparks ab. Vergeblich. Ganz offensichtlich war ich an jenem bewussten Tag zu aufgeregt und verängstigt und das Ortsgedächtnis völlig blockiert gewesen. Ende der 90er Jahre war ich einmal in die Residenz der deutschen Botschaft in Mežhaparks eingeladen. Die luxuriöse Villa ähnelte dem kleinen Schloss von damals. Doch rief sie in mir keinerlei Assoziationen hervor, und dem Botschafter Fragen zu stellen, wagte ich nicht.

WIDERSTAND. DIE ROLLE DER JÜDISCHEN POLIZISTEN DEZEMBER 1941 BIS 31. OKTOBER 1942

In unserer Arbeitskolonne gab es zwei Rundfunktechniker: Savelij Bermann und Lejbovitsch, dessen Vornamen ich vergessen habe. Ich weiß nur, dass wir ihn alle liebevoll Lejbele nannten. Er stammte aus einer Industriellen-Familie, in deren Fabrik Radios hergestellt wurden. Beide Techniker arbeiteten in einer Wohnung in der Valdemara iela 11, wo ich jeden Tag die Öfen heizen und die Zimmer aufzuräumen hatte. Natürlich vermutete ich, dass die Techniker feindliche Sender hörten, und wollte mit ihnen zusammenkommen. Doch am Anfang lehnten sie kategorisch ab, und ich konnte nicht ein einziges Mal zu dieser unter Todesstrafe verbotenen Sache dazustoßen. Es verging einige Zeit, bis Savelij Bermann klar wurde, dass ich ihnen nützlich sein konnte. Ich konnte sie warnen, wenn Gefahr im Anzuge war. Schließlich genoss ich ihr vollkommenes Vertrauen und durfte beim Radiohören mit dabei sein. Als Wachposten waren schon andere eingesetzt.

Bis dahin erhielten wir unsere Informationen größtenteils über Gerüchte, die durch Agenten der bereits erwähnten »IWA« verbreitet wurden. Zwischen den Zeilen entnahmen wir dem Schundblatt »Tevija« die für uns so tröstlichen Nachrichten über die Verkürzung der Front im Winter 1941 oder erfuhren manches aus der »Deutsche Zeitung im Ostland«, einer Zeitung der Besatzer. In den legalen Besitz der Zeitungen kamen wir selten, in der Regel holten wir sie uns aus dem Mülleimer. Das Radiohören war keine einfache Sache. Damals gab es nur Röhrenradios, die nach dem Einschalten Wärme ausstrahlten. Man brauchte nur die Hand auf den Apparat zu legen, um herauszubekommen, ob der Techniker den Apparat benutzt hatte. Die Strafe würde auf dem Fuße folgen. Mehrmals und völlig unerwartet geschahen solche Kontrollen der Deutschen, manchmal auch in meiner Gegenwart. Savelij und Lejbele arrangierten solche Radiohör-Treffen nur mit Apparaten, die sie im entsprechenden Moment reparierten, und zwar dann, wenn die Reparatur so weit fortgeschritten war, dass der Apparat jetzt hinsichtlich Empfang und Ton überprüft werden musste.

Am liebsten hörten wir die englische Station BBC. Die BBC zeichnete sich nicht nur dadurch aus, dass sie die Lage an den Fronten, besonders im Osten objektiv beschrieb, sondern sie machte auch eine geschickte Propaganda, von der ich ganz begeistert war. Diese halbstündige, beliebte Sendung in deutscher Sprache begann, soweit ich mich erinnere, mit den Worten »Heil Hitler, Hans - Heil Hitler, Willi« und war für die deutschen Hörer bestimmt. Unaufdringlich und sich auf Fakten stützend, führte der Dialog zwischen Hans und Willi immer zu demselben Schluss, dass Deutschland trotz der zeitweiligen Siege den Krieg verlieren werde. Für mich waren die Sendungen der BBC Balsam für meine Seele, um sie vor der Verzweiflung zu retten.

Anfangs hörten wir nur hin und wieder Radio. Als aber unsere Kolonne größer wurde und Abram Firk dazukam, wurde das regelrecht organisiert. Abram Firk war ein Bursche von 25 Jahren, untersetzt, und sah aus wie ein Pionier aus der Zeit der Besiedlung Palästinas durch jüdische Siedler. Er war der geborene Führer im besten Sinne des Wortes, konnte Verantwortung übernehmen, aber scheute gleichzeitig nicht vor schwersten und unangenehmsten Arbeiten zurück. Er war bemüht, sich nicht hervorzutun und seine Rolle als Leiter nicht herauszustellen. All das flößte mir ihm gegenüber eine ungeheure Hochachtung ein. Er war es, der zuverlässige Personen mit Informationen, die er von Savelij Bermann erhalten hatte, zu versorgen begann. Ohne die Quelle anzugeben, teilte Abram dabei mit, dass er die Nachrichten angeblich im Ghetto, über die »IWA« erhalten habe. Ich bin überzeugt, dass es Firk zu verdanken war, dass Savelij Berman niemals entlarvt wurde. Er ist im hohen Alter in Israel gestorben. Lejbele, Bermanns Kollege, hat den Holocaust nicht überlebt. Doch der Grund dafür war nicht das Abhören des Feindsenders.

Auf dem Hof des Stabes der Polizei in der Valdemara iela 7 gab es eine Garage. Möglich, dass da früher einmal Pferde und Fuhrwerke gestanden hatten, wovon vier Pferdeköpfe zeugen die damals wie noch heute, die Fassade des Garagengebäudes schmücken. Die Deutschen nutzten das Gebäude jedoch anderweitig und verwahrten darin verschiedene nützliche Sachen, darunter auch bei Raubzügen »Organisiertes«. In der Garage lagen auch unsere Arbeitswerkzeuge, wie Sägen, Beile, Hämmer, Tragen für Brennholz und Sägeböcke, die wir im Laufe des Tages brauchten. Irgendwann kam ich einmal morgens in die Garage und wollte mir Säge und Sägebock holen. Da sah ich auf dem Zementboden einen Haufen hingeworfener Waffen herumliegen, die wie sowjetische Waffen aussahen.

Die Waffen lagen bunt zusammengewürfelt herum und schienen nicht in bestem Zustand zu sein. Davon zeugten die zerbrochenen Schäfte der Gewehre und die Tatsache, dass die Gewehrteile verstreut herumlagen. Nach einigen Tagen lagen die Gewehre immer noch in der Garage, doch ich maß dem keine weitere Bedeutung zu. Da kam eines Tages Abram Firk zu mir und beauftragte mich ohne große Vorrede, dass ich noch am selben Tag Einzelteile eines automatischen Gewehrs ins Ghetto bringen sollte. Ich war völlig verwirrt und bekam große Angst. Diese Wendung der Situation traf mich vollkommen unvorbereitet. Niemals vorher hatte Firk mir gegenüber das Thema Widerstand und Untergrundarbeit angesprochen. Auch jetzt sprach er nicht weiter darüber. Er sagte mir nur, was zu tun sei. Auf meinen Einwand hin, dass ich die Durchsuchung beim Ghettotor fürchtete, erklärte er, dass alles genau geplant sei. Wenn es gefährlich würde, hinge am Fenster eines fünfstöckigen Hauses in der Liela Kalnu iela ein Handtuch, und unser Begleiter brächte uns zur Arbeitsstelle zurück. Zusätzlich stünde am Ghettotor ein jüdischer Polizist, der dann alles Notwendige regeln würde. Was dieses »Notwendige« sein sollte, war mir nicht klar, doch die Autorität Firks ließ mich meine verzweifelte Angst vergessen, und ich sagte zu. Alles ging gut. Zwei Tage später passierte das noch einmal. Danach kam Abram Firk nicht noch einmal mit einer ähnlichen Bitte zu mir. Alle Waffen waren ein paar Tage später aus der Garage weggebracht. Zwei Wochen danach war auch Abram aus unserer Arbeitskolonne verschwunden.

Dass Abram Firk am 31. Oktober 1942 im Zuge der Zerschlagung der Untergrundorganisation des Ghetto erschossen wurde, habe ich zwar geahnt, aber erst nach dem Krieg genau erfahren, als ich das Buch von Max Kaufmann[9] las. Isja Springenfeld (jetzt Steven Springfield) erzählte mir erst vor gar nicht langer Zeit, dass Abram Firk, geboren in Jekabpils, ein Verwandter von ihm gewesen sei. Bis an mein Lebensende werde ich mich an Abram Firk erinnern, an diesen mutigen und zuverlässigen Helden des Untergrundes im Rigaer Ghetto.

Jeder, der nach dem Krieg, über das Leben im »Kleinen Ghetto« berichtete, sprach von den jüdischen Ghettopolizisten, »Ordnungsdienst« mit offiziellem Namen, nur mit anerkennenden, ja warmen Worten. Insbesondere von ihrer Solidarität, die sie gegenüber den Ghettoinsassen gezeigt haben. Ich bin überzeugt, dass, wenn sie nicht gar als der Stab der Widerstandsbewegung agierten, sie doch als ein sehr wichtiger, aktiver Teil

9 Max Kaufmann, Churbn Lettland, Selbstverlag 1947. Neuausgabe: Hartung-Gorre Verlag Konstanz, hg. von Erhard Roy Wiehn.

dazugehörten. Ihr Verhalten im »Kleinen Ghetto« steht im Gegensatz zu Berichten, die man in der Nachkriegszeit über Ghettopolizisten aus manch anderen Ghettos lesen konnte. Zum Beispiel über ihren rohen, gelegentlich sogar brutalen Umgang mit den Ghettobewohnern. Fälle, in denen Ghettopolizisten bereit gewesen sein sollen, mit den Besatzern zu kollaborieren, sind ebenfalls bekannt.

David (Daddi) Kehlmann, 1939

Abgeschottet durch zwei Zäune, hatte das »Deutsche Ghetto« seine eigene Polizei, die nach dem 31. Oktober 1942 auch für uns zuständig wurde. Wir konnten nun Vergleiche anstellen und stolz sein auf unsere Rigaer Burschen, von denen ich einige gut kannte: Daddi Kehlmann, Ljolja Chenkin, Sascha Gurewitsch und, nicht zu vergessen, Saja Israelovitsch. Obwohl ich persönlich keine großen Erfahrungen mit den Ghettopolizisten habe sammeln können, muss ich mir doch nach alldem, was ich damals im Ghetto gehört habe, ein paar Gedanken über sie machen.

Das Leben im »Kleinen Ghetto« war im Großen und Ganzen verhältnismäßig ruhig, solange die Deutschen sich nicht einmischten. Die jüdischen Polizisten waren kaum zu sehen. Sie behandelten die Ghettobewohner wie ihresgleichen. Niemals hörte ich irgendwelche Klagen über ihr Verhalten. Sie genossen allgemeines Vertrauen und Achtung - mit einer Ausnahme: Wand, ein Emigrant aus Deutschland, der um 1933 nach Lettland ausgewandert war. Er wurde von der SS als Leiter der Ghettopolizei eingesetzt. Ihn mochte keiner. Im Gegenteil, er wurde gefürchtet. Er war nach Meinung derer, die es wussten, eine zweifelhafte Person.

Es war völlig klar, dass die Deutschen die Anordnung zur Aufstellung einer jüdischen Polizei in erster Linie deshalb gegeben hatten, weil sie jemanden brauchten, der ihre Befehle ausführte. Die Polizisten sollten im Ghetto für die Besatzer Augen und Ohren offen halten und sich ihnen gegenüber vollkommen loyal verhalten. Stattdessen waren die Polizisten aber der Ghettobevölkerung gegenüber loyal und versuchten nicht, soviel ich mitbekommen habe in keiner Weise, den Eindruck der Loyalität dem Ghettokommandanten und anderen Deutschen gegenüber auch nur im Entferntesten vorzutäuschen. Ein solches Verhalten war meiner Meinung nach taktisch falsch und musste über kurz oder lang zum Krach führen.

Damals hieß es, dass ein Grund für das tragische Ende unserer Polizisten auch ihre Beziehungen zu Mädchen aus dem deutschen Ghetto war. Nach der Ankunft der deutschen Juden im Rigaer Ghetto, darunter auch junger Mädchen, hatte sich das Klima im Ghetto ganz offensichtlich geändert. Die ersten Bewohner aus dem »Kleinen Ghetto«, die Zugang zum »Deutschen Ghetto« hatten, waren die Polizisten. Es bildeten sich freundschaftliche Beziehungen, und es entwickelten sich romantische Liebesbeziehungen zwischen den Polizisten und den Mädchen aus dem Deutschen Ghetto. Auch unsere Arbeitskolonne war nach der Ankunft der Deutschen durch einen jungen Tischler, eine ehemalige Restaurantbesitzerin mittleren Alters aus Wien und zwei junge Wienerinnen aufgefüllt worden. Eine der jungen Wienerinnen sagte mir, dass ihre Landsmännin sich mit einem Polizisten aus dem »Kleinen Ghetto« angefreundet habe. Sie habe gehört, dass die lettischen Juden sich nicht abschlachten lassen, sondern ihr Leben mit der Waffe in der Hand teuer verkaufen würden. Wenn solche Gerüchte im Deutschen Ghetto tatsächlich im Umlauf waren, was sehr wahrscheinlich ist, dann ist es auch nicht verwunderlich, dass sie der Kommandantur und Gestapo zu Ohren kamen. Die Gerüchte über den Widerstand der Ghettopolizisten mit der Waffe in der Hand bei einer möglichen Mordaktion wurden damals als zweiter Grund für die Vernichtung der Polizei im »Kleinen Ghetto« genannt. Nicht die Mädchen waren schuld an den Gerüchten, sondern die Ghettopolizisten selbst, die das wichtigste Gesetz der Illegalität, strengste Konspiration, nicht befolgt hatten.

Als dritter wurde ein Grund genannt, der zeitlich mit den Ereignissen des 31. Oktober 1942 zusammenfällt. Zu dieser Zeit versuchte eine bewaffnete Gruppe der Juden mit einem Lastwagen aus dem »Kleinen Ghetto« zu den Partisanen durchzudringen. Sie gerieten in einen Hinterhalt und wurden beschossen. Die Juden und einige SS-Männer kamen dabei um. Die Mittäterschaft der Polizisten bei dem misslungenen Ausbruch der Juden erklärte die Kommandantur zum offiziellen Grund für die Mordaktion an den Polizisten. Das konnte man auf einem Plakat, das am 31. Oktober 1942 abends am Eingang ins Ghetto hing, lesen.

Die oben genannten Gründe sind für die Mordaktion sicher wesentlich. Noch wichtiger aber ist die Erkenntnis, dass die Mordaktion im Einklang mit dem Hauptziel der Nazis stand - der totalen Vernichtung der Juden. Am 31. Oktober 1942 wurden nicht nur Polizisten und Widerstandskämpfer ermordet, sondern auch arbeitsfähige, aber ältere Männer.

Am 31. Oktober 1942, noch im Morgengrauen, verließen mein Vater und ich unser Haus und gingen zum Sammelplatz in der Viljanu iela. Zu der Zeit gab es schon keine Zäune mehr zwischen den Häusern, da sie verheizt worden waren. An jedem Strauch, vor jedem Haus standen SS-Männer mit Maschinenpistolen, die uns im Visier hatten. Sie befahlen uns, schneller zum Sammelplatz zu gehen, wo bereits die anderen Kolonnen aufgestellt waren, bereit, das Ghetto zu verlassen. Als wir uns in Bewegung gesetzt hatten, sahen wir SS-Männer am Ghettotor stehen. Wir verstanden sofort, dass dort eine Selektion durchgeführt wurde.

Die Selektierten, alles ältere Leute, standen schon getrennt von den anderen. Ich hatte schreckliche Angst um Vater, der damals 48 Jahre alt war, und versuchte, ihn in die Mitte unserer Kolonne zu schieben. Es glückte. Ohne jemanden aus unserer Kolonne zu verlieren, kamen wir aus dem Ghetto heraus. Den ganzen Tag schwirrte mir nur ein Gedanke durch den Kopf: Was wird uns bei der Rückkehr ins Ghetto erwarten? Als wir auf dem Rückweg um das Ghetto herumgingen und uns dem Tor näherten, suchten wir nach Anhaltspunkten dafür, was unser zukünftiges Schicksal sein könnte. Aber alles war ruhig, nur am Tor auf der Ludzas iela erwarteten uns nicht unsere, sondern Polizisten aus dem »Deutschen Ghetto«. Im Ghetto selbst erfuhren wir dann, dass »unsere« Polizisten mit Ausnahme des Leiters Wand im »Deutschen Ghetto«, auf dem sogenannten Blechplatz, nicht weit vom Alten Jüdischen Friedhof entfernt, erschossen worden waren. Man hatte ein Plakat aufgehängt, auf dem der Grund für die Erschießung genannt wurde: Die Polizisten hätten von einer geplanten Flucht von Juden aus dem Ghetto gewusst und diese nicht verhindert.

Das »Kleine Ghetto« hörte auf, als selbstständige Einheit zu existieren und wurde jetzt vom »Deutschen Ghetto« mitverwaltet. Es vergingen einige Tage. Die Leute, die man bei der Selektion festgenommen hatte, blieben verschwunden. Zusätzlich zu den Polizisten und den Untergrundkämpfern waren mehr als 100 Leute ermordet worden. Ein paar Tage später erfuhr ich, dass meinem Freund Saja Israelovitsch während der Erschießung die Flucht gelungen war. Ich war überglücklich und hoffte, dass er sich vor den Verfolgern würde in Sicherheit bringen können. Doch im Frühjahr 1943 wurde bekannt, dass man ihn gefangen und ins Rigaer Zentralgefängnis gebracht hatte. Dort ist er gefoltert worden, um die erwünschten Angaben aus ihm herauszuholen. Dann war er in Begleitung von SS-Männern und Leuten, die seinen Fall bearbeiteten, ins Ghetto gebracht worden, wo er gezwungen wurde, das Waffenversteck zu verraten. Daraufhin wurde er erschossen.

Viele im Ghetto machten Saja dafür verantwortlich, dass außer den Polizisten auch noch andere Teilnehmer am Widerstand umkamen, darunter auch Abram Firk. Es heißt, dass die Protokolle des mit Saja geführten Verhörs aufbewahrt wurden und auch zugänglich sind. Aber ich möchte sie gar nicht lesen. Ich will Saja Israelovitsch positiv in Erinnerung behalten, und das nicht nur, weil ich ihm mehr oder weniger mein Leben verdanke, sondern hauptsächlich deshalb, weil ich glaube, dass er, den ich von Kindheit an kannte, zu einem Verrat niemals fähig gewesen wäre. Sollen ihn die verurteilen, die sagen können, dass sie unter Folterqualen niemanden verraten hätten. Für mich kann ich nur sagen, dass ich mir meiner nicht so sicher wäre.

EIN RÄTSELHAFTER VORFALL 13. JULI 1943

Ich wachte von den Worten meines Cousins Alik Bergmann auf: »Sascha, mach Licht an, irgendjemand liegt auf mir.« Ich machte Licht an. Es war ungefähr zwei Uhr nachts. Tatsächlich lag da auf Alik ein SS-Mann in voller Uniform. Er hatte verbundene Hände. Wir weckten Vater und Onkel Eddi. Mein Vater stand auf, ging zu Aliks Bett und nahm dem SS-Mann den Gürtel ab. Eine Pistole hatte er nicht. Der SS-Mann richtete sich ein wenig auf, und Vater half ihm daraufhin auf einen Stuhl. Der

Mann machte mit seinen verbundenen Händen einen völlig hilflosen Eindruck, der sich bald bestätigte, als Vater ihm etwas Tee anbot und er die Tasse nicht halten konnte. Wir waren völlig schockiert und wussten nicht, was wir von der ganzen Sache halten, geschweige denn, was wir tun sollten. Uns war nur eins klar: Der SS-Mann hatte den Weg zu uns aus dem Hospital gefunden, denn auf unserem Gelände gab es ein SS-Hospital. Früher war es das Jüdische Frauen-Krankenhaus »Linat-Chazedek« gewesen. Es befand sich in der Ludzas iela und war mit Stacheldraht umgeben. Obwohl es sich auf dem Ghetto-Gelände befand, war der Zutritt verboten. Wenn man dort über den Zaun kletterte, konnte man auf direktem Wege bis zu unserem Haus kommen, denn im Ghetto gab es, wie schon gesagt, keine Zäune mehr.

Das war das erste Rätsel. Wie konnte er mit verbundenen Händen über den Zaun des Hospitals klettern, wenn er nicht einmal eine Tasse in den Händen halten konnte? Die zweite Frage: Wie kam er in unsere Wohnung? Ich hätte schwören können, dass ich wie immer die Eingangstür verschlossen und auch die Kette vorgelegt hatte.

Die dritte Sache betraf seine geistige Verfassung. Betrunken war er nicht. Er redete ganz vernünftig, wankte nicht und roch nicht nach Alkohol. Wie aber war sein Auftauchen in unserer Wohnung zu erklären, und wieso um Himmels willen hatte er auf Aliks Brust gelegen? Damals konnte ich das nicht verstehen. Jetzt aber halte ich für möglich, dass er unter Drogeneinfluss stand. Vater begann ihn vorsichtig zu befragen. Dabei war er sich ständig bewusst, dass er einen SS-Mann vor sich hatte. Folgendes erfuhren wir von ihm: Er diente in der Waffen-SS, hatte an der Ost-Front gekämpft und war verwundet worden. Zur Genesung hatte man ihn in das besagte Lazarett gebracht. Noch bevor er wieder voll hergestellt war, hatte er beschlossen, nicht mehr an die Front zu gehen, und sich deshalb die Hände verbrüht. Jetzt wurden erst einmal die Folgen der Verletzung kuriert. Dann sollte er einem Kriegsgericht übergeben werden. Das war der Grund, warum er unbedingt aus dem Ghetto entkommen musste.

Wir hielten Kriegsrat. Vater befahl, niemandem, auch nicht unseren Nachbarn aus dem zweiten Zimmer, die nichts von der Sache mitbekommen hatten, etwas von dem Vorgefallenen zu erzählen. Gleichzeitig aber beschlossen wir, dem Unglücklichen zu helfen, aus dem Ghetto herauszukommen. Nach kurzem Nachdenken fanden wir eine Lösung. Wir müssten den SS-Mann davon zu überzeugen versuchen, am Morgen mit irgendeiner Arbeitskolonne als begleitender Wachmann das Ghetto zu verlassen. Im Winter, in der Dunkelheit, wäre das einfacher gewesen. Der SS-Mann stimmte zu und blieb bis sechs Uhr morgens bei uns.

Die unterschiedlichsten Gedanken gingen uns am Morgen durch den Kopf. Wer war er, ein Deutscher oder ein sogenannter Volksdeutscher? Er hatte fließend Deutsch gesprochen. Aber irgendetwas in seiner Sprache ließ mich vermuten, dass er doch nicht aus Deutschland kam. Wir fürchteten, dass das alles eine Provokation wäre, der wir auf den Leim gehen sollten. Wenn das stimmte, dass er dem Dienst entgehen wollte und entlarvt worden war, warum durfte er dann weiter in voller Uniform herumlaufen? Er hätte doch bewacht werden müssen, denn er hatte ja ein schweres militärisches Verbrechen begangen. Auf der anderen Seite stand aber die Frage, worin der Sinn einer so komplizierten Provokation liegen sollte, da unser Schicksal doch ohnehin vollkommen in den Händen der Gestapo lag.

Am 15. Juli 1943 wurden mein Vater und mein Bruder Mika beim Herausgehen zur Arbeit aus unserer Kolonne herausgezogen und zusammen mit ca. 100 anderen Juden ins KZ Kaiserwald gebracht. Zwei Tage später, am 17. Juli, folgte auch ich.

Bei dem nächsten Transport ins KZ war auch Benzion Vischnevski, Vaters ehemaliger Sekretär, der im anderen Zimmer unserer Ghettowohnung gewohnt hatte, mit dabei. Er erzählte uns, dass am 18. Juli die Jüdische Polizei aus dem »Deutschen Ghetto« gekommen sei und ihn zur Kommandantur gebracht habe. Dort habe ihn der frühere Ghettokommandant Krause verhört und sehr genau nach dem Verbleib der Bergmannns befragt. Auf Vischnevskis Antwort, sie seien im Konzentrationslager, habe Krause geantwortet: »Dann sind sie genug bestraft.« Seine Worte sollten sich bewahrheiten.

DAS KONZENTRATIONSLAGER »KAISERWALD«

17. JULI BIS 14. AUGUST 1943

Konzentrationslager teile ich erfahrungsbedingt in drei Kategorien ein: Erstens in die schlechten, zweitens die sehr schlechten und drittens in die unerträglichen. Umkommen konnte man in jedem von ihnen. Wenn ich diese Einteilung vornehme, spreche ich dabei von den Lebensbedingungen in den Lagern, wobei die Übergänge von einer Lagerkategorie zur anderen fließend sind. Das möchte ich an einem Beispiel klarmachen.

Das KZ Kaiserwald, wohin ich am 17. Juli 1943 aus dem Ghetto gebracht worden war und wo ich knapp einen Monat zubrachte, gehörte zu dieser Zeit zu den unerträglichen. Ich bin überzeugt, dass ich es nicht überlebt hätte, hätte ich noch einen Monat länger dort bleiben müssen. Dieses Lager war 1944, als ich Ende Juli noch einmal dorthin kam, ein sehr schlechtes. Als am 26. September 1944 mein Aufenthalt dort zu Ende ging, würde ich es als schlecht bezeichnen.

Kaiserwald war ein bis zwei Monate bevor die ersten jüdischen Transporte ankamen, unter denen mein Vater und mein Bruder Mika waren, erbaut worden. Es war aber ein Lager mit echter KZ-Tradition. Das gesamte SS-Kommando und alle deutschen Häftlinge kamen aus Sachsenhausen. Die SS-Männer waren geübte und altgediente Mordgesellen, Männer mit sadistischen Neigungen. Zu ihnen passten viele der deutschen Häftlinge. Ein Teil von ihnen waren Gewohnheitsverbrecher, als unverbesserlich zu lebenslanger Lagerhaft verurteilt. Wieder andere, größtenteils Kommunisten, waren aus politischen Gründen ins Lager gekommen. Manche dieser Leute hatten ihre politische Überzeugung vergessen, da sie schon zehn Jahre hinter Gittern verbracht hatten und von der SS »im rechten Sinne erzogen« worden waren. Sie alle zusammen bildeten das gesamte Kommando des Lagerleiters, Obersturmbannführer Sauer. Daneben gab es im Lager noch Polen, darunter polnische Juden mit KZ-Erfahrung, die ebenfalls Verwaltungsposten bekleideten.

Die deutschen Häftlinge hatten in der Regel hohe Posten inne. Sie waren z.B. Blockälteste, Kapos großer Arbeitskolonnen oder arbeiteten in der Schreibstube. Die Polen bezogen niedrigere Ämter, wie Stubendienste, die Brot- und Suppenausgabe oder waren Kapos kleinerer Kolonnen. Obwohl sie über keine wichtigen Funktionen verfügten, konnten sie uns das Leben schier unerträglich machen.

Diese ganze Mannschaft stürzte sich auf uns Neuankömmlinge wie ein Rudel wilder Hunde und brüllte uns abwechselnd mit deutschen und polnischen Worten an: »Sauhund, dreckiger Jude« oder auf Polnisch »psá krew«. Dazwischen immer wieder Schreie wie »schneller, los, beweg dich« oder »ale już, ale predzej«, und ein Hagel von Schlägen mit Knüppeln und Stöcken sauste auf uns nieder, abhängig von Rang und Nationalität des Schlägers. Sie kannten zwar nicht die kräftigen russischen Flüche, die hatten sie noch nicht gelernt. Ein zurückgebliebenes Volk.

Eine Mischung aus Schimpfworten, Befehlen, die Kommandos schneller zu befolgen, und Schlägen verfolgten uns von morgens bis in die Nacht, zum Teil auch in der Nacht, völlig unabhängig davon, ob wir die Kommandos schnell befolgten oder nicht. Das war Teil eines teuflisch ausgedachten Systems mit dem Ziel, uns in den Zustand von Tieren zu versetzen. Wir sollten wie eine Pferdeherde auf der Koppel sein, die sie allein durch das Schwenken der Reitpeitsche oder durch einen Zuruf von einer Seite auf die andere treiben konnten. Und wehe dem, der aus dem Tritt kam oder nicht zur richtigen Seite sprang, dem drohte der Tod. Die konsequente Ausführung der Befehle der SS durch die schlagenden Häftlingskommandeure wurde erreicht, indem man Letzteren androhte, dass sie jederzeit auf die Seite der Pferde getrieben werden könnten. Wenn sie selbst nicht zuschlugen, beobachteten die SS-Männer, wer von den Häftlingen am besten schlug und brüllte. Dieses System rief die grausamsten Instinkte bei den Häftlingskommandeuren wach. Die Tatsache, dass den Häftlingen die Möglichkeit gegeben wurde, Macht auszuüben und ihre Wichtigkeit herauszustellen, trug zum Funktionieren des Systems bei.

Wir waren weder physisch noch psychisch darauf vorbereitet. Physisch waren wir nicht in der Lage, uns innerhalb von fünf Sekunden nackt auszuziehen und unsere Kleidung akkurat abzulegen. Noch viel weniger waren wir seelisch darauf vorbereitet, dass wir aller persönlichen Gegenstände beraubt wurden: Der Kleidung, der Schuhe, der vertrauten persönlichen Dinge, sogar der Fotografien. Das erste Kommando, sich auszuziehen, wurde von Gebrüll und Schlägen begleitet, bis wir in den gewünschten Zustand einer Herde von Pferden gerieten. Die polnischen Worte konnten wir nicht verstehen, ahnten aber, was von uns erwartet wurde. Es folgten Stockschläge, die uns in einen Zustand versetzten, der einem Schock nahe war.

Eines war klar: Das Ende des bisherigen Lebens war gekommen. Ein neues, noch unbekanntes Leben voller Bedrohungen hatte angefangen.

Das zweite Kommando »waschen« ähnelte dem ersten. Unter einem Hagel von Schlägen trieb man uns, ungefähr 100 Mann, in einen kleinen Duschraum, in dem fünf Wasserhähne installiert waren. Wir hatten nur zwanzig Sekunden Zeit, die nicht einmal reichten, um sich mit Wasser zu bespritzen, geschweige denn, sich zu waschen. Das letzte Kommando hieß »raus«. Diejenigen von uns, deren Körper nicht feucht war, bekamen noch eine zusätzliche Tracht Prügel.

Wir erhielten gestreifte KZ-Kleidung und hölzerne Pantinen. In der Schreibstube bekam ich außerdem ein Stück Stoff, auf dem ein rotes Dreieck aufgedruckt war und meine Lager-Nr. 717. Mein Vater und mein Bruder, die zwei Tage früher mit dem ersten Transport aus dem Ghetto gekommen waren, bekamen Nummern etwas über 550. Die Nummern von 50 bis 300 gehörten den Polen und den polnischen Juden. Ich war sogar stolz auf meine Nummer, denn sie zeigte, dass ich zur Gruppe der Erstbesatzung des Konzentrationslagers Kaiserwald gehörte. Nur sehr wenige von denen, die den Krieg überlebt haben, können sich rühmen, eine Nummer kleiner als tausend getragen zu haben. Das rote Dreieck bedeutete, dass der Träger politischer Häftling war. Es gab auch grüne Dreiecke für diejenigen, die von den Nazis als Kriminelle, und schwarze für jene, die von ihnen als Asoziale bezeichnet wurden. In den anderen KZ, von denen noch die Rede sein wird, wurden die Juden mit zwei Dreiecken

SERVICE INTERNATIONAL DE RECHERCHES
INTERNATIONAL TRACING SERVICE
INTERNATIONALER SUCHDIENST

D - 3548 AROLSEN
Tel. (05691) 637 – Telegr.-Adr. ITS Arolsen

EXTRAIT DE DOCUMENTS | EXCERPT FROM DOCUMENTS | DOKUMENTEN-AUSZUG

Votre Réf. / Your Ref. / Ihr Az.: –
Notre Réf. / Our Ref. / Unser Az.: T/D – 137 457

Nom / Name / Name: BERGMANN
Prénoms / First names / Vornamen: Alexander
Nationalité / Nationality / Staatsangehörigkeit: lettisch

Date de naissance / Date of birth / Geburtsdatum: 30.5.1924
Lieu de naissance / Place of birth / Geburtsort: Riga
Profession / Profession / Beruf: Schlosser

Noms des parents / Parents' names / Namen der Eltern: Jeanot und Klara
Religion: jüdisch

Dernière adresse connue / Last permanent residence / Zuletzt bekannter ständiger Wohnsitz: Riga, Elisabethstraße 39 W 3

Arrêté le / Arrested on / Verhaftet am: nicht angeführt
à / in / in: nicht angeführt
par / by / durch: nicht angeführt

Est entré au camp de concentration / Entered concentration camp / Wurde eingeliefert in das Konz.-Lager: Riga
No. de détenu / Prisoner's No. / Häftlingsnummer: 717

le / on / am: 17. Juli 1943
venant de / coming from / von: nicht angeführt
par / by / durch: Sicherheitspolizei Riga

Catégorie, ou raison donnée pour l'incarcération / Category, or reason given for incarceration / Kategorie, oder Grund für die Inhaftierung: "Polit. (*Politisch), Jude", roter Winkel

Transféré / Transferred / Überstellt: am 14. August 1943 zum Konzentrationslager Riga/Kommando Riga "Ballastdamm"; am 31. Juli 1944 zum Konzentrationslager Riga (Hauptlager); am 1. Oktober 1944 zum Konzentrationslager Stutthof, Häftlingsnummer 96419 und am 3. November 1944 zum Konzentrationslager Buchenwald/Kommando Magdeburg (Polte), Häftlingsnummer 95798.

Dernière mention dans la documentation des CC / Last entry in CC-records / Letzte Eintragung in KL-Unterlagen: War noch am 19. November 1944 im Konzentrationslager Buchenwald/Kommando Magdeburg inhaftiert.

Remarques / Remarks / Bemerkungen: Die Revierkarte enthält keine Eintragungen über Erkrankungen.

Documents consultés / Records consulted / Geprüfte Unterlagen: Häftlingspersonalkarte des Konzentrationslagers Riga; Häftlingspersonalkarte, Häftlingspersonalbogen, Effektenkarte, Schreibstubenkarte, Revierkarte, Arbeitskarte, Nummernkarte, Zugangsbuch, Zugangsliste und Veränderungsmeldung des Konzentrationslagers Buchenwald.

Expédié à / Dispatched to / Abgesandt an: Herrn Rechtsanwalt
Alexander Bergmann
RIGA 18

Arolsen, den 22. März 1974

A. de COCATRIX
Directeur

A. OPITZ
Chef des Archives

Kh | EdK
CG

* A titre explicatif; ce complément ne figure pas sur les documents originaux
* Added by the I T S as explanation, does not appear on the original documents.
* Erklärung des I T S, erscheint nicht in den Originalunterlagen.

Bescheinigung des Internationalen Suchdienstes Arolsen, 1974 gekennzeichnet. Mit einem roten und einem gelben. Beide zusammen bildeten den sechseckigen Davidstern.

Von dem Moment an, als ich die Nummer erhielt, hörte ich endgültig auf, als Individuum zu existieren. Ich hatte keinen Namen mehr, sondern war der Häftling Nr. 717 geworden. Ich war sehr erstaunt, als ich im Jahre 1974 aus dem deutschen Archiv in Arolsen ein Dokument erhielt, aus dem hervorging, dass ich am Tage der Ankunft in der Schreibstube des Lagers nicht nur genaue Angaben zu meiner Person gemacht, sondern auch die Namen meiner Eltern genannt hatte. Auch unsere Vorkriegs-Adresse hatte ich angegeben. Das Einzige, das ich bewusst falsch angegeben hatte, war mein Geburtsjahr. Um nicht ebenfalls das Schicksal aller Kinder erleiden zu müssen, nämlich gleich ermordet zu werden, hatte ich es für sinnvoll gehalten, mich ein Jahr älter zu machen.

Es ertönte das dritte Kommando: »Im Laufschritt zu den Strohsäcken und dann ab in den Block.« Wie eine Herde setzten wir uns in Bewegung, um uns mit den Strohsäcken unter dem Arm, ständig Schlägen ausweichend, unsere Schlafplätze im Block zu suchen. Die Säcke bestanden aus miteinander verwobenen Papierstreifen und waren einstmals mit Stroh gefüllt gewesen. Jetzt waren in den Säcken nur Reste von Stroh enthalten, sodass wir praktisch auf den mit Papiersäcken bedeckten Bretterbohlen schlafen mussten. Um die Plätze auf den dreistöckigen Pritschen wurde erbittert gekämpft, ich bekam einen Platz in der obersten Reihe. Das hatte große Nachteile. Wenn ich mich nämlich beim Kommando »Aufstehen« nur um Sekunden verspätete, lief ich Gefahr, Schläge zu erhalten. Was noch schlimmer war, direkt über mir war die Decke der Baracke, und an ihr entlang wimmelte es nur so von Wanzen, die nur darauf warteten, sich auf mich zu stürzen. Allerdings hatte die oberste Reihe auch ihr Gutes. Man wurde nicht wie die Häftlinge in der untersten und der zweiten Etage von jedem x-beliebigen Angehörigen der Lagerleitung so schnell zur Kenntnis genommen.

Das nächste Kommando ließ uns Gutes hoffen. Wir mussten uns der Reihe nach aufstellen und bekamen eine Schüssel, in die die Suppe gekippt werden sollte. Die Schüssel war für die Suppe wie für eine geschmacklose Plempe da, die Kaffee genannt wurde. Suppe bekamen wir zwar, doch einen Löffel musste jeder selbst mitbringen. Wer keinen Löffel hatte, dem drohte der Hungertod. Im Kaiserwald achtete man auf Etikette, direkt aus der Schüssel zu schlürfen, war verboten. Meinen deutschen Soldatenlöffel aus Aluminium, der auch eine Gabel war, trug ich den ganzen Tag mit mir herum. Allerdings habe ich die Gabel die ganze Zeit während meines Aufenthalts in den KZ niemals gebraucht.

Im Kaiserwald herrschte schrecklicher Hunger. Außer der Suppe, die in der Regel aus warmem Wasser mit ein paar Stückchen verfaulter Kartoffeln bestand, bekamen wir morgens und abends eine Scheibe Brot. Das war alles. Der Hunger im »Kaiserwald« hatte für mich im ersten Monat keine schlimmen gesundheitlichen Folgen, doch verwandelte das ständige Hungergefühl mich, wie auch die anderen, in Tiere, die pausenlos auf Nahrungssuche sind. Ich will nicht ausführlich beschreiben, welche Kunststücke nötig waren, um einen Schöpflöffel dickerer Suppe, die vom Boden des Suppenkessels geholt wurde, zu bekommen. Nur so viel, dass ich diese Kunst mit der

Zeit in Vollendung beherrschte. Doch lief ich Gefahr, bei meinen Manövern von irgendjemandem ertappt zu werden. Und das zog dann unweigerlich Prügel nach sich. Auch gab es die Möglichkeit, Nachschlag zu bekommen, wenn man die Kessel auswaschen oder sie in die Küche zurückbringen durfte.

Endlich wurde es Abend. 19 Uhr, und wir hofften, dass wir uns nun bald würden schlafen legen können. Aber da hatten wir die Rechnung ohne den Wirt gemacht. Aus der Stadt kamen die Arbeitskommandos zurück, und es ertönte das Kommando zum Appell. Im Gegensatz zum Morgenappell war der Abendappell etwas Schreckliches. Morgens dauerte er 15 Minuten. Alle waren in Eile. Schnell mussten die Häftlinge durchgezählt werden, um dann zur Arbeit abziehen zu können. Abends aber hatten die SS-Männer keine Eile, und der Appell wurde jetzt zur reinen Theatervorstellung, die zwei bis drei Stunden dauern konnte. Die Häftlinge mussten sich blockweise aufstellen, die Stubendienste zählten ab und meldeten das Ergebnis den Blockältesten, die in eleganten gestreiften Häftlingshosen, geschneidert von jüdischen Handwerkern, dastanden. Für ihre Arbeit wurden die Schneider mit einer Scheibe Brot und mit einer etwas freundlicheren Behandlung belohnt. Die Blockältesten trugen keine gestreifte Kopfbedeckung wie wir, sondern ein einfarbiges blaues Barett sowie eine blaue Jacke, was ihnen eine besondere Bedeutung verlieh. Ihr Äußeres und ihr katzenartiger, geschmeidiger Gang zeigten uns, dass wir wichtige Personen vor uns hatten. Sie wussten, wie unentbehrlich sie für die SS waren. Erfüllten sie doch einen Großteil der Aufgaben, die eigentlich von der SS selbst hätten wahrgenommen werden müssen. Somit waren sie wichtige Rädchen im Mechanismus des Terrors. Im Umgang mit der Lagerleitung waren sie einerseits ehrerbietig, gleichzeitig aber auch um Wahrung der eigenen Würde bemüht.

Die Blockältesten nahmen den Rapport der Stubendienste über die Zahl der angetretenen Häftlinge entgegen. Es ertönten die Kommandos: »Stillgestanden!«, »Rührt euch!«, »Mützen ab!«, »Mützen auf!« Die Blockältesten inspizierten die Reihen, ob bei allen die Kleidung akkurat saß. Wenn nicht, gab es Schläge auf den Kopf. Dabei hatten sie die Kleidung an uns ausgeteilt, wie es gerade kam, sodass sie uns gar nicht passen konnte. Und wir hatten noch gar keine Zeit gehabt, Hosen und Jacken unter uns auszutauschen. Doch das interessierte sie nicht. Wir hatten auch noch nicht gelernt, alle auf Kommando gleichzeitig die Mützen abzunehmen und sie uns mit Schwung an die Seite zu knallen. Statt eines einzigen schlagartigen Tons knallte es sekundenlang. Auch das Kommando »Stillgestanden« konnten wir nur mit Müh und Not ausführen. All das brachte unseren Blockältesten zur Weißglut. Die Meute seiner polnischen Gehilfen wartete nur darauf, uns die Exerzier-Kommandos beizubringen. Diese Lehrmethode war bekannt und sehr überzeugend; der Stock saß locker in der Hand und konnte jederzeit auf unsere Rücken niedersausen.

Während des Appells stand ein SS-Offizier in einiger Entfernung daneben und beobachtete das Geschehen. Schließlich war alles in Ordnung. Der SS-Rapportführer ging um die angetretenen Häftlinge herum. Jeder Blockälteste stand stramm und meldete die Zahl der Häftlinge seines Blocks. Meldete er die Zahl, aber sie stimmte nicht, dann wiederholte sich das ganze Spektakel: Zählen, Kommando »Mützen ab!«, »Stillgestanden!« Und wieder stimmte die Zahl nicht. Bis der Fehler gefunden und sicher war, dass niemand aus dem Kommando hatte fliehen können, standen wir, befolgten die Kommandos und wurden geschlagen.

Endlich war der Appell zu Ende, doch in den Block zurück kamen wir immer noch nicht. Während der ganzen Zeit, die ich in diesem Lager zubrachte, mussten wir am Abend einen Hügel abtragen, der sich neben dem Lager befand. Und wenn wir damit fertig waren, mussten wir den Hügel wieder aufschippen. Die ganze Sinnlosigkeit dieser Arbeit wurde uns erst klar, als wir den Hügel abgetragen hatten und ihn wieder neu aufschippen mussten. All das sollte uns allem Anschein nach nur zeigen, wie überflüssig wir waren. Für die SS und ihre Handlanger aus den Reihen der führenden Häftlinge war das Ganze ein ungeheurer Spaß.

Die gesamte Prozedur dieser Schinderei lief im Einzelnen folgendermaßen ab: Vom Endpunkt der Strecke, wohin der Sand gebracht werden sollte, wurden Gleise bis zur Spitze des Sandhügels gelegt. Auf den Gleisen standen Loren, die wir bergan zu schieben hatten. Oben schaufelten andere Häftlinge den Sand hinein, und wir schoben die Loren hinunter, wo sie entleert wurden. Längs einer Strecke von 100 Metern und dem Endpunkt unten standen SS-Wachen und Aufpassser, die uns pausenlos mit »dalli, dalli!« antrieben. So schnell wir auch schaufelten und so schnell wir die Loren auch schoben, unser Tempo passte ihnen nicht, was sie uns durch empfindliche Schläge spüren ließen. Völlig außer sich gerieten sie, wenn die Loren von den Gleisen kippten, und das geschah sehr oft, denn die Gleise waren nicht stabil genug und hatten keine Schwellen. Die Arbeit war die reinste Hölle. Begleitet von Gebrüll, Geschrei und Stockschlägen versuchten wir vergeblich, schnell die mit Sand beladenen Loren auf die Gleise zu stellen. Das Ende dieser zusätzlichen Arbeit kam erst, wenn dieses Bühnenstück unsere Peiniger zu langweilen begann. Oft war es erst bei Einbruch der Dunkelheit beendet. Aber auch in der Nacht, die eigentlich für die fünf Stunden Nachtruhe bestimmt war, gab es für uns keine Ruhe. Der aussichtslose Kampf gegen die Wanzen und dann auch gegen die Läuse machte die Nachtstunden zur Qual.

In den ersten Tagen meines Aufenthalts im Kaiserwald hatte ich noch keinen festen Platz in einer Arbeitskolonne. So wurde ich in ein Sammelkommando gesteckt, das ein Kapo mit dem seltsamen Spitznamen Ix anführte. Ix war der reinste Sadist. Man sah ihm an, dass er eine Befriedigung spürte, wenn er einen Häftling halb tot- oder gleich totprügelte. Es war offensichtlich, dass er bei der Lagerleitung damit gut ankam, denn sie reagierte auf all seine Auswüchse voll Genugtuung. Ich habe viel davon gehört. Hier will ich nur das anführen, was ich selbst gesehen habe. Ix war der eleganteste unter den deutschen Häftlingen. In seiner KZ-Kleidung hätte er durchaus auf einem diplomatischen Empfang glänzen können. Er war ein Mensch, der ungewöhnliche Kraft besaß. Ein Schlag von ihm genügte, um jedermann zu Fall zu bringen. Ein umso leichteres Spiel hatte er bei den ausgemergelten Häftlingen. Ix war kein politischer Häftling. Wenn ich mich nicht irre, trug er ein schwarzes Dreieck, d.h. er war ein sogenanntes »asoziales Element«. Als Kapo eines großen Sammelkommandos führte er unsere Kolonne bei der Entladung der Barken, die an der Roten Düna festgemacht hatten und mit Ziegelsteinen beladen waren. Eine beliebte Zerstreuung bot sich ihm, wenn er einen Häftling sah, der mit sechs Ziegeln in den Händen auf dem schmalen Brett zwischen Barke und Ufer balancierte. Dann stieß er ihn ins Wasser und sah zu, wie der im Wasser strampelte und sich Mühe gab, schnell ans Ufer zu kommen. Wenn ihm das endlich gelungen war, schlug Ix ihn dafür, dass er die Ziegel hatte fallen lassen. Einmal musste ich mit ansehen, wie ein unglücklicher Häftling dabei unterging.

Ein ganz anderer Typ war der deutsche Häftling Filsinger. Er trug ein grünes Dreieck, war also ein Krimineller. Statt ins Gefängnis steckten die Nazis solche Leute, die sie »Berufsverbrecher« nannten, in ein KZ. Filsinger gehörte nicht in die Kategorie der Mörder, er glich viel eher einem Pferdedieb. Im KZ saß er schon seit undenklichen Zeiten und gehörte als Deutscher zur »Elite«. Allerdings gehörte er nicht zur ersten Garnitur, sondern war nur Kapo einer Arbeitskolonne. Er konnte auch zuschlagen und wüst schimpfen, doch nur wenn nach KZ-Regeln ein Grund dafür vorlag. Mir ist er deshalb in guter Erinnerung geblieben, weil er mir mit seinen Ratschlägen half, die KZ zu überleben. Er verfügte über einen reichen Erfahrungsschatz. Manchmal sammelte er während der kurzen Mittagspause, die wir außerhalb des Lagers verbrachten, einige Leute um sich und begann, vom Lagerleben zu erzählen. Am nachhaltigsten blieb mir im Gedächtnis, dass Filsinger uns eindringlich beschwor, die Zehn Gebote des Alten Testaments zu vergessen. Im KZ herrschten eigene Gebote. Als erstes Gebot galt: »Du sollst nicht auffallen.« Als zweites Gebot: »Du sollst deine Füße sauber halten.«

Hierin offenbarte sich die Lebenserfahrung eines langjährigen Häftlings. Wenn man die Aufmerksamkeit eines Angehörigen der Lagerleitung auf sich zog, konnte es einem im besten Fall passieren, dass man zur schmutzigsten und unangenehmsten Arbeit abgestellt und die Häftlingsnummer vermerkt wurde. Im schlimmsten Fall, und das passierte viel öfter, konnte es das Leben kosten. Wenn man seine Füße nicht sauber hielt, die Fußlappen nicht ordentlich wickelte, hatte das zur Folge, dass der Häftling früher oder später zu hinken begann. Und ein hinkender Häftling zog unweigerlich die Aufmerksamkeit auf sich. Wie man es drehte oder wendete, alles basierte auf dem Obersten Gebot: »Du sollst nicht auffallen.«

Diese Regel unter Lagerbedingungen zu befolgen, war äußerst schwierig, wenn nicht sogar unmöglich, jedoch extrem wichtig. Sie war deswegen so schwierig zu befolgen, weil das Lager so gebaut war, dass die Leitung die Häftlinge ständig im Blick hatte. Wenn sie auf dem Lagergelände waren, konnte die SS sie immer und überall von den Wachtürmen aus beobachten. Sogar wenn der Häftling auf der Latrine war, die wegen der ständigen Kontrollmöglichkeit keine Bedachung hatte, wurde er beobachtet. Auch bei der Arbeit außerhalb des Lagers stand er unter ständiger Bewachung. Im Block beobachteten ihn der Blockälteste, die Stubendienste oder anderes Gesindel. Man darf das Erste Gebot jedoch nicht verallgemeinern. Es gab Fälle, wo es nötig war, die Aufmerksamkeit auf sich zu ziehen, nämlich dann, wenn der Häftling ein Handwerk beherrschte, das für die SS wie für die Häftlingselite von Nutzen war. Machte er in einem solchen Fall auf sich aufmerksam, konnte er sich dadurch bessere Lebensbedingungen im Lager sichern, wenn auch ohne Garantie, nicht dennoch ermordet zu werden.

Den dritten Typ der deutschen Häftlinge verkörperte der Lagerälteste Hans Bruhns. Er war ins Lager gebracht worden, weil er Kommunist war. Er saß schon so lange, dass ihm das Manifest der Kommunistischen Partei von Marx und Engels entfallen war. Doch hatte er sich ein Gefühl für Solidarität behalten. Er konnte Schläge ins Gesicht versetzen, wenn ein Häftling eins der geschriebenen oder ungeschriebenen KZ-Gesetze verletzte. Demonstrativ schlug er einen Häftling nur, um ihn vor einer härteren Strafe zu schützen, und rettete ihm damit oft das Leben. Der Satz »Gutes will mit Fäusten erreicht werden« ließ sich direkt auf ihn anwenden. Mit schallenden Ohrfeigen und tierischem Gebrüll rettete er auch mir das Leben, als ich zum zweiten Mal nach »Kaiserwald« gebracht wurde.

Max Kaufman nennt Bruhns in seinem Buch einen ausgesprochenen Sadisten. Doch da bin ich anderer Meinung. Nicht nur Ereignisse, die mich selbst betrafen, über die ich später berichten werde, sondern sowohl meine Beobachtungen wie auch die Berichte anderer Häftlinge sind der Grund dafür. Es war manchmal sehr schwer festzustellen, ob jemand aus reiner Willkür schlug oder im Interesse des jeweiligen Opfers oder sogar aller Lagerhäftlinge.

Nach einigen Tagen meines Aufenthalts im Lager kam ich mit meinem Vater und meinem Bruder zusammen in ein ständiges Kommando. Wir arbeiteten in einer Lederwarenfabrik. Unser Kapo war der ruhige, freundliche Pole Mikosch. Freundlich und ruhig heißt nicht, dass nicht auch er brüllte, uns antrieb und hin und wieder schlug. Ohne das wäre er nicht einen Tag Kapo geblieben und wäre, genauso wie wir, verloren gewesen. Doch er gebrauchte seine Macht nur, wenn es unbedingt notwendig war. Nämlich dann, wenn die Gefahr drohte, dass die Deutschen ihn der Großzügigkeit uns gegenüber verdächtigen könnten.

Hans Bruhns und Mikosch waren eher die Ausnahme als die Regel. Dem größten Teil der leitenden Häftlinge war das Gefühl der Solidarität gegenüber den Häftlingen, die nicht zur Elite gehörten, völlig fremd.

Unter der Leitung Mikoschs überarbeiteten wir uns in der Lederwarenfabrik nicht und empfanden die Arbeit als eine Art Urlaub. Nur der Gedanke, am Abend wieder ins Lager zurückkehren zu müssen, versetzte uns in düstere Stimmung. Wieder der stundenlange Appell, wieder der Drill mit unvermeidlichen Schlägen, der verfluchte Hügel, den wir unter Geschrei und Schlägen der SS und ihrer Kumpane schaufeln mussten. Und wieder der Kampf mit Wanzen und Läusen. Nicht zu vergessen die Belehrung von Filsinger, Löffel, Kopfbedeckung und die Holzpantinen nachts unter den Kopf zu legen, damit sie nicht gestohlen werden konnten. Erst am Tag zuvor war ein Häftling beim Morgenappell ohne Kopfbedeckung angetreten und wurde daraufhin vom Blockältesten so übel zugerichtet, dass er am Boden liegen blieb. Der SS-Rapportführer befahl, ihn wegzutragen. Das Schicksal des Häftlings war besiegelt.

Die Tage vergingen einer wie der andere, und der Hunger ließ mich immer schwächer werden. Und doch erreichte ich nicht den Zustand eines sogenannten Muselmannes. Dieser Begriff bezeichnet im Lagerjargon einen kraftlosen und ausgemergelten Menschen. Bevor ich ins Lager kam, war mir dieser Begriff völlig unbekannt. Filsinger erklärte uns seine Bedeutung. Er warnte uns davor, ein Muselmann zu werden, und machte uns sehr bildhaft klar, dass der Weg eines Muselmannes nur durch den Ofen und den Schornstein des Krematoriums in den Himmel führt. Zuerst nahm ich seine Ausführungen nicht ernst, da ich noch keinen Muselmann gesehen hatte und es im »Kaiserwald« kein Krematorium gab. Später, als ich schon nicht mehr dort war, gab es auch im »Kaiserwald« Muselmänner. Filsingers Beschreibungen erwiesen sich als völlig zutreffend. In Stutthof sah ich viele dieser Muselmänner und wurde für kurze Zeit fast einer von ihnen.

Während meines ersten Aufenthalts im »Kaiserwald« brauchte es nur kurze Zeit, bis jemand zu einem Muselmann wurde. Es war das Ergebnis des Zusammenwirkens von unerträglichen Existenzbedingungen, andauerndem Hunger und der angeschlagenen Psyche. Äußerlich zeichneten den Muselmann die dürren Beine, der aufgedunsene Bauch, die erloschenen Augen und die völlige Teilnahmslosigkeit an allem aus, was um ihn herum geschah. Nur wenn er seine tägliche Scheibe Brot für weniger kalorienreiche Lebensmittel größeren Umfangs tauschen konnte, kam etwas Leben in ihn. Dieser Tausch stillte für kurze Zeit sein Hungergefühl, und sei es auch nur eingetauschter Weißkohl.

Es kam der 14. August 1943, und mit ihm der Morgenappell. Der Stubendienst rief meines Vaters und meine Nummer auf. Wir wurden in eine Sonderkolonne gebracht. Auch mein Bruder wurde aufgerufen, aber in eine andere Kolonne. Wir wussten nicht, was mit uns passieren würde. Wir, 100 Männer und 50 Frauen, wurden auf Lastwagen gesetzt. Für ein Jahr wurde ich von meinem Bruder getrennt. Ein Jahr später trafen wir uns im Kaiserwald wieder. Während ich auf dem Lastauto saß, wiederholte ich beständig: »Schlimmer kann es nicht mehr werden, schlimmer kann es nicht mehr werden.«

BALLASTDAMM

14. AUGUST 1943 BIS 31. JULI 1944

Schlimmer wurde es wirklich nicht, im Gegenteil, es wurde viel besser. Nach meiner Lagerkategorisierung zu urteilen, war Ballastdamm ganz einfach nur ein schlechtes Lager, weil es gute Lager per definitionem gar nicht geben konnte. Es lag am linken Ufer der Daugava, am Ballastdamm, und war ein Nebenlager vom Kaiserwald. Es wurde SS-Baulager genannt, Lager für Baumaterialien. Heute befindet sich an der Stelle des damaligen Lagers das hohe Gebäude des Rigaer Pressehauses. Das Lager bestand aus einer Reihe von Baracken, in denen die SS für die von ihr geplanten Bauten das registrierte Baumaterial lagern ließ. Neben den Mitarbeitern der SS, die dem Lagerkommandanten Erich Deckert unterstanden, arbeiteten im Lager auch einige Letten, sogar ein Italiener, Pico, und ungefähr zehn holländische Kraftfahrer. Dem SS-Rang nach war nicht der Kommandant der Höchste, sondern ein gewisser Steinbrecher, der mir der wahre Lagerleiter zu sein schien. Mischte er sich doch in alles ein, obwohl er dort gar keine festen Verpflichtungen hatte. Alle, einschließlich Deckert, fürchteten ihn. Von Steinbrecher hieß es, dass er Träger des »Blutordens« sei. Was das bedeutete, wussten wir nicht, aber sehr gut hörte sich das nicht an. Er war die Ursache allen Übels für uns, und ich vermute, auch des tragischen Endes unseres Lagers.

Nach unserer Ankunft wurden wir neben den Materialbaracken auf einem umzäunten Gelände untergebracht, auf dem neu errichtete Wohnbaracken standen. Die größere war für die Männer, die andere für die Frauen. Lagerältester wurde der tschechische Jude Karl Oppenheimer, und auch die Frauen bekamen eine tschechische Jüdin, Camilla, als Älteste. Oppenheimer sah aus wie ein schnurrbärtiger Zigeuner mit funkelnden Augen. Er verstand es uns zu führen, indem er bei der Leitung den Eindruck vollständiger Ergebenheit gegenüber den Deutschen hervorrief. In Wirklichkeit bemühte er sich, für uns erträgliche Lebensbedingungen zu schaffen. Camilla war eine herrische Person. Kühn vertrat sie gegenüber der SS die Interessen der ihr Anvertrauten. Zur gleichen Zeit aber hatte sie ihre Frauen eisern im Griff. Das Lager umgab ein hoher Stacheldrahtzaun, und Letten in Polizei-Uniform bewachten uns.

In Ballastdamm hungerten wir ebenfalls, und trotzdem war das Essen besser als im Kaiserwald. Die Brotration war nicht größer als dort. Aber wir bekamen an dem neuen Ort auch Grütze aus Kleie und manchmal etwas Quark auf Holztäfelchen. Trotz allem verließ uns das Hungergefühl weder bei Tag noch bei Nacht. Der größte Teil von uns arbeitete in den Lagerräumen, darunter auch mein Vater. Ich war von Anfang an der Transportbrigade zugeteilt, in der wir ein sehr angenehmes Kollektiv bildeten. Die Brigade führte David Lotzov an, der mich irgendwie an Abram Firk erinnerte und daher sofort mein Vertrauen gewann. Anders aber als bei Firk, war sein ganzes Leben nicht einer einzigen Idee geweiht. Auch war er kein Asket, im Gegen-

Alter Neuhausen, Foto aus den 30er Jahren

teil, er liebte das Leben, er liebte es in seiner ganzen Vielfalt. Aber was seine Anständigkeit und seinen Gerechtigkeitssinn anbelangte, stand er Firk in nichts nach.

So einer war auch Lotzovs Freund, der Student Alter Neuhausen. Er war ein sanfter, liebenswerter Mensch, ein ausgezeichneter Arbeiter, immer bemüht, den größten Teil der Lasten auf sich zu nehmen. Für einen Angehörigen der Transportbrigade war es äußerst wichtig, dass die übrigen Mitglieder der Brigade die Lasten gleichmäßig auf sich verteilten. So einer war auch Teva Gläser, der Einzige von den dreien, der den Krieg überlebt hat. Teva war Medizin-Student, vor der Sowjet-Ära hatte er in der Schweiz studiert. Ungeachtet des Altersunterschieds wurden wir zu Freunden. Ihm habe ich mein Leben zu verdanken. Ich bedauere sehr, dass uns der Nachkriegs-Alltag daran hinderte, uns öfter zu treffen. Wir sahen uns hauptsächlich dann, wenn meine Familie gute medizinische Hilfe benötigte. Vor einigen Jahren ist Teva in Israel gestorben.

Alle drei nahmen mich und noch einen anderen Burschen gleichberechtigt in ihrer Mitte auf, worauf ich bis heute stolz bin. Dieser andere Bursche war Sigi Wassermann aus Berlin. Er war mit seiner Mutter nach Estland deportiert worden, wo man seine Muter umbrachte. Er selbst kam zusammen mit anderen ins Rigaer »Deutsche Ghetto«, von dort nach Kaiserwald und schließlich nach Ballastdamm. Sein Schicksal widerlegt die Behauptung mancher Historiker, die die Zahl der deutschen Juden, die zur Vernichtung nach Lettland gebracht wurden, nur mithilfe der Deportationslisten angeben. Sigi und seine Leidensgefährten berücksichtigen sie damit nicht.

Sigi gefiel mir vom ersten Augenblick an. Er erinnerte mich irgendwie an meinen jüngeren Bruder Daniel, obwohl er ihm äußerlich gar nicht ähnlich war. Wir freundeten uns an, und ich nahm ihn ein wenig unter meine Fittiche, obwohl wir nur ein Jahr auseinander, also fast gleichaltrig waren. Mein Vater nahm Sigi wie ein Familienmitglied auf, und mir schien, dass er ihn an seinen jüngsten Sohn erinnerte. Er war von einer so liebenswerten und entgegenkommenden Art und hatte ein so fröhliches, nie verzagendes Wesen. Vater widmete Sigi viel Zeit und unterrichtete ihn sogar in Mathematik und lettischer Sprache.

Von den ersten Tagen in »Ballastdamm« und fast bis zum Kriegsende, mit nur einer kurzen Unterbrechung, waren Sigi und ich unzertrennlich. Unsere Transportbrigade gehörte, wenn man das so sagen kann, zur »Elite« der Lagerhäftlinge, was sich darin manifestierte, dass wir das Privileg genossen, in bestimmten Fällen, in denen wir besonders schmutzige Arbeit verrichtet hatten, eine Dusche benutzen zu dürfen. Diese war in der Frauenbaracke installiert. Der besondere Vorzug der Transportbrigade bestand darin, dass wir aus dem Lager herauskamen und manchmal Kontakt zur Bevölkerung aufnehmen konnten. Das hing natürlich davon ab, wen wir als Bewachung mitbekamen und passierte 1943-44, als die Kriegsfortuna schon nicht mehr aufseiten der Deutschen stand, was sich auch auf die Stimmung in der Bevölkerung auswirkte. Nachteilig war für uns, dass wir nichts zum Tausch gegen Lebensmittel besaßen. Als wir nach Kaiserwald gebracht wurden, waren wir aller persönlichen Dinge beraubt worden. Und um Almosen betteln wollten wir nicht. Falsches Ehrgefühl erlaubte uns das nicht.

Tevel (Teva) Gläser, 1927

Eine besondere Sache war es, wenn einer der beiden Lustig-Brüder mit uns fuhr. Sie waren Offiziere der tschechischen Armee im Ersten Weltkrieg gewesen. Wenn wir in einen der Höfe in der Gogol iela gingen, um Profilstahl zu holen, hinderte der Ehrenkodex eines Offiziers Lustig nicht daran, einen so durchdringenden Schrei auszustoßen, als hätte ihn jemand abgestochen. Und wenn sich in dem fünfstöckigen Haus dann die Fenster öffneten und erschreckte Gesichter hervorlugten, fand er, da er ja die Sprache nicht konnte, nichts dabei, mit Gebärden um Essen zu betteln. Er tat das in geradezu perfekter Weise. Zuerst öffnete er den Mund so weit er konnte und begann, den Finger hineinzustecken. Das sollte heißen: Ich will etwas zu essen. Dann machte er kreisrunde Bewegungen mit den Händen, die die Dimensionen der erbetenen Almosen bezeichnen sollten. Die Gesichter an den Fenstern verschwanden, die Fenster wurden geschlossen. Wir fingen schon an, Lustig auszulachen, er aber blieb völlig gelassen wie ein richtiger Profi. Und in der Tat öffnete sich nach einiger Zeit von Neuem ein Fenster, und ein Paket mit Brot und gekochten Kartoffeln segelte auf den Hof hinab. Lustig triumphierte, und wir standen betreten da, was uns aber nicht daran hinderte, uns auf seine Kosten zum ersten Mal wieder satt zu essen.

Der Italiener Pico, der zu den Zivilangestellten des KZ »Balastdamm« gehörte, fuhr einen Traktor mit Anhänger. Wir hatten oft die Möglichkeit, zum Be- und Entladen mit ihm aus dem Lager hinauszufahren. Obwohl er doch ein so liebenswertes Naturell besaß, vertrauten wir ihm anfangs nicht so recht, war Italien doch ein Verbündeter Nazi-Deutschlands, und uns war seine politische Überzeugung auch nicht ganz klar. Doch nach einem Zwischenfall wurde unser Verhältnis ein anderes.

Mit Pico und einem Wachmann fuhren wir aus dem Lager heraus und hatten folgende Aufgabe: Auf einem alten Lagergelände standen Säulen aus Ziegeln, die früher ein Gewölbe getragen hatten. Wir sollten nun mit Hammer und Meißel die Ziegel abtragen und ins Baulager transportieren. Wir begannen mit der Arbeit, für die wir ungefähr eine Woche Zeit haben würden. Pico ging zum Wachhabenden, woraufhin die beiden anfingen, mit Händen und Füßen miteinander zu diskutieren. Weder Pico noch der lettische Wachmann konnten Deutsch. Nach der Unterhaltung mit dem Wachmann kam Pico zu uns und begann, uns von den Ziegelsäulen wegzuziehen. Wir verstanden überhaupt nichts. Nachdem sich Pico einen großen Baumstamm gesucht hatte, befahl er uns, den Stamm mit der Spitze waagerecht zur Säule zu halten. Erst da verstanden wir, was er wollte: Mithilfe des Traktors die Säule zu rammen und dadurch zum Einsturz bringen. Wir verlebten eine Woche, faul im Gras herumliegend, wie im Urlaub. Zu unserem Glück geschah das im Sommer.

Irgendwann im Winter fuhren wir mit Pico nach Kartoffeln. Beim Verladen begann Pico plötzlich, den Bretterboden des Anhängers mit einer Hacke, die er irgendwo gefunden hatte, kaputt zu schlagen. Und wieder waren wir völlig sprachlos. Wieder erklärte Pico mit weit ausholenden Gebärden, dass unter dem Boden des Anhängers ein großer Kasten für Werkzeuge montiert war. Bevor der Anhänger gefüllt wurde, füllten wir den Kasten mit Kartoffeln. Kartoffeln für uns! Das war eine tolle Sache. Uns gelang selten eine tolle Sache, noch seltener aber kam es vor, in einer Welt voller Feinde einen guten Menschen zu treffen. Unser Verhältnis zu Pico wurde eindeutig klar. Deshalb haben sich mir diese beiden Vorfälle so tief eingeprägt.

Ich wurde befördert. Oppenheimer erklärte mir, dass mein Arbeitsplatz vom nächsten Tag an in der Baracke der Lagerverwaltung sein würde. Ich hätte mich auf dem Korridor vor dem Büro von Deckert einzufinden und mich nach dem Aufruf »Ordonnanz«, des Letzteren mit abgenommener Kopfbedeckung und den Worten »Zu Befehl!« in seinem Büro zu melden. Wenn ich den Befehl vernommen hätte, hätte ich ihn im Laufschritt auszuführen. Die Wahl sei deshalb auf mich gefallen, weil ich gut Deutsch spräche.

Die neue Arbeit gefiel mir nicht besonders, weil sie mit dem obersten Gesetz Filsingers nicht zu vereinbaren war. Ich fürchtete nicht so sehr die Arbeit, als vielmehr die ständige Anwesenheit des Sadisten Steinbrecher. Außerdem wollte ich auch nicht von der Transportbrigade weg, weil ich mich da wohlfühlte, wenn man im KZ überhaupt von wohlfühlen reden kann. Die neue Tätigkeit hatte aber auch etwas Positives, weil ich mich jetzt täglich duschen musste. Die Arbeit an sich war nicht so schwer. Ich stand den ganzen Tag an die Wand gelehnt und hatte nichts weiter zu tun, als auf

Geheiß Deckerts in irgendeine der Baracken zu laufen und Dokumente zu holen. Dabei lernte ich einen Letten namens Kursemnieks kennen, der, ohne Häftling zu sein, im Elektro-Materiallager arbeitete. Mit ihm kam ich lange Zeit später wieder in Kontakt. Nämlich beim Obersten Gericht der Lettischen Sowjetrepublik, er als Staatsanwalt und ich als Strafverteidiger.

Die Kriegszeit und die Zeit des Holocaust ließen mich auch nach dem Krieg nicht los und hoben mir das Erlebte in den eigenwilligsten Formen immer wieder ins Bewusstsein. In diesem Kapitel komme ich dreimal auf Ereignisse zu sprechen, welche die Zeit nach dem Krieg betreffen. Das ist kein Zufall. Der Grund dafür ist, dass sich mein ganzes Leben nach dem Krieg, nicht nur in meinen Gedanken, sondern in den letzten fünfzehn Jahren auch öffentlich,[10] auf die Zeit des Holocaust konzentrierte.

Im Lager Ballastdamm ging unser Leben seinen eigenen Gang. Die Morgen- und Abendappelle verliefen im Vergleich zu denen im Kaiserwald ganz angenehm und dauerten nicht lange. Außer, wenn Steinbrecher uns besuchte. Seine gewöhnliche »Zerstreuung« bestand darin, dass wir nach dem Abendappell, wie er sich ausdrückte, »Gymnastik« machen mussten. »Das tut euch gut«, sagte er. Hunderte von Malen tönte es: »Hinlegen!«, »Aufstehen!«, wozu er gerne ältere, schon sehr ausgezehrte Häftlinge heranzog. Nach einer solchen gymnastischen Übung hatten wir nicht einmal mehr die Kraft, unsere Kleie-Grütze runterzuschlucken, auch wenn wir noch so ausgehungert waren. Aber solche Besuche Steinbrechers waren zum Glück selten. Die übrige Zeit nach dem Abendappell verbrachten wir mit »häuslicher« Beschäftigung. Der eine nähte, der andere wusch seine Sachen. Dadurch unterschied sich Ballastdamm extrem vom Lager Kaiserwald. Dort gab es für die Häftlinge keine Zeit für persönliche Dinge. Nach dem Appell begann das Aufschütten oder das Abtragen des Hügels oder endloses Marschieren. In Kaiserwald hatte auch das morgendliche Waschen nur symbolischen Charakter. Wie schon erwähnt gab es für Hunderte von Häftlingen, die von dem Stubendienst mit Knüppeln zum Waschen getrieben wurden, nur fünf Wasserhähne und für den Waschvorgang nur 20 Sekunden Zeit. So konnten sie sich nur ein paar Tropfen übers Gesicht laufen lassen. Und wenn der Stubendienst merkte, dass ein Häftling sich nicht wusch, dann erwarteten ihn die unvermeidlichen Prügel. In Ballastdamm herrschten auch keine idealen Waschbedingungen, doch gab es hier keinen Sturm auf die Wasserhähne und auch keine Prügel.

Da wir seit der im Kaiserwald verbrachten Zeit ohne Ausnahme alle verlaust waren, versuchten wir nun in Ballastdamm, uns von dieser Plage zu befreien. Leider vergeblich. Selbst ich, der ich jeden Tag eine Dusche mit warmem Wasser benutzen konnte, unterlag im Kampf mit den Läusen.

Unsere Schlafgelegenheiten unterschieden sich absolut von denen im Kaiserwald. Dort schliefen wir auf dreistöckigen Pritschen, auf Matratzen, in denen kaum Stroh vorhanden war, eng zusammengedrückt. Man musste unbedingt einen leichten Schlaf haben. Das war deshalb enorm wichtig, damit einem nicht im Schlaf das Wertvolls-

10 1993 habe ich den Vorsitz im Verein »LEGU« (Verein der ehemaligen jüdischen Ghetto- und KZ-Häftlinge übernommen.

te gestohlen werden konnte – die Kopfbedeckung, die Holzpantinen oder der Löffel. In Ballastdamm hatte jeder in den drei übereinander angebrachten Betten seinen eigenen Platz mit einer normalen Strohmatratze, und niemand vergriff sich an den erwähnten »Wertsachen«.

An den Tagen, an denen Steinbrecher Dienst hatte, war an Schlafen oft nicht zu denken. Wenn er uns nicht nach dem Appell quälte, kam er nachts in die Baracke. Der diensthabende Häftling rief »Achtung!«, jagte uns auf den Appellplatz, zählte uns ab, und wieder ging es zurück in die Baracke. Dann machte Steinbrecher mit uns »Gymnastik« in der Baracke. In so einem Fall wurden die Kommandos abgeändert. Es hieß jetzt »in die Betten«, »aus den Betten«. Die Kommandos kamen in immer schneller werdendem Tempo. Besonders schwierig war es für diejenigen, die oben in der dritten Etage schliefen. Aber auch diese Überfälle fanden nicht jeden Tag statt.

Im Ganzen wäre es in Ballastdamm auszuhalten gewesen, hätte es nicht den Hunger gegeben. Im Kaiserwald war der Hunger so schlimm, dass er fast alle anderen Gefühle absterben ließ. Nur der Selbsterhaltungstrieb blieb übrig. In Ballastdamm wurde der Hunger durch die Kascha ein wenig gedämpft. Doch machte sich auch hier die chronische Unterernährung immer stärker bemerkbar.

Der Hunger trieb mit mir so seine Scherze. Ich war damals bei Deckert als Ordonnanz angestellt. Dort hatte ich nichts weiter zu tun und arbeitete mich nicht tot. Steinbrecher behandelte mich nicht schlecht. Deckert verhielt sich mir gegenüber ganz förmlich, wobei er mich in keiner Weise, weder durch Taten noch verbal, beleidigte.

In der Verwaltungsbaracke befand sich auch die deutsche Küche. Der aus dieser Küche zu mir dringende Duft brachte mich beinahe zur Raserei.

Einmal hatte ich die Aufgabe, in Begleitung der Wache und eines Lieferanten zur Bäckerei zu fahren und das Auto mit Brot für die deutsche Küche zu beladen. Wir fuhren eine ganze Strecke, und als wir endlich in der Bäckerei angekommen waren, stieg mir der Duft des frischen Brotes in die Nase. Die Begierde zu essen überwältigte mich. Ich vergaß das erste KZ-Gebot und verlor die Beherrschung, wofür ich dann später zahlen musste. Ich hatte das Brot verladen und war allein auf der Ladefläche des Wagens. Ich bemerkte, dass die Brotlaibe im Ofen an den Ecken zusammengebacken, beim Transport auseinanderbrachen. Ein Laib bekam einen kleinen Zuwachs, beim anderen fehlte ein Stückchen. Ich verschlang ein Stückchen von dem festgeklebten Brotzuwachs und dachte, dass es doch nur ein winziges Stückchen sei, was niemand bemerken würde. Nach kurzem Überlegen aß ich noch ein zweites solches Stück. Wir fuhren eine lange Strecke. Die ganze Zeit aß ich und beruhigte mich mit dem Gedanken, dass man schon nichts merken werde. Aber so war es nicht. Ich hatte das Gesetz der Erhaltung der Masse nicht beachtet. Bald nach dem Entladen wurde ich in die Küche gerufen, wo das von mir beförderte Brot so aufgeschichtet war, dass alle Brotlaibe mit dem fehlenden Stück direkt ins Auge sprangen. Bei den übrigen Laiben war kein Zuwachs zu sehen.

Deckert verurteilte mich zu 25 Stockschlägen auf das Hinterteil. Zum Prügelknecht wurde der Lagerälteste, Karl Oppenheimer, bestimmt. Die Ausführung der Strafe wurde in die Zeit des Appells gelegt, zu dem das ganze Lager antreten musste. Ich wurde auf einem Schemel festgebunden, damit ich mich nicht bewegen konnte, und Oppenheimer, der schon im Voraus eine furchterregende Miene aufgesetzt hatte, holte aus und schlug gnädig zu. Deckert war voll Wut über Oppenheimers Schlappheit und drohte ihm dieselbe Anzahl Schläge an, wenn er nicht mit aller Kraft zuschlüge. Oppenheimer sah keinen Ausweg und begann kräftig zuzuschlagen. Den ganzen Tag über wunderte ich mich, dass ich nicht aus Leibeskräften gebrüllt, sondern nur leise gewimmert hatte. Mir war es egal, dass das in Anwesenheit des ganzen Lagers, worunter sich auch Frauen befanden, ablief. Mir war es nur Vater gegenüber peinlich. Deshalb beherrschte ich mich und schrie nicht, obwohl es entsetzlich wehtat und ich zwei Wochen lang nicht sitzen und nur auf dem Bauch liegen konnte.

Ich verlor natürlich den Ordonnanzposten und kam zurück zu meiner alten Transportbrigade. Wie man weiß, kommt ein Unglück selten allein. Ich hatte kaum die Schmerzen von den Schlägen vergessen, als mir das zweite Unglück widerfuhr. Ich hatte mir einige Zuckerrüben beschaffen können und nahm mir vor, mich, Vater und Sigi mit den Köstlichkeiten zu verwöhnen. Irgendwoher hatte ich gehört, dass man Sirup aus den Rüben herstellen könne, wenn man sie lange kochte. Gesagt, getan. Ich stellte die Rüben zum Kochen auf einen kleinen Kanonenofen, der unsere Baracke heizte. Als ich nach einigen Stunden nachsehen wollte, wie es mit dem Sirup stünde, kippte mir einer der Häftlinge die Kasserolle mit dem kochenden Gebräu auf den Fuß. Diese Verbrühung konnte für mich lebensbedrohlich werden. In Ballastdamm dufte man drei Tage krank sein. War der Häftling am vierten Tag immer noch nicht arbeitsfähig, landete er im zentralen Krankenrevier des KZ »Kaiserwald«. Das bedeutete das Ende für den Häftling. So kam mein Onkel Eddi um, der ebenfalls aus Kaiserwald in ein Nebenlager geschickt und dort krank geworden war. Man brachte ihn ins Krankenrevier, und dort starb er. Nur durch die Hilfe von Teva Gläser, der gleichzeitig auch Lagerarzt war, und durch das gute Verhältnis zu Oppenheimer gelang es mir, in Ballastdamm zu bleiben. Beide verheimlichten meine Arbeitsunfähigkeit, und bei den Appellen stand ich in Reih und Glied wie die Gesunden.

Gläser kurierte mich mit einer Frostsalbe, die er irgendwo bekommen hatte. Es stellte sich nämlich heraus, dass mit dieser Salbe auch Verbrühungen behandelt werden konnten. Oppenheimer handelte äußerst riskant, als er meine Arbeitsunfähigkeit verheimlichte. Wenn Steinbrecher das erführe, hätte ihn das nicht nur den Posten, sondern auch das Leben gekostet. Die SS-Männer verziehen nichts, weder ihm noch Gläser. Statt der drei Tage verbrachte ich mehr als zwei Wochen in der Isolation. Jeden Tag kam der Häftling zu mir, dem ich die Verbrühung zu verdanken hatte. Ich kannte ihn noch von der gemeinsamen Arbeit im Ghetto her. Er war ein alter Apotheker, der Teva Gläser den Tipp gegeben hatte, wie an die Salbe heranzukommen war, mit der man sowohl Erfrierungen wie auch Verbrennungen behandeln konnte. Neben meinem Vater und Sigi, der statt meiner Ordonnanz bei Deckert geworden war, kümmerten sich auch die Mitglieder der Transportbrigade um mich, indem sie mir, wenn sich Gelegenheit bot, zu essen brachten. Als ich wieder in die Brigade zurückkehrte, wurde das mit Kartoffeln und einem Kohlkopf gefeiert.

Wenn ich mich an die Geschichte mit dem Brot erinnere, muss ich zugeben, dass ich die für mich bestimmte Strafe und den Befehl Deckerts, mich mit aller Kraft zu verprügeln, damals nicht für eine Bosheit des Kommandanten hielt. Ich hatte damals die Psyche eines Lagerhäftlings, der eine derartige Strafe, wenn nicht gerechtfertigt, so doch auf jeden Fall als normal ansah. Und ich dankte Gott, dass ich nicht zum Tode verurteilt worden war. Meine Überlegungen gingen in die Richtung: »Ich habe ohne Erfolg Brot organisiert. Man hat mich ertappt, und darauf folgt unweigerlich die Bestrafung.« Mir kam gar nicht in den Sinn, dass eigentlich diejenigen dafür die Verantwortung trugen, die mich durch den Hunger dazu gebracht hatten, Brot vom Laib abzurupfen.

Mit Deckert gab es einen komischen Zwischenfall. Manchmal kontrollierte er abends unsere Baracke und erschien immer unerwartet. Wir saßen einmal herum und unterhielten uns, genauer gesagt, die schon erwähnten Brüder Lustig führten unsere Unterhaltung. Wenn es Streit gab, wurden sie laut und waren von Weitem zu hören. Der eine Bruder behauptete, wenn er Geld hätte, würde er mithilfe von Pico für soundso viel Mark ein Kilogramm Fleisch kaufen. Der andere Bruder entgegnete, dass das sehr teuer sei. Die ganze Unterhaltung hatte natürlich keinen praktischen Hintergrund. Keiner von uns hatte Geld. Aber Menschen, die Hunger haben, reden ständig übers Essen. Als die beiden über Fleisch sprachen, bewegten sie sich schon im Reich der Fantasie. In diesem Moment rief der Wachhabende »Achtung!« Wir standen alle stramm. Deckert, der unbemerkt eingetreten war, stürzte sich auf die beiden Lustigs und brüllte: »Wo habt ihr das Geld. Her damit, aber schnellstens!« Völlig unbeeindruckt von seinem Geschrei antwortete der eine Lustig: »Herr Oberscharführer«, Deckert war Unterscharführer, doch Lustig machte ihn gleich zwei Ränge höher, »Sie haben sich verhört. Die Rede war nicht von »Mark«, sondern wir haben über »Quark« gesprochen.« Doch Deckert beruhigte sich nicht. Er habe gehört, wie einer der beiden erklärt hatte, dass so viel nicht bezahlt werden sollte. »Richtig, Herr Oberscharführer. Wenn wir Quark bekommen, benutzen wir ihn als Zahlungseinheit. Es ist ja unter Todesstrafe verboten, Geld zu haben. Aber für Gefälligkeiten muss man doch bezahlen.« Die schlauen Brüder hatten gewonnen. Deckert nahm ihre Erklärung für bare Münze.

Im Winter 1943/44 flohen, für uns völlig überraschend, drei Häftlinge während der Nacht aus dem Lager. Es waren Dr. Schmuljan, Ingenieur Rage und ein gewisser Gordon, der früher in einer Handelsfirma gearbeitet hatte. Die äußere Lagerwache wurde von lettischen Polizisten gestellt. Wie mir später klar wurde, war es unmöglich, ohne ihre Hilfe an der Wache vorbeizukommen. Ich wusste damals nichts davon, dass Janis (Žanis) Lipke die Flucht organisiert hatte. Dieser Žanis Lipke, eine legendäre Figur, rettete auf kaum vorstellbare Weise mehr als fünfzig Juden. Dabei muss man sich vorstellen, dass zu einer Rettungsaktion nicht nur die Flucht selbst, sondern das jahrelange Versteck und die Versorgung der Flüchtlinge gehörten.

Wenn ich an die Folgen dieser Flucht denke, stellt sich diese Nacht für mich wie eine Bartholomäus-Nacht dar. Sie war schrecklich für uns, obwohl niemandem von uns etwas Übles geschah, geschweige, dass jemand zu Tode kam. Nur Steinbrecher trieb mit uns seinen Spaß. Er befahl uns, die ganze Nacht im Schnee Gymnastik zu treiben. Mit schneidender Stimme befahl er uns, sich hinzulegen, aufzustehen, zu laufen, zu hüpfen, hochzuspringen, in die Hocke zu gehen. Mit einer Pistole in der Hand beschleunigte er immer mehr das Tempo, sodass wir glaubten, die geringste Verlangsamung bedeutete für uns den Tod.

Wir waren fast hundert Männer, von denen ein Teil schon etwas älter war. Mein Vater ging auf die 50 zu. Da Steinbrecher uns aus den Betten geholt hatte, standen wir nach zehn Stunden »Sport« völlig ausgepumpt in Unterwäsche und barfuß im Schnee und sahen aus wie Gespenster. Steinbrecher aber fuhr mit schon heiserer, bellender Stimme fort, seine Kommandos herauszubrüllen: »Hinlegen!«, »Aufstehen!«, »Im Laufschritt marsch!«. Erst im Morgengrauen hörte er mit seinem Zynismus auf.

Erstaunlich ist, dass wir für die Flucht der drei nicht als Geiseln genommen wurden. Wir wurden jetzt nur als fluchtverdächtig eingestuft. Die Männer bekamen auf die Rückseite der Jacke ein Kreuz aufgemalt und in die Kopfhaare ein Kreuz geschoren. Die Frauen wurden kahl geschoren und bekamen Kopftücher, damit sie ihre kahlen Schädel damit bedecken konnten. Einzig Camilla, die Lagerälteste des Frauenlagers, benutzte das Tuch demonstrativ nicht, und trug ihren trotz Haarverlust schönen Kopf nach wie vor stolz.

Das Klima im Lager änderte sich. Die Deutschen begannen, misstrauischer zu werden, und die Wachen, uns mehr zu schikanieren. Hinzu kam, dass im Lager eine Einheit sehr junger SS-Männer eintraf, die angeblich zum Urlaub hierher gekommen waren. Sie behaupteten, zur Leibstandarte Adolf Hitler zu gehören. Nach ihrer hervorragenden Ausrüstung zu urteilen, war das der Wahrheit sehr nahe. Die Zeiten waren vorbei, in denen wir manchmal nur mit dem Italiener Pico zur Arbeit das Lager verließen. Jetzt begleiteten uns mindestens zwei Männer der Leibstandarte als Wache.

Gerade in dieser Zeit, im Frühling 1944, kam in mir der Gedanke auf, zu flüchten. Die Leibstandarte war genau im unpassendsten Moment gekommen. Sie war jetzt Teil der Lagerwache, und ich sagte mir, dass eine Flucht höchstens in der Nacht gelingen könne. Tagsüber, unter den wachsamen Augen der Wachleute, in KZ-Kleidung und mit eingeschorenen Kreuzen in den Haaren hätten weder Sigi noch ich, mein Vater hatte ohnehin eine Glatze, eine Chance gehabt. Höchstens in der Nacht, wenn es uns im Schutz der Dunkelheit gelänge, den Stacheldrahtzaun zu überwinden und danach ein Versteck nicht weit vom Lager zu finden, wäre eine Flucht erfolgreich zu realisieren.

Mich quälte die Frage, wer den dreien, die im Winter 1944 das Lager verlassen hatten, geholfen hatte, und ich war immer mehr davon überzeugt, dass das jemand von der lettischen Lagerwache gewesen sein musste. Ich hatte sogar einen konkreten Verdacht, einen der Polizisten betreffend, der sich zu uns Häftlingen immer sehr freundlich verhalten hatte. Nicht nur, dass er sich mit uns unterhielt, er zeigte uns gegenüber auch offen sein Mitgefühl. Obwohl ich an seiner Ehrlichkeit nicht zweifelte, traute ich mich doch nicht, mit ihm ein Gespräch anzufangen. Erst recht nicht, als die Leibstandarte im Lager aufkreuzte, die erst im Juli 1944 das Lager wieder verließ. Bis zum Sommer dieses Jahres wagte ich weder mit meinem Vater noch mit Sigi meine Pläne zu diskutieren.

Im Juli/August 1944 nahmen die sowjetischen Streitkräfte einen großen Teil des östlichen Lettland ein, befreiten die Stadt Jelgava und rückten in Richtung Tukums und Rigaer Bucht vor. Riga drohte die Einkesselung. Ich vermutete, dass Riga in kürzester Zeit befreit werden würde, und fürchtete, dass die Besatzer noch Zeit fänden, uns umzubringen. Daher schlug ich meinem Vater vor, aus dem Lager zu fliehen und uns an einen seiner Kollegen, den Direktor der polnischen Schule, Mershwinski, um

Hilfe zu wenden. Dieser wohnte auf dem linken Ufer der Daugava, in der Hermann iela. Auch Vater vermutete, dass der Tag der Befreiung nicht weit entfernt wäre, doch verwarf er meine Fluchtpläne. Er könne das Lager nicht verlassen. Er wolle mit allen Häftlingen zusammenbleiben und fühle sich als jemand, der Riga genau kenne, verpflichtet, die Häftlinge während der Kämpfe dahin zu bringen, wo sie in Sicherheit wären. Ich weiß nicht, ob meine Idee von Erfolg gekrönt gewesen wäre, denn meine Vermutung, die baldige Befreiung Rigas betreffend, erwies sich als Fehler. Riga wurde erst am 13. Oktober 1944 von sowjetischen Truppen eingenommen. Unbestritten ist aber, dass sich Vaters Weigerung, sich an einer Flucht zu beteiligen und stattdessen lieber seinen Lagerkameraden zu helfen, für ihn verhängnisvoll auswirken sollte.

Ich bestand nicht weiter auf meinem Vorschlag. Und zwar nicht nur deshalb, weil ich nicht wusste, wie ich den Kontakt zu dem besagten Polizisten aufnehmen sollte. Mir war darüber hinaus vielmehr klar, dass es ohne Hilfe von außen nichts werden würde. Ich vertraute auf Vaters Lebenserfahrung. Er würde den richtigen Ton im Umgang mit dem Polizisten finden, obwohl er mit der Flucht nicht einverstanden war. Hatte er mit seiner Entscheidung recht? Sollte er an die anderen Häftlinge denken, obwohl ihn niemand damit beauftragt hatte? War es nicht richtiger, sein Leben, das Leben seines Sohnes und dessen Freundes zu retten, ohne über die Folgen für die übrigen Lagerhäftlinge nachzudenken, so wie es die drei im Winter 1944 gemacht hatten? Diese verdammten Fragen quälten mich damals und quälen mich auch heute noch. Und ich finde auch heute keine eindeutige Antwort.

Nach dem Krieg machte ich mir keine weiteren Gedanken darüber, wer neben Žanis Lipke den erwähnten drei Ausbrechern geholfen haben könnte, obwohl ich dreimal die Gelegenheit hatte, eine Antwort zu bekommen. Erstens hätte es Gordon sein können, einer von den dreien, mit dem ich wiederholt zusammentraf. Wir erinnerten uns an das damals Vorgefallene, doch stellte ich Gordon diese Frage nicht. Die zweite Möglichkeit ergab sich rein zufällig. Für jeden Rechtsanwalt, jeden Strafverteidiger gibt es im Laufe seiner Tätigkeit Fälle, die ihm in dauernder Erinnerung bleiben. So war es für mich der Fall des N., eines Arbeiters in der Fischkonservenfabrik »Kaija«, der wegen Mordes an seinem Bruder angeklagt worden war.

Ihm wurde vorgeworfen, dass er seinem Bruder im Streit mit einem Messer einen Stoß versetzt und ihm die tödliche Verletzung zugefügt habe. Die Verteidigung behauptete, dass es zu der tödlichen Verletzung gekommen sei, als sich der Angeklagte während einer für ihn lebensgefährlichen Auseinandersetzung mit seinem tobenden Bruder, der seinerseits ihn mit einem Messer bedrohte, schützen wollte, und der daher in Notwehr gehandelt habe. Das Gericht sah die Sache anders und verurteilte N. zu einer langen Freiheitsstrafe. Auf Einspruch der Verteidigung wurde das Urteil aufgehoben. Es kam zu einer zweiten Verhandlung, deren Urteil auch aufgehoben wurde, und danach zu einer dritten Verhandlung, während der im Saal eine große Zahl von Arbeitern aus der Fabrik »Kaija« saßen, die den Fall mit großer Teilnahme verfolgten.

Nach meiner Verteidigungsrede streifte mich in der Pause der durchdringende Blick eines Mannes. Als ich ihn näher betrachtete, erkannte ich in ihm jenen Polizisten, der uns in Ballastdamm bewacht und Mitgefühl mit uns gezeigt hatte. Ihn vermutete ich als den Helfer bei der Flucht der drei Häftlinge im Winter 1944 in Ballastdamm. Wir kamen aufeinander zu und umarmten uns. Doch ich fragte ihn nicht, ob er damals Fluchthilfe geleistet habe.

Die dritte Möglichkeit bot sich bei einem tragischen Vorfall. Ich erhielt von Dr. Sjama Ginsburg, einem Freund, mit dem ich oft zusammen in den Bergen Ski gelaufen bin, einen Brief folgenden Inhalts: Wenn der Brief bei mir ankäme, wäre er nicht mehr am Leben, da er sich wegen einer unheilbaren Krankheit bereits das Leben genommen haben würde. Sein ganzes Vermögen habe er Žanis Lipke vermacht. Mein juristischer Rat sei ihm wichtig, weil er einem Kommissionshaus Juwelen übergeben habe, die nicht ihm, sondern seiner Freundin gehörten. Er trug mir auf, Žanis Lipke die Situation zu erklären und der Freundin bei der Wiedererlangung der Juwelen zu helfen.

So lernte ich Žanis Lipke kennen. Als ich auf die Juwelen zu sprechen kam, zeigte sich dessen noble Gesinnung. Er habe von mir genug über die Juwelen von Ginsburgs Freundin gehört. Den Brief des Verstorbenen wolle er erst gar nicht lesen. Mehrmals war ich bei ihm in seinem Häuschen in Kipsala. Wir sprachen über vieles, darunter auch darüber, wie es ihm gelungen war, die bereits erwähnten Häftlinge aus dem Lager herauszubekommen. Was mich erstaunte, war, dass die Flucht aus Ballastdamm mit verblüffend einfachen Mitteln durchgeführt worden war. Wie mit den Häftlingen vereinbart, war Lipke zur angegebenen Zeit zu einem Letten gegangen, der auf Posten stand, hatte ihm eine Flasche Wodka angeboten und sich mit ihm geeinigt, dass er die Gruppe herausließe. Er werde sie zurückbringen, versprach Lipke. Aus Berichten anderer Geretteter hörte ich, dass er mehrmals ähnliche Mittel angewendet hatte. Ich fand keine Zeit, Lipke zu fragen, wer denn dieser Helfer gewesen war. Es ist anzunehmen, dass er den Namen desjenigen selbst nicht kannte. Jetzt ist es für Fragen zu spät.

Die Diskussionen mit meinem Vater wurden durch Ereignisse, auf die wir keinen Einfluss hatten, beendet. Beim Abendappell am 30. Juli 1944 erklärte uns der Lagerkommandant Deckert, dass wir auf Befehl von oben ins Lager Kaiserwald überführt würden. In seiner Abschiedsrede erwähnte er natürlich mit keinem Wort die Lage an der Front. Neben der »Verfügung von oben« bemerkte er nur, dass das Baulager Ballastdamm aufgelöst würde, Kaiserwald aber Arbeitskräfte brauche.

Damals konnte ich mir nicht im Entferntesten vorstellen, dass nicht einmal zwei Jahre vergehen würden, bis ich Deckert unter völlig veränderten Umständen wiedersehen sollte.

Im Frühjahr 1946 nahm ich in Riga an Vorbereitungskursen der Lettischen Staatsuniversität teil. Vor dem Krieg hatte ich nur neun Klassen des Gymnasiums absolviert. Diese eben erwähnten Kurse waren für diejenigen eingerichtet worden, die während des Krieges nicht hatten maturieren können. Durch intensive Beschäftigung mit dem Lehrstoff sollten wir die Möglichkeit erhalten, die höhere Schulbildung abzuschließen, um danach an der Universität studieren zu können. Mir fiel das Lernen in diesen Kursen sehr schwer, da ich an Lungentuberkulose erkrankt war. Wäre nicht die Unterstützung meiner späteren Frau gewesen, hätte ich die Kurse nicht weiter mitgemacht. Mitte April 1946, als die Daugava Eisgang hatte, verließ ich in der Pause zwischen den Vorlesungen das Auditorium und sah, wie eine Gruppe deutscher Kriegsgefangener Möbel transportierte. Unter ihnen entdeckte ich Deckert in der Uniform eines Wehrmachtssoldaten. Die Erinnerungen überkamen mich, und mir wurde übel. Das süße Gefühl der Rache, über das in der Literatur so oft zu lesen ist, kannte ich nicht mehr. Ich hatte nur den einen Wunsch, Deckert als einen SS-Mann zu entlarven, was er mit seiner Wehrmachtsuniform ja verheimlichte. Ich wandte mich also unverzüglich an die Kursdirektorin Fischer und erzählte ihr von Deckert. Zu meiner großen Enttäuschung schob sie mich von sich wie eine lästige Fliege und erklärte, dass sie diese Geschichte nicht interessiere. Daraufhin nahm ich mir vor aufzupassen, wohin Deckert und seine Arbeitskolonne nach der Arbeit gebracht würden. Gegen Abend kam ein altes Männlein in Zivil mit einem Gewehr vom Typ 1891/1930 und führte sie über die Valdemara iela zu einer Holzbrücke, die vom Militär über die Daugava geschlagen worden war. Ich folgte ihnen in kurzer Entfernung.

An der Brücke angekommen, drehte sich mir der Kopf. Die Brücke erzitterte von den Stößen der Eisschollen und ließ mich schwanken. Mir kam es vor, als träumte ich das Ganze, und ich musste mich in den Arm zwicken, um in die Wirklichkeit zurückzukehren. Als die Gruppe die Brücke verließ, ging sie direkt auf mein Lager Ballastdamm zu. Auf dem ehemaligen KZ-Gelände war jetzt ein Lager für Kriegsgefangene eingerichtet worden. Am Eingang bat ich, in einer dringenden Angelegenheit zum Lagerleiter vorgelassen zu werden. Man ließ mich durch, und ich fand den Leiter vor Ort. Der Traum ging weiter. Der Leiter saß in Deckerts Arbeitszimmer hinter Deckerts Tisch. Nachdem der Leiter mich angehört hatte, fragte er mich, ob ich rauche, was ich bejahte. Dann eröffnete er mir seinen Plan zur Entlarvung Deckerts. Ich sollte mein Gesicht hinter einer Zeitung verstecken, und er würde alle aus der Gruppe einzeln mit der Begründung herbeirufen lassen, dass er sie mit den für Gefangene geltenden Arbeitsbedingungen in der Geografischen Fakultät bekannt machen wolle. Bei Deckerts Erscheinen, der natürlich einen anderen Namen trüge, sollte ich zu rauchen anfangen und alles Übrige ihm überlassen.

Es lief noch viel einfacher ab, als ich dachte. Als sich die Gruppe zur Baracke der Lagerverwaltung in Bewegung setzte, mussten die Gefangenen am Fenster des Arbeitszimmers, in dem der Leiter am Tisch saß, vorbeigehen. Unter ihnen war auch Deckert mit hängendem Kopf. Ich zeigte auf ihn. Daraufhin brachte man dem Leiter die Personalakten der Gefangenen, darunter auch Deckerts. Bei der Gefangennahme in Ventspils hatte er seine Identität nicht geändert, aber verschwiegen, dass er zur SS gehört hatte. Als Deckert das Arbeitszimmer betrat, wandte er sich mir augenblicklich mit den Worten zu: »Herr Bergmann, das Rad der Geschichte dreht sich. Früher war ich oben und Sie unten. Jetzt ist es umgekehrt.«

Ich war überrascht, dass er meinen Nachnamen kannte, bei dem er mich niemals gerufen hatte. Ich war nur die Nummer 717 oder die Ordonnanz gewesen. Man sah ihm an, dass er auf sich achtete. Er sah auch nicht abgemagert aus. Ich hätte ihm erwidern können, dass ich noch lange nicht oben sei, dass ich alle meine Nächsten verloren hatte, krank sei und arm wie eine Kirchenmaus. Aber ich hatte keinerlei Lust auf ein Gespräch mit ihm und verließ schweigend sein früheres Arbeitszimmer. Ich war nicht mit mir zufrieden. Mir war klar, dass ich eine notwendige Sache erledigt hatte, indem ich Deckert anzeigte. Der SS-Mann musste unbedingt entlarvt, verurteilt und bestraft werden. Deckert war keine Ausnahmeerscheinung, und sogar das wenige, was ich über ihn wusste, hätte gereicht, ihn vor Gericht zu stellen. Die Vermutung, jemand könnte denken, dass ich mich nur an Deckert dafür rächen wollte, dass er mich zu 25 Stockschlägen verurteilt hatte, ließ ein Gefühl des Ekels in mir aufkommen.

Jahre später erfuhr ich im Gespräch mit meinem Kollegen Abram Vogel, dass er nach dem Krieg einige Jahre als Bevollmächtigter in einem Kriegsgefangenenlager gearbeitet habe. Es handelte sich um dasselbe Lager, in dem erst ich und dann Deckert gefangen gehalten worden waren. Auf meine Frage, was mit Deckert weiter geschehen sei, sagte mir Vogel, dass man ihn nicht zur Verantwortung gezogen habe. Denn das wäre ihm bekannt geworden durch seine Hände gegangen. Mehr habe ich über Deckert nicht in Erfahrung bringen können. Aber etwas gibt mir bis heute keine Ruhe. Im Februar 2004 bat ich einen jungen deutschen Freund zu versuchen, über das Internet etwas zu Erich Deckert zu finden, der jetzt ungefähr 85-87 Jahre alt sein müsste. Auf seine Frage, warum mir das wichtig sei, wusste ich keine Antwort.

RÜCKKEHR NACH KAISERWALD. DIE ERMORDUNG MEINES VATERS UND ANDERER HÄFTLINGE AUS BALLASTDAMM

31. JULI BIS 2. AUGUST 1944

Unsere bösen Vorahnungen bei der Rückkehr nach Kaiserwald erfüllten sich schon, als unser Lastwagen, der uns aus Ballastdamm nach Kaiserwald brachte, das Lagertor passierte. Wir hatten Angst, wieder unter das unerträgliche Regime dieses KZs zu geraten. Aber wir kamen damit gar nicht in Berührung, denn man brachte uns in einer Baracke unter, die vom übrigen Lager durch einen Stacheldrahtzaun getrennt war. Dort verbrachten wir zwei Tage in völliger Isolation. Sogar diejenigen Häftlinge, die Suppe und Brot austeilten, sprachen nicht mit uns. Von Stunde zu Stunde wuchs unsere Anspannung. Besonders beunruhigte uns, dass man die Frauen nicht von uns trennte. In den KZ waren die Frauen- und Männerlager immer durch einen Zaun voneinander getrennt, und es gab keine Möglichkeit, miteinander in Kontakt zu treten. Und nun waren wir, Männer und Frauen, in einer gemeinsamen Baracke. Das war ein schlechtes Zeichen. Waren wir alle zusammen abgeschrieben, d.h. zur Vernichtung bestimmt? Wenn ja, dann war es vom Standpunkt der SS aus tatsächlich nicht nötig, uns zu trennen, mögliche Kinder würden gar nicht erst geboren werden. Angst einflößend wirkte auch, dass sich während der zwei Tage niemand um uns kümmerte. Keine Appelle, weder am Tage noch abends. Weder kam jemand von der Häftlingselite in die Baracke noch jemand von der SS.

Gegen Abend des ersten Tages ähnelte die Baracke einem wüsten Ameisenhaufen. Die Leute liefen in dem einzigen großen Raum der Baracke hin und her, gestikulierend, den Kopf in den Händen haltend, sich immer wieder die Frage stellend, was unsere Isolation wohl bedeute. Die unterschiedlichsten Vermutungen wurden geäußert. Das reichte von der optimistischen Annahme, dass wir auf das Lager verteilt würden - in der Baracke gab es keine Pritschen zum Schlafen - bis zur pessimistischen Annahme, dass man uns das Schicksal Rumbula zugedacht hatte. Ich weiß zwar noch, dass wir, mein Vater, Sigi und ich, in der Ecke des Raumes auf dem Fußboden saßen, aber nicht mehr, worüber wir sprachen. Dort saßen wir die ganze Nacht über, deren Stille hin und wieder durch Stöhnen, Schluchzen, Weinen und Fluchen unterbrochen wurde.

Auch am nächsten Tag änderte sich nichts. Wir blieben, wie einige andere Häftlinge auch, sitzen, stoisch darauf wartend, dass sich die Dinge entschieden. Andere dagegen konnten nicht einen Augenblick ruhig sitzen bleiben. Die Angst vor dem Ungewissen, der starke, nicht zu unterdrückende Wunsch zu leben und dem vorbestimmten Schicksal zu entrinnen, setzte sie ständig in Bewegung. Der Druck, den die Ungewissheit erzeugte, wurde von Stunde zu Stunde stärker und verband sich mit der angestauten Spannung, die sich in den Häftlingen angesammelt hatte. Sie versetzte die einen in einen Zustand der Erstarrung. Andere, darunter auch wir drei, ließen nicht erkennen, was in ihnen vorging; wiederum andere versuchten, durch ständiges Umhergehen, Gestikulieren oder pausenloses Reden und Schreien die unerträgliche Erregung zu dämpfen. Es war die reinste Hölle.

Jean Bergmann, 1936

Auch die zweite Nacht brachte keine Erleichterung, und es kehrte keine Ruhe ein. Das Karussell des Irrsinns drehte sich immer schneller. Flüche begleiteten Aufrufe zum Widerstand, sollte man uns auf Lastwagen oder in Autobusse verfrachten. Irgendjemand riss ein Brett aus der Barackenwand, das unserer Verteidigung dienen sollte. Etwas anderes fanden wir nicht.

Schließlich wurde es Morgen, und mit ihm kam das Ende unserer Isolation. Der Lagerälteste und ein SS-Mann, der der Rapportführer war, betraten die Baracke. Letzterer befahl uns, zur Bildung von Arbeitskommandos anzutreten. Eine solche Anordnung musste nichts Böses bedeuten. Auch als der SS-Offizier und der Lagerälteste ungefähr zehn Häftlinge zur Arbeit auswählten, waren wir noch derselben Meinung. Unter den Ausgewählten waren Sigi, Teva Gläser und ich. Uns wurde befohlen, zum Hauptlager mitzukommen, wo wir einem uns unbekannten Kapo zur Verfügung stehen sollten.

Wir gingen zur Arbeit los. Am Abend wartete ich auf ein Zusammentreffen mit meinem Vater. Doch dazu kam es nicht mehr. Ich erfuhr, dass alle anderen auf Lastwagen verfrachtet und weggebracht worden waren. Zwei Tage später rief mich der polnische Jude Ignaz zu sich und gab mir die Worte des Lagerältesten weiter, nach denen alle »Ballastdammer« nach Rumbula geschafft worden wären. Nach seinen Worten habe es in einem der Lastwagen einen Aufruhr der Häftlinge gegeben. Sie hätten die Wache aus dem Lastwagen hinausgeworfen und seien während der Fahrt abgesprungen. Mein Vater habe sich dabei angeblich einen Fuß gebrochen. Alle, denen der Absprung gelungen war, wurden ergriffen und nach kurzem Verhör erschossen.

Ich weiß nicht, ob sich die Vernichtung der »Ballastdammer« so abgespielt hat oder ob das die übliche Information der »IWA« war. Allein, ich hielt den Bericht nicht für sehr glaubhaft, besonders die Details, die meinen Vater betrafen. Wer hätte sich in dieser schrecklichen Situation damit abgeben können, sich den Namen meines Vaters und seine Beziehung zu mir zu merken? Auf der anderen Seite war Ignaz, der einen hohen Posten in der Lagerhierarchie von Kaiserwald einnahm und dem jegliche Sentimentalität fremd war, als ein robuster Kapo bekannt. Weshalb sollte er mir die tragische Nachricht mit Einzelheiten ausschmücken?

Erst jetzt, genau am 20. Oktober 2004, bestätigte der Direktor des Museums »Die Juden in Lettland«, Margers Vestermanis, Ignaz' Bericht. Er stützte sich dabei auf Unterlagen eines Gerichtsprozesses in Düsseldorf, in dem festgestellt wurde, dass die Häftlinge des Lagers Ballastdamm auf dem Weg nach Rumbula wirklich einen Wachmann aus dem Wagen hinauswarfen, während der Fahrt absprangen, schließlich aber von Polizei und SS eingefangen worden seien. Das Schicksal meines Vaters wird in den Prozessunterlagen nicht erwähnt.

Viele Jahre sind vergangen. Doch mich sucht von Zeit zu Zeit immer wieder ein Traum heim. Es klopft an unserer Tür. Ich öffne sie, und auf der Schwelle steht mein Vater. Er trägt einen altmodischen Mantel und hat einen schäbigen Koffer in der Hand. Ich fordere ihn mit Gesten auf hereinzukommen. Doch er bleibt stehen und schaut mich mit prüfendem Blick an. Schweigend stehen wir uns gegenüber. Nach einiger Zeit verschwindet er. Ich aber wache mit einem Gefühl von Schuld dafür auf, dass ich nicht die passenden Worte gefunden habe, um ihn zu mir zurückzuholen.

ERINNERUNGEN AN MEINEN VATER
(31. JANUAR 1894 BIS 2. AUGUST 1944)

Ich gebe zu, dass ich einen regelrechten Kult um meinen Vater treibe. Allein, ich würde meine Gefühle ihm gegenüber hier nicht zur Sprache bringen, wüsste ich nicht, dass viele Menschen seiner Generation, die ihn gekannt haben, sowie seine Schüler, wären sie noch am Leben, meine Meinung teilten. Mein Vater war ein außergewöhnlicher Mensch und ein typischer Vertreter der jüdisch-russischen Intelligenz. Ich sage jüdisch-russisch, weil ich damit zum Ausdruck bringen will, dass mein Vater in erster Linie ein jüdischer Intellektueller war, der die besten Eigenschaften eines russischen Intellektuellen Ende des 19./Anfang des 20. Jh. in sich trug. Ich kann es mir nicht vergeben, dass ich, als wir uns im Ghetto und in Ballastdamm abends die Zeit vertrieben, die Möglichkeit nicht genutzt habe, ihn über so vieles zu befragen, was mir heute helfen würde, seine Person, seine reiche geistige Welt, besser verstehen zu können. Die dringlichsten alltäglichen Probleme, vor allem die Essensbeschaffung, ließen alles andere unwichtig erscheinen.

Den größten Teil der Angaben zur Biografie meines Vaters in den Jugendjahren habe ich den Aufzeichnungen von Vaters Bruder, Majrim Michaelovitsch Bergmann, entnommen. In Riga gab es nicht weniger als fünf Generationen Bergmann. Obwohl es den Juden in dieser Stadt, die nicht zum Ansiedlungsrayon[11] gehörte, verboten war, sich niederzulassen, lebten viele von ihnen, darunter auch die Bergmanns, in Riga. Registriert waren sie jedoch in dem kleinen Ort Schlok, später die Stadt Sloka, heute ein Teil der Stadt Jurmala, da die russische Zarin Katharina II. im Jahre 1785 erlaubt hatte, dass sich dort jeder, unabhängig vom Glaubensbekenntnis, niederlassen und Handel treiben könne. Irgendwann bekam einer von Vaters Vorfahren als Belohnung für langjährigen Dienst in der Armee des Zaren das Aufenthaltsrecht in Riga. Über Generationen hinweg schlugen sich die Bergmanns mit Mühe und Not durch. Vaters Großvater war Hausierer. Auf dem Rücken eine Kiepe tragend, in der in kleinen Kästchen Nadeln, Zwirn, Bänder, Knöpfe usw. lagen, lief er von Haus zu Haus und bot diese den Bauern zum Kauf an.

Mein Großvater väterlicherseits hatte eine für die damalige Zeit gute Ausbildung erhalten und war mit der Haskala[12] in Kontakt gekommen. Das zeigte sich z.B. in der Namensgebung für die Kinder: Vater bekam den Namen Jean, der jüngste Sohn den

11 Als Ansiedlungsrayon wurden die westlichen Gebiete des russischen Zarenreiches bezeichnet. Lt. Erlass der Zarin Katharina II. durften die Juden nur in diesen Gebieten leben.

12 Die Haskala war eine Bewegung, die für die Juden Bildungschancen ähnlich denen in Westeuropa forderte und für ihre Integration in die Gesellschaft kämpfte.

Namen Edgar, nur der mittlere Sohn erhielt den schönen jüdischen Namen Majrim. Aufgrund seiner Bildung hatte der Großvater einen entsprechenden Posten. Er war Verwalter eines Gutes im Gouvernement Pskov. Doch war er krankheitsbedingt nur selten in der Lage zu arbeiten, weshalb es der Familie schlecht ging. Mein Onkel hat in seinen Aufzeichnungen festgehalten, dass Großvater in einer Gruppe Arbeitsloser auf dem Domplatz bei der Börse stand und auf Arbeitsangebote hoffte. Mein Onkel und mein Vater hatten damals gerade von ihren Schulen eine Art Zeugnis bekommen, und Großvater hatte sie gebeten, ihm die Zeugnisse zu bringen. Voller Stolz wollte er den anderen Arbeitslosen die Schulerfolge seiner Söhne zeigen.

Mit 14 Jahren wurde mein Vater Waise. Großvater starb an seiner Lungenkrankheit. Nun lag die Sorge um die Familie auf den Schultern meines Vaters und dessen Bruder, der gerade 13 Jahre alt war. Zur Familie gehörten noch die Mutter, meine Großmutter Olga und der jüngste Bruder Edgar, Eddi. Die Brüder gaben sehr erfolgreich Nachhilfeunterricht und besuchten gleichzeitig selbst den Unterricht am Gymnasium. Nachdem Vater das Rigaer Klassische Gymnasium erfolgreich beendet hatte, beherrschte er neben der deutschen und der russischen Sprache, die er beide seit seiner Kindheit sprach, auch Französisch und Englisch, Latein und Altgriechisch. Schließlich kamen noch Lettisch und Jiddisch dazu, in diesen Sprachen unterrichtete er an den Schulen, sowie Italienisch und Polnisch. Außerdem war er ein Spezialist für Esperanto. Auch konnte er Ivrit (Althebräisch), doch wie er selbst sagte, nicht so gut, dass er sich darin fließend unterhalten könne. Nach der Schule studierten beide Brüder an der Hochschule, damals Rigaer Polytechnisches Institut, heute Staatliche Universität Lettlands. Mein Vater studierte Chemie und Wirtschaftswissenschaft, sein Bruder wurde Ingenieur. Aus einer zufällig erhaltenen Studentenzeitschrift aus dem Jahre 1915 weiß ich, dass beide Brüder um das Mädchen Klara Hauchmann warben, die sich für Vater entschied und meine Mutter wurde. Dem gegenseitigen Verhältnis zwischen den beiden Brüdern tat das aber keinen Abbruch, wie aus den Aufzeichnungen meines Onkels und aus Vaters Erzählungen über seinen Besuch bei der Familie seines Bruders 1936 in Moskau hervorgeht.

Die Ereignisse des Ersten Weltkriegs führten dazu, dass Riga 1915 von den Deutschen besetzt und das Polytechnische Institut evakuiert wurde. Es kam nach Ivano-Vosnessensk, jetzt Ivanovo, und zusammen mit dem Institut auch Vater mit seiner jungen Frau und seinem Bruder. Nur selten sprach Vater über seinen Aufenthalt in Moskau während des ersten Weltkrieges und der Sowjetzeit (1917-1920), und mir kam leider nie der Gedanke, ihn dazu zu befragen. Nur kleinere Episoden sind mir in Erinnerung geblieben. Irgendwann erzählte mein Vater, dass er 1919 für kurze Zeit mit der Leitung aller Arbeiterkantinen in Moskau betraut worden war, dort jedoch aus Mangel an Nahrungsmitteln niemand hatte verpflegt werden können. Die andere Begebenheit hängt mit dem Besuch Schaljapins in Moskau zusammen. Meine Eltern gingen lieber ins Konzert, statt das Geld für einen Laib Brot auszugeben. Und darauf waren sie stolz. Soviel ich weiß, machten das auch viele andere, obwohl sie alle entsetzlichen Hunger litten. Im Ganzen hatte Vater fünf Jahre in Russland verbracht, als er mit der Familie, aber ohne den Bruder nach Lettland zurückkehrte. Diese fünf Jahre waren für Russland eine schicksalhafte Zeit, deren Auswirkungen natürlich auch Vater zu spüren bekam. Vor der Februar-Revolution war er noch von den Ideen der

Kadetten-Partei[13] durchdrungen, und ist, wie mir scheint, diesen Ideen treu geblieben. Zumindest während seiner Zeit in Russland, aber auch noch in der sowjetischen Zeit. Ich nehme an, dass er bei der Rückkehr nach Lettland dieser Partei nahestand. Ich vermute das deshalb, weil bei uns zu Hause über lange Zeit »Die letzten Nachrichten« aus Paris abonniert waren. Diese waren das Presseorgan der Kadetten-Partei, der Partei Miljukovs. Mein Vater bemühte sich, wenn auch erfolglos, von der Jüdischen Nationaldemokratischen Partei in die Saeima, das lettische Parlament, gewählt zu werden.

Aus Moskau kehrte mein Vater als überzeugter Antikommunist nach Lettland zurück. Das zeigt seine ganze weitere gesellschaftliche Tätigkeit. Die Unterdrückung der linken Kräfte, darunter das Verbot der Kommunistischen Partei Lettlands, widersprachen allerdings seiner demokratischen Überzeugung.

Vater war kein aktiver Zionist, obwohl es unter seinen Freunden bekannte Zionisten gab. Seine Beziehung zum Zionismus beschränkte sich auf die Unterstützung des Jüdischen Nationalfonds »Keren-Kajemet«, der Geld zum Landaufkauf in Palästina sammelte. Ich vermute, dass seine Einstellung zum Zionismus eine andere geworden wäre, falls er den Krieg überlebt hätte. Was er durchgemacht hatte, hätte ihn zum aktiven Aufbau des Staates Israel bewogen.

Obwohl er seine Studien an der Wirtschaftswissenschaftlichen Fakultät beendete, hat er niemals als Ökonom gearbeitet. All die Jahre bis zum Einfall der Nationalsozialisten in Lettland arbeitete er im Bildungs- und Journalismus-Sektor. Er unterrichtete an verschiedenen jüdischen Schulen Latein und Wirtschaftsgeografie. Im Schuljahr 1940/41 lehrte er an der Staatsuniversität Lettlands Literatur und russische Sprache. Von 1935 bis zum Einfall der sowjetischen Truppen in Lettland am 17. Juni 1940 war er Direktor am Rigaer Jüdischen Allgemeinen Gymnasium.

Über Vaters Arbeit als Journalist bin ich nur bruchstückhaft informiert. So habe ich in meiner Erinnerung nur seine Erzählung darüber, dass sein Onkel Josif, ein Bauunternehmer, in den 20er Jahren ein großes Haus in der Jesusbasnicas iela 11 gebaut hatte. Onkel Josif habe ihn daraufhin gebeten, eine Anzeige des Inhalts in die Zeitung zu setzen, dass das Haus bald bezugsfertig wäre und prächtige Wohnungen zu günstigen Mieten zu haben seien. Der Onkel wollte nicht einsehen, dass die Erfüllung einer solchen Bitte nicht mit dem Gewissen eines Journalisten zu vereinbaren war. In den 30er Jahren arbeitete Vater bei der Zeitung »Europa-Ost«, die jedoch bald wegen ihrer fortschrittlichen Richtung gezwungen war, ihr Erscheinen einzustellen. Ich kann mich erinnern, wie ich über einen Artikel lachen musste, den Vater für den Feuilleton-Teil einer Zeitung geschrieben hatte. Doch weiß ich leider nicht mehr, für welche. Vater besaß einen großartigen Humor und konnte auch über sich selbst lachen.

Viel Zeit widmete er der außerschulischen Bildung. Zusammen mit anderen Vertretern der jüdischen Intelligenz schuf er die »Jüdische Polytechnische Gesellschaft«, welche die Absolventen des Rigaer Polytechnischen Instituts und anderer Hochschulen vereinigte. Auch nahm er aktiv an der Arbeit der »Jüdischen Gesellschaft für Bil-

13 Das Wort Kadetten kommt von der russischen Abkürzung »kadety« für Partei der konstitutionellen Demokraten.

Olga Bergmann, 1925

Jean Bergmann, 1924

dung und Aufklärung« teil. Diese Gesellschaft führte auch im unabhängigen Lettland die Tradition des Rigaer Zweigs der »Gesellschaft für die Verbreitung von Bildung unter den Juden Russlands« weiter. Ich bin überzeugt, dass beide Organisationen den politischen Ansichten meines Vaters, die auf eine Stärkung der jüdischen kulturellen Autonomie hinausliefen, entsprachen.

Klara Bergmann, 1921

Vater beteiligte sich mit dem in Lettland sehr bekannten Juristen Paul Minz an der Gründung der Jüdischen Nationaldemokratischen Partei. Oberstes Ziel der Partei war die Verbreitung von Bildung unter den Juden. Die Partei stellte meinen Vater 1933 als Kandidaten für die Deputierten der letzten Vorkriegs-Saeima auf, doch erhielt seine Liste nicht die notwendige Anzahl der Stimmen.

Ganz besonders möchte ich Vaters Freundschaft mit dem weltbekannten Historiker Simon Markovitsch Dubnov erwähnen, den ich einmal gemeinsam mit meinem Vater in seinem Haus in Mežhaparks besuchte. Ich denke, dass die beiden nicht nur eine persönliche Freundschaft verband, sondern sie hatten vor allem die gleichen Ansichten zu den Problemen der Juden in der Diaspora.

Ende des 19. Jh. hatte Paul Minz mit Gleichdenkenden sogenannte Herrenabende eingerichtet, auf denen existentielle, die Juden betreffende Fragen unterschiedlichster Art und auch allgemeine politische Probleme erörtert werden sollten. An diesen Abenden nahm auch Lejb Schalit teil, ein bekannter Rigenser Holzfabrikant und Person des öffentlichen Lebens. Mein Vater hat an diesen Abenden natürlich nicht teilgenommen. Er war fast 30 Jahre jünger als Minz und gerade erst einmal geboren worden, als diese Abende Tradition wurden. Aber auch 40 Jahre später gab es diese Abende noch, und es nahmen nun Vertreter der nächsten Generation an diesen Treffen teil. Die Abende fanden reihum bei einem jeden von ihnen statt. Alle sechs Monate waren sie bei uns, und das war immer ein aufregender Tag. Mutter bereitete für die Gäste das Abendessen. Mit Ausnahme Vaters, der keinen Alkohol trank, stand für alle eine Karaffe mit Wodka auf dem Tisch. Einschließlich unserer Mutter wurden wir von Vater gegen Abend gebeten, das Haus zu verlassen. Die zwölf Teilnehmer der Runde gehörten der Elite der jüdischen Intelligenz Rigas an. Meiner Erinnerung nach gehörten dazu Tuvje Schalit, Sohn des Lejb Schalit, Fritz Berner und Boris Zivijan, der beste Freund meines Vaters.

Raisa Liebmann, 1921

Meine ersten Erinnerungen an meinen Vater reichen in das Jahr 1928 zurück, als ich drei Jahre alt war. Vaters kräftige Arme hoben mich aus der eisernen Wanne hoch, wickelten mich in ein Badetuch ein und trugen mich ins Bett, wo mich damals immer eine Buchweizengrütze mit Milch und Zucker erwartete. Die zweite Erinnerung hängt auch mit dem Baden zusammen. Ich war jetzt schon vier Jahre alt. Der Ort der Handlung war der Baderaum, der in der Puschkin iela, in der Moskauer Vorstadt gegenüber unserer Wohnung lag. Vater bearbeitete meinen älteren Bruder und mich mit einer Bürste, von der es später hieß, dass sie eigentlich zum Striegeln von Pferden gedacht war. Nach dieser Tortur war meine Haut ganz rot, und der Schmerz ließ mich laut aufkreischen. Doch nachdem alles überstanden war, fühlte ich mich wie neugeboren. Dieser Vorgang wiederholte sich jeden Freitag, an dem ich ein Wechselbad der Gefühle durchlebte: vor dem Baden die Angst vor dem kommenden Schmerz, im Bad die verdammte Bürste, welche die Schmerzen hervorrief, nach dem Baden aber ein wunderbares, wohliges Gefühl. Vor und während des Badens mochte ich Vater nicht. Aber danach, je mehr der Schmerz vom Bürsten nachließ, empfand ich ein starkes Gefühl der Liebe für ihn.

In diese Zeit fällt auch der einzige Versuch meines Vaters, unsere materielle Lage zu verbessern. Er wollte ins Geschäftsleben einsteigen. Auf einer Reise nach Estland hatte er ein Spiel kennen gelernt, das dort »Korona« genannt wurde. Er plante, es auch in Lettland publik zu machen, und dachte sich einen anderen Namen für das Spiel aus. Es sollte »Novus« heißen. Mit Raisa Alexandrovna Liebmann organisierte er dessen Herstellung. In unserer Wohnung gab es nun ein ganzes Lager von Billardstöcken, Pucks und Spielbrettern. Ich kann mir auch heute noch nicht erklären, warum aus dieser Sache nichts wurde, gerade auch deswegen, weil dieses Spiel in Lettland bald große, bis heute bestehende Popularität genoss. Anscheinend waren weder Vater noch Frau Liebmann gute Geschäftsleute.

Im Jahre 1933 zogen wir in eine neue Wohnung in der Elizabetes iela 39. Ich war nun schon acht Jahre alt, und meine Bindung zu Vater wurde enger und war nicht mehr so sehr von kindlicher Bewunderung und Abhängigkeit geprägt. Rückblickend muss ich sagen, dass mein Vater über ein bemerkenswertes pädagogisches Talent verfügte. Ohne dass wir es groß merkten, flößte er uns die Freude an der russischen und auch der deutschen Literatur und der darstellenden Kunst ein. Wir gingen viel durch Riga spazieren, wobei er uns über die Baustile aufklärte, worin er sich gut auskannte. Auch war er sehr sportlich und achtete darauf, dass auch wir Sport trieben. Von klein auf war das Heizen einzig und allein unsere Aufgabe. Er kaufte mit uns nur das Holz, alles Übrige, Sägen, Hacken, das Holz herbeibringen und Heizen, war unsere Sache. Die Wohnung hatte sechs Zimmer sowie eine Kochstelle und einen Badeofen.

Jean Bergmann, 1926

Als der Krieg kam und mit ihm die deutsche Besatzung Rigas, waren wir bereits an körperliche Arbeit gewöhnt, konnten mit einem Hammer und einer Feile umgehen und sägen. Vater, der selbst ein guter Tennis- und Volleyball-Spieler war, hielt uns auf die unterschiedlichste Art an, Sport zu treiben. Wenn er auch über ein geringes Einkommen verfügte, so verlebten wir doch den Sommer immer am Meer und mieteten eine Datscha in Jaundubulti, die wir manchmal erst am Ende der Saison, manchmal auch erst zu Beginn des nächsten Frühlings bezahlen konnten. Vater hatte den größten Teil des Sommers frei und verbrachte die Zeit mit uns zusammen. Gemeinsam gingen wir Beeren und Pilze sammeln, fischen und baden.

Viele unserer Bekannten und Freunde lebten im Sommer in Jaundubulti. Mit ihnen waren wir viel zusammen, sodass Vater beschloss, gemeinsam eine Exkursion durch Lettland zu machen. So wurde ein Lastwagen gemietet, Bänke wurden gezimmert und auf der Ladefläche angebracht. Auf diese etwas primitive Weise machten wir uns jedes Jahr zu einer mehrtägigen Reise in die wunderschönen Gegenden Kurlands, Livlands und Lettgallens auf. Im Jahre 1939 plante er mit diesem Lastwagen auch noch eine Reise nach Italien, doch brachte der deutsche Überfall auf Polen alle Pläne durcheinander, sodass Vaters jahrelanger Traum unerfüllt blieb. Noch immer habe ich das folgende Bild vor Augen: Vater sitzt am Schreibtisch in seinem Arbeitszimmer und lernt Italienisch. Ich bin damals acht Jahr alt. Leise pirsche ich mich an ihn heran und klettere auf die Rückenlehne des Sessels, umarme ihn mit beiden Armen und gucke über seinen Kopf hinweg auf sein Buch. Vater legt es weg, nimmt ein Buch mit Bildern von Werken Michelangelos vom Tisch und erklärt mir die darin abgebildeten Skulpturen und Fresken.

Klara und Jean Bergmann, 1936

67 Jahre sind nach der ersten Exkursion vergangen, und die Freundschaften unter den Mitreisenden von damals bestehen immer noch. Vater hatte die Gabe, Menschen zusammenzubringen.

Trotz aller Vertrautheit waren wir weit davon entfernt, ein kumpelhaftes Verhältnis zu unserem Vater zu haben. Zwischen uns herrschte eine bestimmte Distanz. Wenn er aus irgendeinem Grund mit uns unzufrieden war, sorgte bereits das Hochziehen seiner Augenbrauen bei uns für große Verwirrung. Dabei war Vater natürlich auch klar, dass drei Jungen mit ihren Freunden zusammen für einen entsprechenden Lärmpegel sorgten, gegen den oft nicht anzukommen war. Seinen Mittagsschlaf verrichtete er daher nicht im Schlafzimmer, das ans Kinderzimmer grenzte, sondern im Badezimmer, das sich am anderen Ende der Wohnung befand. Dort legte er sich dann mit dem nach außen gewendeten Pelz seines Mantels auf eine Bank.

Einen großen Teil der Zeit, die nicht mit seiner Arbeit in der Schule verbunden war, verbrachte mein Vater an seinem Schreibtisch im Arbeitszimmer. Die ganze Zeit war er dort mit seinen Studien beschäftigt. Ständig lag auf dem Tisch Goethes Faust, den er genau studiert und nicht einfach nur gelesen hatte. Er hatte in der Tat ein breites Interessenspektrum. Angefangen bei der Kunst bis hin zur Astronomie und der Kunstsprache Esperanto.

Vater war der geborene Pädagoge, der nicht nur die Persönlichkeitsentwicklung seiner Schüler nach vielen Seiten förderte, sondern in erster Linie eine Pädagogik des

Guten betrieb. Als zukünftiger Direktor der Schule sammelte er Mitstreiter um sich, von denen ich besonders die Lehrer für Latein, Frau Kruglevskaja, für Deutsch, Herrn Dr. Lifschitz, für Mathematik, Herrn Michelovitsch, für Geschichte, Herrn Pisetzki, für Physik, Herrn Belenki, für Englisch und Ivrit das Ehepaar Itkin, für Chemie, Frau Falkova, und für Sport, Herrn Schver, nennen möchte. Diese Schule zeichnete sich dadurch aus, dass man nachmittags Arbeitgemeinschaften in Chemie, Geschichte, Sport und anderem besuchen konnte.

Die von Vater geleitete Schule hatte wegen ihres kurzen Bestehens noch keine Traditionen entwickelt. Doch war schon so etwas wie eine Schülerselbstverwaltung eingeführt worden. Die Schule war eine Privateinrichtung, aber gleichzeitig auch eine öffentliche Schule und von wohlhabenden Juden finanziert, deren pädagogische Ansichten nicht unbedingt mit denen Vaters zusammenfielen. Ständig musste er im Vorstand für seine Ansichten kämpfen, wobei er nicht immer erfolgreich war. Einmal musste er sogar mit seiner Kündigung drohen.

Obwohl die Schüler meinen Vater sehr verehrten, machten sie über seine Zerstreutheit doch ihre kleinen Scherze. Dazu gibt es die lustige, wenn auch ausgedachte Geschichte, dass mich mein Vater, als er sich wegen eines Verstoßes meinerseits geärgert hatte, nach Hause schickte und befahl, am nächsten Tag mit meinen Eltern in der Schule zu erscheinen. Vater war gegen das Rauchen in der Schule, auch unter den Lehrern, denen das Rauchen im Lehrerzimmer verboten wurde. Doch die Schüler der oberen Klassen, zu denen auch ich gehörte, rauchten, wie es sich gehörte, auf der Toilette. Wenn er den Rauch bemerkte, kam er zur Toilettentür, klopfte und fragte, ob da jemand sei. War die Antwort »Nein«, sagte Vater, der mit seinen Gedanken ganz woanders war: »Nun, dann ist ja alles in Ordnung.«

Gleich nach der sowjetischen Besetzung Lettlands am 17. Juni 1940 wurde Vater seines Postens als Direktor enthoben und an seine Stelle ein Parteimitglied gesetzt. In Lettland hatten wir jetzt eine sowjetische Regierung. Vater machte sich auf Unterdrückung gefasst, doch war er davon nicht betroffen. Als am 14. Juni 1941 sowjetische Behörden unliebsame Personen nach Sibirien deportieren ließen, war Vater nicht darunter. Doch der Leiter seiner Partei, Paul Minz, gehörte dazu. Am nächsten Tag fertigte mein Vater für die ganze Familie Rucksäcke an, die jedoch nicht benötigt wurden. Nach dem Krieg wurde uns klar, dass ein großer Teil der nach Sibirien Deportierten dort den Krieg überlebte und dadurch vor dem Holocaust gerettet wurde. Wir stellten aber auch fest, dass so manche von ihnen in den sibirischen Lagern zugrunde gegangen waren.

Vom ersten Tag des Einmarsches der Deutschen in Riga an verschwand das Lachen aus Vaters Gesicht. Er, über den ein anderer Direktor scherzte, dass man in seiner Anwesenheit im Lehrerkollegium nicht eine einzige wichtige Frage ernsthaft besprechen könne, weil er alle zum Lachen brächte, wurde jetzt schweigsam und ging in trübe Gedanken versunken umher.

Der erste Schlag kam, als man seinen von ihm sehr geliebten Schwiegervater festnahm. Obwohl Vater seine gewöhnlichen Aktivitäten nicht aufgab, sich wie früher um seine Familie und um die der Großmutter kümmerte, tat er das jetzt wie mechanisch, ohne sein gewohntes warmes Lachen. Der Verlust der Frau des jüngsten Sohnes wie auch der anderen Verwandten zerbrach ihn physisch. Er wurde schmal, magerte ab und alterte. Ich glaube, dass ihn neben diesen schweren Verlusten das Schuldbewusstsein gegenüber seinen Nächsten, in der Stunde ihres Todes nicht bei ihnen gewesen zu sein, quälte. Ich glaube nicht, dass sein Selbsterhaltungstrieb der Grund dafür gewesen ist. Das hätte nicht zu ihm gepasst. Viel eher glaube ich, dass er in den wenigen Jahren, die noch vor ihm lagen und in denen er sich mir gegenüber nicht geöffnet und mitgeteilt hat, sehr gelitten haben muss.

WIEDER IM KZ KAISERWALD

2. AUGUST BIS 26. SEPTEMBER 1944

Das Lager Kaiserwald unterschied sich im August 1944 stark von dem Lager, das wir von früher kannten. Das Leben im Sommer 1943 war für die Häftlinge im Lager die Hölle gewesen. Jetzt lief alles langsamer ab, und es kam seltener zu Prügeleien, doch trieb die Spannung, unter der die Häftlinge litten, langsam einem Höhepunkt entgegen. Die Häftlinge mussten sich nicht nur auf die ihnen bereits bekannten Brutalitäten einstellen, sondern erwarteten jetzt auch ihr unausweichliches Ende. Dessen Vorboten sahen sie zum einen in der Ermordung fast aller Neuankömmlinge aus Ballastdamm, aber auch in den Selektionen, wie sie in Strasdenhof, einem Nebenlager vom Kaiserwald, durchgeführt wurden. Dort waren Hunderte älterer Häftlinge ermordet worden. In Strasdenhof befand sich auch mein Bruder Mika. An vielen anderen Orten Lettlands wurde die »europäische Judenfrage« in ähnlicher Weise gelöst.

Die Anspannung unter uns Häftlingen wuchs auch deshalb, weil wir trotz der Isolation, in der wir lebten, mitbekamen, dass die sowjetischen Truppen bereits nahe bei Riga standen. Wir hofften auf die Befreiung, sagten uns aber auch, dass die Deutschen uns nicht lebendig zurücklassen würden. Schon in der Zeit meines ersten Aufenthalts im Kaiserwald im Sommer 1943 hatte ich den Eindruck gewonnen, dass den SS-Männern langsam klar wurde, dass der Krieg für Deutschland bereits verloren war. Zwei Ereignisse ließen mich zu dieser Einschätzung kommen. Einmal war es die Schlacht am Kursker Bogen, nach der die deutschen Truppen sich zurückziehen mussten und zu erfolgreichen Offensiven nicht mehr in der Lage waren. Der zweite Grund für meine Annahme war die Zusammenstellung eines Arbeitskommandos im Lager mit der Bezeichnung »Stützpunkt«. Dieses Kommando hatte die Aufgabe, in Rumbula Zehntausende von Leichen auszugraben und dann zu verbrennen. Die Arbeit des Ausgrabens und Verbrennens dauerte in der Regel eine Woche. Danach wurden dann die Arbeiter ermordet und ebenfalls verbrannt. War das erledigt, wurde ein neues Kommando gebildet, um die Arbeit in Rumbula fortzusetzen. Für die Auswahl zu dieser tödlichen Arbeit war das Beachten des seinerzeit von Eilsinger genannten Ersten Gebotes »Du sollst nicht auffallen«, von größter Bedeutung. Einmal in der Woche rief der Rapportführer beim Abendappell Nummern von Häftlingen auf, die gegen dieses Erste Gebot verstoßen hatten, und erklärte, dass sie sich am nächsten Morgen zum Abmarsch zu einer neuen Arbeit aufzustellen hätten. Ins KZ kehrten sie nicht mehr zurück. Niemand sah sie je wieder. Uns war klar, dass sie nach Rumbula gebracht worden waren.

Diese Arbeiten in Rumbula hatten das Ziel, die Spuren der Verbrechen zu tilgen. Solange die SS-Männer noch vom siegreichen Ausgang des Krieges überzeugt waren, machten sie sich offensichtlich keine Gedanken darüber, dass sie Spuren ihrer Verbrechen hinterlassen würden. Hatte ihnen doch Hitler ein »Tausendjähriges Reich« versprochen. Als sich Fortuna jedoch von den Deutschen abwandte, wurde die Spurenbeseitigung zu einer wichtigen Frage. Bei meinem erneuten Aufenthalt im Kaiserwald gab es das Kommando »Stützpunkt« noch, und es war völlig klar, dass die SS, wenn sie schon die Überreste der Ermordeten beseitigte, in keinem Falle lebende Zeugen ihrer Verbrechen zurücklassen würde.

Es war noch 1943, als der Rapportführer beim Abendappell einmal den gewohnten Vorgang bei der Auswahl der Häftlinge für das Kommando »Stützpunkt« abänderte. Die Frage nach dem Warum, ob er vielleicht nicht genügend Leute zusammen oder die Liste mit den Nummern verlegt hatte, ist dabei nicht so wichtig, denn wir waren alle angetreten. Er ging also auf unseren Block zu, wo wir in einer Kolonne zu fünf Personen angetreten waren, betrachtete den ganzen Block und bewegte sich auf die Reihe zu, in der ich im ersten Glied stand. Dann befahl er dem Blockältesten, die Nummern der Häftlinge in den Reihen, die sich direkt links und rechts neben mir befanden, aufzuschreiben. Das bedeutete das Todesurteil für nicht weniger als 10 Häftlinge. Denn wie wir am nächsten Tag erfuhren, waren sie für das Kommando »Stützpunkt« in Rumbula bestimmt worden. Welche Überlegungen der Rapportführer anstellte, als er meine Reihe übersprang, wusste ich damals nicht und weiß es auch heute nicht. Ich war nur froh, dass der Kelch an diesem Tag an mir vorbeigegangen war. An etwas anderes konnte ich in dem Moment nicht denken. Trauer um das Schicksal etlicher meiner Kameraden konnte ich nicht empfinden, so gefühllos hatte mich diese Zeit schon gemacht. Heute sind sie dran, morgen ich, wo sollte ich da noch Mitgefühl hernehmen?

Ich habe meine Kameraden nicht mit eigenen Augen bei der Arbeit in Rumbula gesehen. Ich habe nicht gesehen, wie sie die Gruben aushoben, die Scheiterhaufen anzündeten und die Leichen hineinwarfen. Ich war auch nicht dabei, als sie selbst nach getaner Arbeit ermordet wurden, d.h. ich war formell kein Augenzeuge. Und trotzdem habe ich sehr viele Details dieser schrecklichen Untaten gesehen, beobachtet und davon gehört. Ich habe gesehen, wie im Lager die Nummern der Unglücklichen, die sich etwas hatten »zuschulden« kommen lassen, aufgeschrieben wurden. Ich habe gehört, wie ihre Nummern beim Appell aufgerufen wurden. Und ich habe beobachtet, wie sie am folgenden Tag auf den Lastwagen verfrachtet wurden und wie dieses Auto nach eineinhalb Stunden leer ins Lager zurückkehrte. Mir und anderen Häftlingen wurde vom Blockältesten die Überstellung ins Kommando »Stützpunkt« angedroht, wobei er detailliert erzählte, was darunter zu verstehen sei. Ich wusste zuverlässig, dass niemand von diesen Unglücklichen je wieder ins Lager zurückgekehrt war. Und schließlich habe ich Rumbula schon bald nach dem Krieg im damaligen Zustand gesehen und mit dem Spaten in der Hand an der Gestaltung der Gräber teilgenommen.

Es ist klar, dass ich, wäre ich Augenzeuge der Arbeiten und der Vernichtung eines der vielen Kommandos »Stützpunkt« gewesen, hier nicht meine Aufzeichnungen machen könnte, weil ich dann gar nicht mehr am Leben wäre. Die Nazis ließen keine Zeugen ihrer Gräueltaten zurück, insbesondere dann, wenn sie Juden waren. Darauf baute man später auch bestimmte Verteidigungsstrategien auf. Um den Rapportführer beschuldigen zu können, am Massenmord an den Häftlingen dadurch mitverantwortlich gewesen zu sein, dass er sie in die Liste für das Kommando »Stützpunkt« aufnahm, würde der Richter meine Aussage nicht ernst nehmen. Er würde Augenzeugen fordern, die persönlich gesehen hatten, wie der Rapportführer selbst dem Häftling die Mündung der Pistole an die Schläfe gesetzt und abgedrückt hat.

Oft wurde ich bei meinen Vorträgen gefragt, wie ich mir die Tatsache erklären könne, dass der Tod mehrmals hautnah an mir vorübergegangen sei, während um mich herum Häftlinge umkamen. Dabei kam die Ermordung der »Ballastdammer« zur Sprache und der erwähnte Vorfall, als die Reihen links und rechts von mir nach Rumbula ins Todeskommando geschickt wurden. Daneben gab es noch einen Fall, über den ich aber im Zusammenhang mit Stutthoff berichten werde.

In der Regel haben die Fragenden schon eine Antwort parat. Sind es gläubige Leute, schauen sie mir tief in die Augen und erwarten von mir eine Bestätigung ihrer Erklärung, die sie entweder einen »Fingerzeig Gottes« oder »Vorsehung« nennen. Ich streite mit ihnen gewöhnlich nicht, sondern sage nur, dass ich mir dieses Phänomen anders erkläre. Wieder andere nennen es »Schicksal«, sagen aber nicht, was das Schicksal für mich vorherbestimmt hätte. Manche Leute fragen mich, ob ich nicht einfach nur ein Glückspilz sei. Ich bin zeit meines Lebens ein Anhänger der rationalistischen Philosophie gewesen. Jede einzelne Episode, in der es gelang, dem eigentlich unentrinnbaren Tod zu entkommen, erkläre ich hauptsächlich durch Zufall. Diese Zufälle kann meiner Meinung nach jeder Jude anführen, der die Vernichtungsaktionen der Nazis und ihrer Helfershelfer während des Krieges überlebt hat. Etwas anderes ist es, wenn man mich fragt, wie es mir überhaupt gelungen ist, den Krieg zu überleben. Auf eine solche Frage, egal ob der Fragende aufrichtiges Mitgefühl zeigt oder mich vielleicht sogar der Zusammenarbeit mit den deutschen Besatzern verdächtigt, gebe ich eine detailliertere Antwort.

Ich will die Bedeutung des Zufalls nicht unterschätzen, doch bin ich der Meinung, dass auch folgende Faktoren eine Rolle spielten: Mein jugendliches Alter, meine Gesundheit und die Gewöhnung an körperliche Arbeit von früher Kindheit an. Dazu kam, dass der Druck von außen, zuerst im Ghetto, dann im KZ, nur allmählich und nicht mit einem Schlag stärker wurde. Auch der Aufenthalt in den Lagern unter unerträglichen Existenzbedingungen im Laufe kurzer Zeit und die Zusammenstöße zwischen den verschiedenen deutschen Organisationen spielten dabei eine Rolle, wobei die SS uns sofort ermorden wollte, während die anderen Behörden uns zwar auch vernichten, doch vorher erst noch unsere Arbeitskraft weitestgehend ausnutzen wollten. Den wichtigsten Faktor stellte aber der Umstand dar, dass Deutschland im Begriff war, den Krieg zu verlieren. Für mich war der Sieger die Rote Armee, obwohl ich eigentlich durch die Amerikaner befreit wurde. Meine mehrmalige Befreiung beschreibe ich in den folgenden Kapiteln.

Den Ausschlag aber gab bei allem meine Fähigkeit, mich den schrecklichen Lebensbedingungen bis zu einem gewissen Grad anpassen zu können. Auch meine schnelle Auffassungsgabe spielte eine Rolle. Wenn ich meine taktische Weitsicht und mein besonnenes Vorgehen betrachte, war die Zeit des Krieges eine Sternstunde für mich. Das sind sicher nicht alle Gründe für mein Überleben, doch für mich sind sie die wichtigsten.

Wie schon erwähnt, verlief das Leben im »Kaiserwald«, als ich zum zweiten Mal dorthin kam, langsam, ja ich möchte sogar sagen, träge. Der Grund für die Deutschen war sicher die Lage an den Fronten im Allgemeinen und das Nahen der Roten Armee im Besonderen. Das Verhalten der SS-Männer ließ das nur schwer erkennen. Sie verhielten sich so, als wäre für sie alles in schönster Ordnung. Doch ihre Kollaborateure unter den Häftlingen, die Blockältesten, die Stubendienste und das ganze übrige Gesindel, fingen langsam an, über die Zukunft nachzudenken. Und wir hatten ja seit Jahren mit ihnen zu tun. Denn sie waren es, die uns mit wahrem Feuereifer, wenn auch auf Befehl der Deutschen, im Jahre 1943 das Leben zur Hölle gemacht hatten. Jetzt hatten sie allen Grund, nachdenklich zu werden. Auf der einen Seite waren auch sie nichts anderes als Häftlinge, und es konnte für sie keine Sicherheit in der Frage geben, ob die SS nicht auch sie in der entscheidenden Stunde gemeinsam mit uns vernichten würde. Andererseits wartete auf sie die unausweichliche Rache der gewöhnlichen Häftlinge - falls wir überlebten. Daher legten sie nicht mehr solchen Eifer an den Tag, wenn sie, wie in der Zeit davor, die Befehle der Deutschen ausführten.

Es gab noch einen anderen Grund für die Veränderung des Klimas im Kaiserwald, den ich selber nicht beobachten konnte, worüber mir aber Häftlinge, die im »Kaiserwald« geblieben waren, berichtet haben.

Im Herbst 1943 kam ein großer Transport mit Frauen aus Vilnius nach »Kaiserwald«. Darunter waren viele junge Mädchen. Besonders deren Anwesenheit veränderte nach den Berichten der Häftlinge die Atmosphäre im Lager noch vor dem Herannahen der Roten Armee. Man kann sich nur schwer vorstellen, wie sich das abgespielt haben soll, doch kennen wir den positiven Einfluss von Frauen auf die Männer und müssen das nicht erst beweisen. Ich meine das nicht nur im Hinblick auf die SS und ihre Mordbuben, sondern denke auch an die untergeordneten Kapos und Stubendienste, die noch nicht jegliche Menschlichkeit verloren hatten.

Alle diese Veränderungen im Lagerleben nahm ich unmittelbar nach der Selektion wahr, die mich im Unterschied zu den für Rumbula Bestimmten vorübergehend bei den Überlebenden zurückließ. Den Schmerz um den Verlust meines Vaters hatte ich tief in meiner Brust vergraben, ich hatte keine Zeit zu trauern, sondern musste mich neu einrichten.

Wonach fragt denn schon der Häftling, wenn er von Neuem im alten Lager angekommen ist und gemerkt hat, dass der Lagerkommandant der frühere Lump, der Blockälteste ein Sadist ist? Mit dem Stubendienst wird man sich schon einigen können, wenn man ihn mit dem, was man bei der Arbeit hat »organisieren« können, bestechen kann. Danach fragt er sich natürlich, wie die Sache mit der Achile, mit dem Essen, steht. Und erst wenn diese Frage geklärt ist, kommt die nächste: Wie es gelingen wird, sich einen günstigen Arbeitsplatz, an dem es möglich ist, etwas zu organisieren, zu sichern. Was das Essen betraf, unterschied sich die Brotration nicht von der, die 1943 im Lager ausgegeben worden war. Nur die Suppe war jetzt eindeutig besser, und mit der Arbeit ließ es sich bestens regeln. Wie der größte Teil der Neuankömmlinge wurde auch ich zum Entladen der Schiffe in den Hafen abkommandiert.

Unter den ins Hauptlager neu Hinzugekommenen war auch mein Bruder Mika, der die schreckliche Selektion in Strasdenhof überlebt hatte. Dort hatten sie nach seinen Worten alle, die jünger als 18 und älter als 30 Jahre waren, umgebracht. Ich teilte Mika die traurige Nachricht vom Tode unseres Vaters mit.

Mein Bruder ist nach langer Krankheit im August 2003 mit 82 Jahren gestorben. Mit ihm ist das letzte Glied verschwunden, das mich mit meiner Kindheit und mit den Ereignissen verbunden hat, die auf diesen Seiten beschrieben werden. Wir waren uns sehr nahe und vertrauten einander vollkommen. Bis zum Ende meines Lebens wird mir seine Herzenswärme fehlen, seine Bereitschaft, in schwierigen Situationen zu helfen, und sein strahlender, wunderbarer Humor.

Wir waren einander nicht immer so eng verbunden. In der Kindheit, während des Krieges und auch noch in den ersten Nachkriegsjahren verstanden wir uns nicht besonders gut. An wem es nun lag, wer von uns beiden schuld daran war, spielt jetzt keine Rolle mehr. Ich sage das nur, weil offenbar die Konkurrenz zwischen dem älteren und dem jüngeren Bruder ein wichtiger Grund für unsere weniger gute Beziehung war. Das änderte sich erst 1947, als jeder von uns heiratete. Für das Verständnis einiger Ereignisse, von denen ich zum Schluss erzählen werde, ist das nicht unwichtig.

Der Grund für die Abkommandierung des größten Teils der Häftlinge zur Arbeit in den Hafen war die militärische Lage. Die Deutschen mussten sich aus Tallinn zurückziehen, und Riga wurde nun zum Umschlagplatz für alles, was sie abtransportieren wollten. Die Arbeit war sehr schwer. Wir mussten im Laufschritt an Seilwinden hochgezogene Zementsäcke wegschaffen, und zwar zwei gleichzeitig unter den Armen, so als wären es Aktentaschen. Dabei wog jeder Sack 50 kg. Oder es waren Säcke mit Zucker zu 100 kg. Ich entsinne mich, dass ich mir beinahe den Halswirbel brach, als ich, ungeübt wie ich war, den Sack über den Kopf hochnahm und er dabei auf das Brettergerüst zur Erde fiel. Wir arbeiteten abwechselnd. Am Tage wir, in der Nacht die Kriegsgefangenen, denen die Deutschen anscheinend mehr vertrauten. Es war eine schwere Arbeit, aber gleichzeitig nicht unvorteilhaft. Die Deutschen beluden die Schiffe ganz offensichtlich in großer Eile. In dem einen oder anderen Laderaum waren sowohl Zement wie auch Schachteln mit dem weltweit bekannten französischen Parfüm »Coty«.

Die Kriegsgefangenen, die wussten, dass sie nach dem Ausladen der Parfümerie-Artikel durchsucht werden würden, rissen die Kisten mit den Schachteln auf und versteckten diese dann in den aufgerissenen Zementsäcken. Danach kamen wir als Ablösung und fanden die Schachteln in den Zementsäcken. Wir wurden nicht überprüft, weil wir ja nur Zement ausluden. Doch wir trauten uns trotzdem nicht, diese Schachteln zu behalten. Obwohl ich von diesen Düften ganz begeistert war, sagte ich mir doch, dass es äußerst leichtsinnig wäre, sie ins Lager zu bringen. Eine absurdere Situation kann man sich kaum vorstellen: Ein verlauster Häftling duftet nach Männerparfüm. Ich wusste außerdem, dass sich der Duft von »Coty« lange hielt. Der SS-Mann brauchte nur einmal kurz zu schnuppern, und ich wäre sofort erledigt. Mit dem Parfüm den Stubendienst zu bestechen, um damit eine bessere Behandlung zu erreichen, kam aus denselben Erwägungen nicht infrage, da er mich sofort verraten würde.

Zum Glück war in den Laderäumen der Schiffe nicht nur Parfüm. Irgendwie bekamen wir mit, dass dort eine große Menge von Schaftstiefeln lag. Kaum hatte ich das erfahren, machte ich mich an die Beschaffung neuer Stiefel. Sie sollten die elenden Holzpantinen ersetzen, in denen die Fußlappen beim Laufen ständig hin und her rutschten. Darüber hinaus erinnerte ich mich an das zweite Gebot von Filsinger. Zu meiner Überraschung waren die ersten Stiefel, die ich fand, nicht eingefärbt. Mir war klar, was mich erwartete, wenn ich mit gelben Stiefeln im Lager gesehen würde. So stöberte ich weiter im Stiefellager herum, bis ich Stiefel von schwarzer Farbe fand. Meine Freude war unbeschreiblich. Mit zitternden Händen zog ich das Paar mit meiner Größe hervor und lief zu einer ruhigen Stelle, um meinen »organisierten« Schatz anzuprobieren. Doch meine Freude verwandelte sich schnell in bittere Enttäuschung. Ich hatte zwar gesehen, dass die Stiefel einen festen Schaft hatten, hatte mir aber nicht vorstellen können, dass mir bei meiner mittleren Größe und der entsprechenden Beinlänge die Stiefelschafte bis über die Knie reichen würden und ich in solchen Stiefeln wie ein Reiher mit steifen Knien laufen müsste.

Wenn es mir erst einmal gelänge, die Stiefel ins Lager zu bringen, würde mir schon eine Lösung einfallen. Ein mir bekannter Schuster könnte die Schäfte abschneiden, oder ich könnte die Stiefel gegen andere eintauschen. Aber die Stiefel ins Lager zu bringen, ohne sie an den Füßen zu tragen, war unmöglich. Das konnte mich das Leben kosten. Und als erfahrener Häftling hing ich doch am Leben.

Aber es gab auch Glücksmomente. Die Schiffe, die wir entluden, hatten nur eine geringe Tonnage und wurden daher oft durch andere ersetzt. Immer häufiger gelangten Ladungen mit Lebensmitteln zu uns, und wir nutzten daher die Gelegenheit, uns satt zu essen. Das ging so weit, dass wir die Suppe, die wir aus dem Lager bekamen, nicht mehr anrührten. Sie wieder mit zurück ins Lager zu bringen, war unmöglich. Das würde den Verdacht erregen, dass da etwas nicht in Ordnung wäre. Es gab also nur einen Ausweg, nämlich die Suppe in den Fluss zu kippen und die leeren Kessel mit »organisiertem« Essen aus den Laderäumen der Schiffe zu füllen. Das war natürlich auch gefährlich; aber der Kapo unseres Arbeitskommandos hatte sich augenscheinlich mit den entsprechenden Leuten wegen der Anlieferug von Essen geeinigt, sodass wir auf diese Weise über Wochen hinweg ununterbrochen verbotene Sachen ins Lager brachten.

Einmal passierte es, dass wir auf eine große Anzahl von Kisten stießen, die Spezialverpflegung für Panzer-Besatzungen enthielten. Was es auch gewesen sein mag, in der Hauptsache ist mir Schokolade in Erinnerung. Mir scheint, dass wir die Kisten auch gar nicht ihrer Bestimmung gemäß ausgeladen haben, die Schokolade wurde von uns entweder noch im Hafen aufgegessen oder als Kesselinhalt ins Lager gebracht. Die Gefräßigkeit, die wir an den Tag legten, konnte kein gutes Ende nehmen, das wussten wir. So hörte ich z.B. auf, meine Ration Brot zu essen. Aber statt das Brot heimlich wegzuwerfen, versteckte ich es für schlechte Zeiten am Kopfende des Bettes. Das wäre beinahe übel für mich ausgegangen.

An dem Tag, an dem wir aus irgendeinem Grund nicht arbeiteten, kam ein SS-Offizier mit dem Lagerältesten, Hans Bruhns, auf einem Rundgang in unseren Block. Was sie dazu brachte, sich ausgerechnet mein Bett vorzunehmen, weiß ich nicht. Sie riefen mich zu sich. Ich war voll böser Erwartungen und stellte mir schon vor, dass mich etwas höchst Unangenehmes treffen würde. Mein Bett wurde auseinandergenommen, und man entdeckte bei mir die verschimmelten Brot-Rationen von zwei

Wochen. Hans warf sich mit erhobenen Fäusten und tierischem Gebrüll auf mich und begann auf mich einzuschlagen. Ich kann mich nicht erinnern, was er wirklich schrie, aber es waren die schlimmsten Schimpfwörter. Gleichzeitig nutzte er aber die Tatsache aus, dass der SS-Mann hinter seinem Rücken stand, um mir durch Augenzwinkern zu verstehen zu geben, dass er mich durch seine Prügelei retten könne. Und es gelang ihm. In meinen Augen war das ein Zeichen dafür, dass das Kommando »Stützpunkt« an diesem Tag bereits nicht mehr existierte und der SS-Mann zu faul war, mich mit in die Kommandantur zu nehmen.

Die Geschichte mit dem Brot führte dazu, dass man mich nicht mehr zur Arbeit in den Hafen ließ, sondern zu Innenarbeiten einsetzte. Aber einige Tage später war ich von Neuem im Hafen, wenn auch jetzt aus einem ganz anderen Grund. Das KZ Kaiserwald wurde mitsamt seiner Häftlings-Belegschaft evakuiert.

DIE FAHRT VON »KAISERWALD« NACH »STUTTHOF«

26. SEPTEMBER BIS 1. OKTOBER 1944

Der erste Transport nach dem Konzentrationslager »Stutthof« ging bereits vor meiner zweiten Ankunft in Kaiserwald ab. Ich weiß nicht mehr, wie es bekannt wurde, aber es sprach sich im Lager herum, dass der Transport auf dem Seewege wohlbehalten in Danzig, jetzt Gdansk, Polen, angekommen sei. Daher waren wir nicht weiter beunruhigt, als man uns zu verstehen gab, dass wir ebenfalls übers Meer nach Deutschland gebracht werden sollten. Gleichzeitig verstanden wir sehr wohl, dass eine Bekanntmachung über eine Verlegung, egal wohin, auch nur ein Trick sein konnte, der jegliche Panik vor einer Vernichtungsaktion verhindern sollte. Doch die Tatsache, dass auch die deutschen Häftlinge sich für die Evakuierung mit uns zusammen fertig machen mussten, zerstreute unsere ärgsten Befürchtungen.

Wir waren ca. 2.000 Menschen, die am Morgen des 26. September in Richtung Hafen abkommandiert wurden. Da ich Erfahrung im Arbeiten an Seilwinden hatte, gehörte ich zu den Häftlingen, die Ausrüstungsgegenstände und Gepäck in einen der Schiffsladeräume verstauen mussten. Ich sollte dafür sorgen, dass der Häftling, der auf dem Deck an der Seilwinde stand, die Ladung so vorsichtig nach unten steuerte, dass sie, ohne anzustoßen, heil am Boden des Laderaumes ankam. Unter dem Gepäck befanden sich auch Koffer, auf denen vermerkt war, dass sie dem Generalinspekteur der lettischen SS-Legion, General Bangerski, gehörten. Davon konnte ich mich selber überzeugen. Nachdem die erste Ladung von Koffern dieses Mannes heruntergelassen worden war, hatte ich beim Herankommen der zweiten Ladung kein Handzeichen zum Abbremsen gegeben, sodass die Koffer auf dem Boden der Ladefläche aufschlugen, einer von ihnen aufging und Büchsen mit Kunsthonig der Marke »Leckermäulchen« herausfielen. Natürlich versäumte ich nicht, dieses Geschenk des Schicksals anzunehmen, wofür mich dasselbe Schicksal bald grausam bestrafen sollte. Wenn ich mir das heute überlege, muss ich sagen, dass ich während des Krieges zu einem unverbesserlichen Dieb wurde. Gleichzeitig kann ich als anschauliches Beispiel dafür dienen, dass nicht ein einziger Diebstahl ungesühnt bleibt.

Was uns erwartete, war nicht eine Kreuzfahrt auf der Ostsee, sondern die schrecklichste physische und psychische Heimsuchung während der ganzen Kriegszeit, die einem im wahrsten Sinne des Wortes den Verstand rauben konnte. Wie schon gesagt, waren wir 2.000 Leute, Männer und Frauen, doch der Laderaum, in dem wir uns befanden, war überhaupt nicht in der Lage, eine solch große Menge von Menschen aufzunehmen. Wir konnten uns weder hinlegen, auch dann nicht, wenn wir eng wie Heringe lägen, noch eng aneinandergepresst hinsetzen. Da von einer so bunt zusammengewürfelten Menschenmenge schwerlich Zeichen von Solidarität, geschweige denn von gegenseitiger Unterstützung zu erwarten sind, kämpfte ein jeder viel mehr dafür, sich seinen Lebensraum zu erobern, sich hinzulegen und sich dem Druck der Übrigen zu wiedersetzen. Das bedeutete, dass ein Teil der Häftlinge die Reisezeit abwechselnd stehend und sitzend verbringen musste.

Im Laderaum waren wir alle zusammen in einem einzigen Raum, ohne irgendwelche Zwischenwände untergebracht. Eine Toilette hatte der Laderaum natürlich nicht, sodass man sich der natürlichen Bedürfnisse sozusagen direkt unter sich entledigte. Zu essen bekamen wir irgendeinen gesalzenen Fisch. Wasser bekamen wir nicht. Wenn man sich zu dem Salzfisch jene Menge Kunsthonig, die ich noch vor dem Auslaufen des Schiffes aufgegessen hatte, denkt, kann man sich vorstellen, welchen Durst ich empfand und wie nahe ich dem Wahnsinn war.

Zu all dem kam, dass es keine frische Luft gab. Die Luke des Laderaums war geschlossen. Wer die stickige Luft und den unglaublichen Gestank, den die Exkremente von 2.000 Menschen verursachten, in Betracht zieht, dem sind Dantes Fantasien in der Beschreibung der Hölle in der »Göttlichen Komödie« ein blasses Spiegelbild im Vergleich mit dem Grauen, welches wir erlebten.

Das Schiff machte tagsüber keine Fahrt, nur in der Nacht. Das ließ uns vermuten, dass wir wie in einem Gaswagen oder in einer Gaskammer vernichtet werden sollten. Woher hätte ich auch wissen können, dass das Schiff am Tag vor Anker lag, weil die Deutschen feindliche U-Boote fürchteten? Sie gaben uns kein Wasser, weil der Wasserentsalzer im Frachtschiff nur für eine Schiffsbesatzung von 15 Mann ausgelegt war. Wir aber waren 2.000 Mann.

Mich rettete der Umstand, dass ich am dritten Tag der Reise in einem Anfall von Raserei irgendwie durch eine offene Luke auf das Deck kam, die frische Luft einsog und unendlich viel Wasser trank. Mit einem anderen Burschen, der es auch geschafft hatte, das Deck zu erklimmen, versuchten wir einen Kessel mit Wasser nach unten zu bringen. Das aber gelang nicht. Als wir die Leiter nach unten kletterten, warf sich die ganze wahnsinnig gewordene Meute auf uns und verschüttete das ganze Wasser aus dem Kessel. Es konnte gar nicht anders sein, als dass die Leute wie die Fliegen starben. Ich weiß nicht, wie viele starben. Aber ich habe die Leichen gesehen. Niemand hat sie weggeräumt.

Im Laderaum gab es nur jüdische Häftlinge. Für die SS-Männer und die Häftlingselite war es ein regelrechter Ausflug. Den SS-Männern war es völlig gleichgültig, was mit uns geschah. Nach meinem Dafürhalten beunruhigte sie allein die Tatsache, dass das Schiff mit ihnen zusammen versenkt werden könnte. Ich dagegen wünschte nichts sehnlicher, als dass das Schiff torpediert würde. Doch keiner griff uns an, sodass es nach einigen Tagen unversehrt im Hafen von Danzig anlegte.

Es begann der zweite Akt unserer, nicht Dantes »Komödie«. Es muss lächerlich ausgesehen haben, als sich 2.000 halb wahnsinnige Häftlinge mit Schüsseln in der Hand auf einen Hydranten im Hafen stürzten. Das Wasser lief aus dem Hydranten in die Schüsseln, doch die Leute rempelten und stießen einander an, sodass sie das Wasser verschütteten. Andere Leute versuchten ihre Schüsseln unter den Wasserhahn zu halten, aber auch sie stießen sich gegenseitig so kräftig an, dass in den Schüsseln kein Wasser blieb. Mir schien, als würde sich das noch ewig so fortsetzen, und ich wagte nicht, mich unter die Menge zu begeben, die den Hydranten in dem vergeblichen Bemühen, zu Wasser zu kommen, dicht umlagerte.

Die in der Nähe stehenden Deutschen mischten sich nicht ein, sondern lachten und wiesen mit dem Finger zu uns herüber. Ich glaube nicht, mich zu irren, wenn ich sage, dass sie sich fragten, ob es sich bei der Menge, die sie da sahen, um Menschen handelte. Bald begann sie das aber zu langweilen, und sie fingen an, die Leute mit Fusstritten kräftig zu bearbeiten und so den Hydranten von der Menschenmenge zu befreien. Deutsche Ordnung kehrte wieder ein. Am Abend wurden wir in Kähne verfrachtet und die ganze Nacht hindurch über eine Vielzahl von Schleusen die Weichsel flussaufwärts irgendwohin transportiert.

Auch die Kahnfahrt hatte es in sich. Nach der fünftägigen Schiffsreise eine ganze Nacht durch zu stehen, ging über unsere Kräfte. Umfallen konnten wir nicht, da wir dicht gedrängt einer am anderen standen. Während der Fahrt aber konnten die Häftlinge die frische Luft atmen, soweit es in der Enge ging, und schon das allein hob die allgemeine Stimmung. Wenn der Aufenthalt im Laderaum des Schiffes theoretisch mit dem in einem Gaswagen verglichen werden konnte, dann ließ die Kahnfahrt den Vergleich mit einem Luftkurort zu.

Mir gelang es, wie, weiß ich heute nicht mehr, mich aus diesem Menschenknäuel herauszuwinden, mir eine seidene Bettdecke mit wattiertem Innenteil zu beschaffen und auf das Bretterdach zu kriechen, mit dem ein Teil des Kahns überdacht war. Da legte ich mich, eingewickelt in die Decke, hin. An die Bettdecke erinnere ich mich so genau, weil es sehr kalt war und es unmöglich gewesen wäre, sich ohne die Decke auf die Bretter zu legen. Diejenigen, die im Kahn stehen mussten, wärmten sich mit ihren Körpern gegenseitig. So lag ich wach auf dem Rücken, eingehüllt in die Decke, fühlte mich selig und schaute auf die in der Ferne funkelnden Sterne. Was mir die Sterne für die nächste und weitere Zukunft ankündigten, konnte ich trotz aller Bemühungen nicht herausfinden. Für einen Häftling eines NS-Lagers gab es in der Regel keine Perspektive, er lebte nicht für den Tag, sondern für den Augenblick. Das widerspricht nicht dem, was ich früher angemerkt habe, dass ich, wie andere Häftlinge auch, auf Rettung hoffte, indem ich, soweit es möglich war, die Lage an der Front verfolgte und um mein Leben kämpfte. Diese beiden Begriffe »für den Augenblick leben« und »auf bessere Zeiten hoffen« existierten gleichzeitig im Bewusstsein eines Todeslagerhäftlings.

Die schlaflose Nacht, die frische Luft, die ich einatmen konnte, das gleichmäßige Schlagen der Wellen an den Kahn, die unwirkliche, friedliche Stille um uns herum, auch die Kameraden schwiegen, anscheinend in Gedanken versunken, ließen mich zum ersten Mal in eine friedliche, sanfte Stimmung fallen. Ich erinnerte mich an meine Schule, meine Klasse, an die Schulfreunde, mit denen ich den unauflöslichen Verein »Lipleberkap« gegründet hatte, dem keinerlei ideologisches Programm zugrunde lag, sondern der allein auf Jugendfreundschaft aufgebaut war. Den Namen des Vereins hatten wir aus unseren Familiennamen gebildet: Lip wie Max Lippert, Le wie Philipp Levi, Ber wie Heini Bermann und Sascha Bergmann und Kap wie Isja Kaplan. Damals konnte ich nicht vorhersagen, wen von ihnen ich wiedertreffen würde.

Heute weiß ich, dass Heini und Sascha den Krieg im Lager, Philipp ihn durch Flucht ins Innere Russlands und an der Front überlebt haben. Heute leben nur noch Philipp und Sascha und sind wie damals befreundet. Philipp Levi starb 2007 in den

USA. Auch an die anderen Freunde, wie Oka Minz, Ganja Mejtin, und Eli Levenson dachte ich dabei. Auch über ihr Schicksal war mir nichts bekannt. Mir wurde das Herz beklommen, als ich an die Mädchen dachte, die ich gern mochte und über deren Schicksal ich mir keine Illusionen machte. Den größten Schmerz rief in mir die Erinnerung an mein Elternhaus und meine Angehörigen wach. Bis jetzt war der Schmerz in jenen Teil meines Unterbewusstseins versunken, den ich nicht anzurühren wagte. Mich erfüllte ein Gefühl der Rache und nicht des Verlustes, obwohl natürlich beides miteinander verbunden war. Darum war die Nacht auf dem Kahn ein Wendepunkt in meinem Leben, ungeachtet der Tatsache, dass ich erst irgendwann später, im sogenannten normalen Leben, die Größe meiner Verluste begreifen würde.

Am nächsten Morgen wurden wir in einem kleinen Hafen ausgeladen, und zu Fuß marschierten wir ab, nicht wissend, wohin.

DAS KONZENTRATIONSLAGER STUTTHOF

1. OKTOBER BIS 4. NOVEMBER 1944

Das Konzentrationslager Stutthof lag ungefähr 30 km südöstlich von Danzig in einer sumpfigen Gegend. Vom Norden und Nordosten war das Lager von der Ostsee umgeben, im Süden von Kanälen und im Westen von der Weichsel. Das Klima in dieser Gegend war grässlich. Als wir im Lager ankamen, war es kalt und feucht, und so blieb es während meines Aufenthaltes dort.

Das Erste, was in Stutthof auffiel, war seine Größe. Bei unserer Ankunft erstreckte sich das Lager auf einer Fläche von 120 Hektar. Es bestand aus dem alten und dem neuen Lager mit einer großen Anzahl von Wohnblocks, Wirtschaftsgebäuden, einem Krankenrevier, einem Krematorium, einer Gaskammer, Verwaltungsgebäuden, einer Kantine, in der ein Teil der »arischen« Häftlinge in bestimmter Menge Sanitär-Artikel, Limonade u.Ä. kaufen konnte. Als wir im Lager ankamen, befanden sich dort mehr als 50.000 Häftlinge. Ich war als Nummer 96.419 registriert. Wenn man diese Nummer mit der Nummer 717 vergleicht, die ich im »Kaiserwald« hatte, kann man sich vorstellen, wie stark sich Stutthof in seiner Größe vom Kaiserwald unterschied und welch winzig kleines Staubkörnchen ich in diesem schrecklich brodelnden Kessel war. Nach meiner erdachten, unvollständigen Einteilung der Lager in drei Kategorien gehörte Stutthof zu den unerträglichen Lagern. Mit Kaiserwald verglichen, das Stutthof in vielem ähnelte, muss ich sagen, dass Stutthof ein absolut grauenhaftes Lager war. Wie ich schon an anderer Stelle erwähnt habe, rettete mich nur die Tatsache, dass ich im Ganzen nur einen Monat in Stutthof war.

Die Entstehungsgeschichte dieses Lagers ist nicht uninteressant. Stutthof lag auf dem Gebiet, das man zwischen dem Ersten und dem Zweiten Weltkrieg den Polnischen Korridor nannte. Der gesamte Korridor mit der Freien Stadt Danzig und ihrer Umgebung unterstand der Verwaltung des Völkerbundes. Man hoffte, dass die polnischen und deutschen Bewohner dieses durch den Versailler Vertrag geschaffenen Kunstgebildes, »Polnischer Korridor« friedlich miteinander auskommen würden. Doch die Wirklichkeit sah anders aus. Besonders nach der Machtübernahme Hitlers in Deutschland konnte von einem friedlichen Zusammenleben keine Rede sein. Die Deutschen, die im Senat der Stadt die Mehrheit bildeten, strebten um jeden Preis nach Vereinigung mit dem Reich. Im Jahr 1939, noch vor Beginn des Krieges, wurde in Stutthof ein Lager errichtet, in das eines Tages Polen eingesperrt werden sollten.

Und dieser Tag kam am 1. September 1939, als Hitler den Zweiten Weltkrieg vom Zaune brach. Von dieser Zeit an füllte sich das Lager mit polnischen Häftlingen. Anfangs war es ein Lager für politische Häftlinge, Angehörige des Widerstands, Vertreter der polnischen Intelligenz. Bald aber kamen immer mehr Häftlinge aus anderen Ländern, die von den Nazis besetzt worden waren, hinzu. Zu Beginn des Jahres 1942 erhielt das Lager den Status eines Konzentrationslagers. Dies kündigte der Besuch des Reichsführers SS, Himmler, im November 1941 an.

Bei unserer Ankunft war Stutthof wirklich ein internationales Lager. Neben den Juden aus den unterschiedlichsten Ländern befanden sich im Lager Polen, Russen, Deutsche, Letten, Litauer, Esten, Norweger, Franzosen, Roma, Tschechen und Slowaken sowie Vertreter anderer Nationalitäten. In einem zusammenfassenden Bericht über das Konzentrationslager Stutthof heißt es, dass die Juden in vom übrigen Lagergelände abgetrennten Blocks untergebracht waren. Das restliche Gelände durften sie nicht betreten. Es stimmt, dass wir in abgeteilten Blocks auf dem neuen Teil des Lagers lebten, doch ich erinnere mich genau, dass ich mich ungehindert auf dem Gelände bewegen konnte. So ging ich zum Block der Norweger, in die Kantine und lag im Krankenbau. All diese Baracken lagen auf dem alten Lagergelände, das angeblich von uns abgetrennt sein sollte.

Die Prozedur bei der Ankunft im Lager war genau dieselbe wie im Kaiserwald: Zuerst die Registrierung, dann die Reinigung des Häftlings, tatsächlich mit richtig viel Wasser und unter einer Dusche und dann die Ausgabe von gestreifter »Zebra«-Kleidung und Holzpantinen. Zu dieser Zeit hatte ich nichts mehr außer einem Löffel, den ich auch als Gabel benutzen konnte und die ganze Lagerzeit hindurch bei mir trug. Schließlich brachte ich ihn sogar nach Riga zurück. Ich habe ihn heute noch.

Nach der Einkleidung stellten wir uns auf, um anschließend in die für uns bestimmten Blocks abzumarschieren. Dort sah ich plötzlich auf dem Appellplatz ein Foto meiner Familie auf der Erde liegen. Völlig fassungslos hob ich es auf und hatte absolut keine Erklärung dafür, wie es hierher gekommen sein könnte. Auch heute kann ich es mir nicht erklären. Weder ich noch mein Bruder hatten es bei sich getragen, und Angehörige aus unserer Familie hatte es in unserem Transport nicht gegeben. Obwohl ich es hütete wie meinen Augapfel, hat es unter den Lagerbedingungen zuerst Risse bekommen, und irgendwann habe ich es allem Anschein nach verloren, ohne es zu merken.

Im Block angekommen, war ich angenehm überrascht, wie gepflegt und sauber unsere Unterkunft aussah. Doch der erste Eindruck täuschte. Angelegt für 250 Menschen, musste der Block 1.000 Menschen beherbergen, was bedeutete, dass in den dreistöckigen Betten zwölf statt drei Häftlinge liegen mussten. Vier Häftlinge auf jeder Pritsche unterzubringen, war nur möglich, wenn man beim Liegen die Knie anzog, und sich von einer Seite auf die andere zu drehen, war nur möglich, wenn es alle vier gleichzeitig taten. Dieser Umstand machte die Nacht zur Qual. Die wenigen Stunden, die eigentlich zur Erholung da sein sollten, brachten auf diese Weise keine Erleichterung, eher das Gegenteil. Ein Teil von uns entschied sich, ohne irgendwelche Matratzen auf dem Boden zu schlafen. Doch erstens war das verboten, und die Schlauköpfe mussten dafür mit Prügel des Stubendienstes rechnen, und zum Zweiten wurden sie von denjenigen getreten, die nachts die Eimer aufsuchen mussten, von denen es in der Baracke nicht nur einen gab.

Die ersten sieben bis zehn Tage mussten wir nicht arbeiten, daher ist mir der Tagesablauf noch gut in Erinnerung. Um 6 Uhr morgens standen wir auf und wurden nach der Morgentoilette aus dem Block gejagt. Danach kam die Ausgabe des Frühstücks, das aus einem Stückchen Brot von nicht mehr als 100 Gramm bestand. Darauf gab es einen Klacks sogenannter Marmelade, die ein Produkt aus Abfällen bei der Zuckerrübenverarbeitung und anderen Zusätzen ähnlicher Art war. Ob man uns verhöhnen wollte oder ob es einfach bequemer war, jedenfalls wurde der Klacks dieser Marmelade nicht obendrauf getan, sondern an die Unterseite der Brotscheibe geschmiert, von der er öfter auf die Erde fiel. Außerdem bekamen wir noch eine Schale mit einer trüben Flüssigkeit ohne jeden Geschmack, die als Malzkaffee bezeichnet wurde.

Von dem Moment an, als wir das Frühstück ausgeteilt bekamen, bis zum Abendappell war es verboten, sich im Block aufzuhalten. Dadurch war auch die Sauberkeit des Blocks am Tage zu erklären. Wie ich schon sagte, war das Wetter kalt, die Temperatur lag bei null Grad, und wir waren sehr schlecht gekleidet. Das Material, aus dem Hosen und Jacken angefertigt worden waren, war dünne Holzfaser, die überhaupt nicht wärmte. Wir froren fürchterlich und erfanden bald eine Möglichkeit, uns zu wärmen.

Ungefähr 50 bis 60 Häftlinge sammelten sich an einer Barackenwand und wärmten sich gegenseitig, eng aneinandergedrückt. Am besten hatten es die, die in der Mitte standen, schlecht die am Rande Stehenden, die die Kameraden vor der Kälte und dem durchdringenden Wind schützten. Es sollte gewechselt werden, damit sich auch die am Rand Stehenden wärmen konnten. Doch wer wollte schon sein warmes Plätzchen freiwillig aufgeben? Infolgedessen gab es ein ständiges Gedränge, die einen versuchten, sich in das Menschenknäuel hineinzudrängen, während die anderen ihren eroberten Platz verteidigten. Das allen gemeinsame Unglück war je nach der Position im Menschenhaufen für den einen geringer, für andere größer.

In Stutthof war es lebensgefährlich, nicht abgekochtes Wasser zu trinken. Doch davor warnte uns niemand, und wir stürzten uns nach dem höllischen Durst auf dem Schiff sofort auf das Wasser. Es kam unter uns zu massenhaften Magenverstimmungen. Vielleicht lag der Grund dafür in der Tatsache, dass das Lager auf Sumpfboden gebaut worden war und das Wasser irgendwelche Erreger enthielt. Der Mangel an Sitzmöglichkeiten in den Toiletten schuf bei der herrschenden Magen- und Darmkrankheit der Häftlinge ernsthafteste Probleme. Trotzdem konnten wir in unserem Block das Problem lösen. Einem polnischen Juden mit dem seltsamen Namen, oder auch Spitznamen, Džemdže, der mit uns zusammen aus Kaiserwald gekommen war, wurde die Verantwortung für die Ordnung in der Toilette übertragen. Auf der Straße mussten sich die leidenden Häftlinge in einer Reihe anstellen, und Džemdže regelte die ganze Sache. Wenn sich jemand zu lange aufhielt, riss ihn Džemdže mit eisernem Griff von seinem Klo-Sitz und jagte ihn aus der Toilette, nicht ohne ihn vorher mit Fausthieben »belohnt« zu haben. Der Unglückliche musste sich von Neuem in der Schlange anstellen.

Viele aus dem sich wärmenden Menschenknäuel hatten Magenprobleme. Mit Gewalt lösten sie sich aus dem Knäuel und rannten zur Toilette, wobei die am Rande des Knäuels Stehenden die Möglichkeit bekamen, ihre Position zu verbessern. Wenn man sich die Situation vorstellt, kann man vielleicht darüber lachen; man kann aber auch der Meinung sein, dass es nicht nötig ist, diese Situation so realistisch zu schildern. Doch die beschriebenen Ereignisse haben einen unmittelbaren Bezug zu der Frage: leben oder untergehen.

Oft führte das Stehen in der Kälte den ganzen Tag über zu einer Lungenentzündung. Das bedeutete den sicheren Tod oder, wie die Häftlinge bitter scherzten, das Davonfliegen durch den Schornstein. Fast genauso gefährlich für den ausgemergelten Organismus des Häftlings war die Darmverstimmung. Möglicherweise führte dies nicht direkt zum Tode. Aber zweifellos war es ein Zeichen dafür, dass der Häftling auf dem Weg war, ein Muselmann zu werden.

Das Stehen an der Blockwand dauerte den ganzen Tag bis zum Abendappell und wurde nur ein einziges Mal durch die Ausgabe des Mittagessens unterbrochen, die nur eine kurze Beschreibung wert ist.

Die Küche schaffte es nicht, das Essen an alle 50.000 Häftlinge gleichzeitig auszugeben. Die Kapazitäten reichten offenbar nicht aus. Daher bekamen wir, die wir nicht arbeiteten, die Mittagssuppe am Morgen, d.h. wenn wir das Frühstück um halb sieben bekamen, wurde die Suppe zwischen halb acht und acht Uhr ausgegeben, das Abendbrot aber erst nach dem Appell, irgendwann um zehn Uhr abends, wenn wir in den Block gingen.

Eine Taktik des Existenzkampfes bestand in der Beherrschung der Kunst, sich so in der Reihe anzustellen, dass man genau in dem Moment an den Essenausteiler herantrat, wenn der begann, den dicksten Teil des Kesselinhalts auszugeben. Die höchste Kunst war es, herauszufinden, wann die Ausgabe des dicksten Teils begann. Ein Anzeichen dafür konnte sein, dass sich ein oder mehrere Handwerker in der Reihe anstellten, denn ihnen schuldeten die Leute aus der Küche für irgendeinen Dienst Bezahlung. Ich beherrschte die Kunst, im günstigsten Moment vor dem Essenausteiler zu erscheinen, vollkommen. Doch vor dem Hunger konnte mich das nicht retten.

Es gab noch eine Möglichkeit, eine zusätzliche Schüssel Suppe zu bekommen, den sogenannten Nachschlag. Den bekam, wer dem Essenausteiler behilflich war, die vollen Kessel von der Küche zur Essenausgabe zu tragen oder sie nach der Ausgabe zu waschen. Diese Möglichkeiten nutzte ich jedoch nicht. Mein Stolz ließ das nicht zu. Und doch hinderte mich dieser Stolz nicht, in den Block der Norweger zu gehen in der Hoffnung, dort irgendwas für mich zu finden. Die Norweger sahen so wohlgenährt aus, dass mir Zweifel kamen, ob sie überhaupt Häftlinge seien. Was ich in ihrem Block sah, machte mich sprachlos. Die einstöckigen Betten mit weißer Bettwäsche. Für jeden ein kleiner Schrank, auf dem ein Paket des Roten Kreuzes lag, Schreibutensilien. All das war mehr, als ich mir in meiner Fantasie hätte ausmalen können. Wem sollten sie schon schreiben?

Wie sich herausstellte, waren die Norweger Angehörige eines Polizei-Bataillons, die sich nach der Besetzung Norwegens durch die Deutschen geweigert hatten, mit der norwegischen Regierung des Kollaborateurs Quisling[14] zusammenzuarbeiten. Das brachte sie zwar ins KZ, doch waren sie nicht ihrer menschlichen Existenzform beraubt worden. Die Polizisten waren, einer wie der andere, nicht kleiner als 1,90 m und trugen nicht die übliche KZ-Kleidung, sondern die qualitativ gute norwegische Poli-

14 Vidkun Quisling war ab 1942 norwegischer Ministerpräsident, dessen Regierung mit der deutschen Besatzungsmacht kollaborierte. 1945 wurde er in Oslo hingerichtet.

zei-Uniform aus grünem Tuch. Sie unterhielten sich sehr freundlich mit mir und befragten mich über alles Mögliche, und ich war überzeugt, dass sie mir von dem zu essen geben würden, was sie geschickt bekommen hatten. Aber die Zunge wollte sich mir nicht lösen. Organisieren, also stehlen, konnte und wollte ich schon. Aber um Almosen bitten, nicht. Rückblickend erinnere ich mich, dass ich zum ersten Mal bettelte, als ich wieder frei war.

Ich verabschiedete mich von den Norwegern und verließ den Block. Mich durchzuckte der Gedanke, dass es möglich sei, das Ende des Krieges auch im Lager zu erwarten, falls es einem erlaubt war zu leben, wie die Norweger. Mir kam dabei nicht in den Sinn, dass auch sie ihre Freiheit verloren und keine Möglichkeit hatten, mit ihren Angehörigen zusammen zu sein; dass auch sie ohne Gewissheit über ihr weiteres Schicksal waren, ganz zu schweigen von dem psychischen Druck, den die Lagerwirklichkeit auf sie ausübte. Ich konnte mir schon damals nur schwer eine Freiheit ohne Morgen- und Abendappelle vorstellen, ohne das ständige Herunterreißen der Mütze vom Kopf vor jedem SS-Mann. Ich hatte keine Angehörigen mehr, nach deren Wiedersehen ich mich sehnte. Mein einziger noch lebender Bruder befand sich in der gleichen bedauernswerten Lage wie ich. Was die Ungewissheit der Zukunft anbelangt, so war mir mein Schicksal bewusst. Ich hatte zwar noch einen Funken Hoffnung, den Krieg und die Nazis zu überleben, doch wenn ich ernsthaft darüber nachdachte, so stellte sich das für mich als ein unerfüllbarer Traum dar, da es unmöglich erschien, lebend aus Stutthof herauszukommen.

Man sieht, wie ich mich mit Fragen beschäftige, die damit zusammenhängen, dass ich zwar unbedingt umgebracht werden sollte, ich aber trotz allem die Hoffnung hegte, den Krieg und die Nazis zu überleben. Auf der einen Seite nenne ich den Traum unerfüllbar, andererseits aber auch nicht ganz illusorisch, sondern durchaus realistisch. Ich sehe hierin keinen Widerspruch. Wenn ich mich besonders schlecht fühlte, dann schien mir die Hoffnung unerfüllbar. Wenn sich meine Lage etwas stabilisiert hatte, erschien mir alles weniger illusorisch. Unsere Wirklichkeit wurde nicht nur durch den Verstand beeinflusst, sondern mehr oder weniger auch durch Emotionen, durch unsere seelische Verfassung, die Gesundheit, den Hunger. Die Aufzählung ließe sich noch weiter fortführen.

Den seelischen Druck kannten nicht nur die Norweger, sondern auch ich. Bei mir hielt er nun schon über drei Jahre an und war längst normal geworden. Aber in Abhängigkeit von der Ordnung des jeweiligen Lagers und vieler anderer Umstände änderte sich meine seelische Verfassung, die in Stutthof die von allen Lagern schlechteste war.

Von den Norwegern ging ich in den Block, in dem Mitglieder der litauischen Regierung untergebracht waren. Sie hatten sich zu Anfang des Krieges, nach dem Rückzug der Roten Armee, in der naiven Hoffnung organisiert, einen unabhängigen Staat errichten zu können. In den Block der Litauer und Letten zu gehen, gelang mir nicht, doch konnte ich mich auf dem Appellplatz mit ihnen unterhalten. Damals wusste ich nicht, dass sich in Stutthof auch Mitglieder des Lettischen Zentralrates (Nationalkomitee der Letten) mit Konstantin Tschakste befinden sollten. Ich hatte nur gehört, dass sich im Lager neben solchen armseligen Würstchen, wie ich eines war, auch irgendwelche wichtigen Letten befanden.

Am Tag meines Besuches bei den Norwegern kam es noch zu zwei bemerkenswerten Ereignissen, die zum einen zeigen, wie launisch das Schicksal ist, und zum anderen, wie es um die Lage der Deutschen an der Front bestellt war. Das erste Ereignis hing mit den Franzosen zusammen.

Als ich an der inneren Seite des äußeren Lagerzauns entlangging, sah ich hinter dem Zaun eine Kolonne bewaffneter Soldaten in Kompaniestärke. An den Ärmeln ihrer Uniformjacken waren Abzeichen mit der französischen Trikolore zu erkennen. Fröhlich sangen sie ein französisches Marschlied. Als ich von meinem Gang zurückkehrte, bemerkte ich auf dem Appellplatz eine Kolonne von Häftlingen, die in Holzpantinen und in der Zebra-Häftlings-Kleidung marschierten. Im Augenblick begriff ich nicht, dass das jene Franzosen waren. Erst am nächsten Tag wurde mir erzählt, dass diese Franzosen an der Ostfront gegen die Rote Armee gekämpft hatten. Jetzt aber war die Zweite Front eröffnet worden, woraufhin beschlossen worden war, sie im Westen einzusetzen. Doch die Franzosen meuterten und weigerten sich, sich nach Frankreich versetzen zu lassen, um gegen ihre Landsleute zu kämpfen. Daher waren sie mittels eines Täuschungsmanövers nach Danzig und unter irgendeinem Vorwand dann nach Stutthof gebracht worden. Bis zur letzten Minute wussten sie nicht, was sie dort erwartete. Daher auch ihre fröhlich gesungenen Lieder. Sie wurden entwaffnet, mussten sich waschen, bekamen die KZ-Kleidung und wurden Teil unserer Lagergesellschaft. Es war ein Schock für die Franzosen. Privilegien, wie sie die Norweger genossen, erhielten sie nicht.

Das zweite Ereignis war nicht weniger bedeutsam. Neben den Verwaltungsgebäuden bemerkte ich deutsche Häftlinge aus Kaiserwald. Allerdings nicht in Häftlingskleidung, sondern in Militär-Uniform. Ich erinnere mich nicht mehr, ob es sich dabei um die Felduniform der SS oder der Wehrmacht handelte. Filsinger konnte ich unter ihnen nicht ausmachen, sondern nur ehemalige Häftlinge mit roten Dreiecken, also politische Häftlinge. Mir wurde klar, dass die Lage an der Front für die Deutschen sehr schlecht sein musste, wenn sie sich gezwungen sahen, die besten Funktionäre unter den Häftlingen an die Front zu schicken. In Militär-Uniformen machten die ehemaligen Häftlinge auf mich einen befremdlichen Eindruck, und auch sie hatten einen ungewohnt hilflosen Gesichtsausdruck. Auf der einen Seite musste ihnen die Gleichstellung mit den anderen Deutschen und die Vorstellung, in die deutsche Gesellschaft aufgenommen zu sein, gefallen, andererseits stand vor ihnen ein ungewisses Schicksal. Statt wie bisher ein sattes Leben als KZ-Prominente zu führen, konnten sie an der Front fallen.

Was ich an diesem Tag gesehen hatte, beeindruckte mich sehr. Zuerst die Norweger, dann die Franzosen und schließlich die deutschen Häftlinge als Soldaten. Aber damit war dieser Tag noch nicht zu Ende. Ich sollte noch ein Bild zu sehen bekommen, das eigentlich tragisch war, aber doch einen Freudenausbruch bei allen hervorrief, die es sich anschauten

Im Gegensatz zum Kaiserwald kamen wir in Stutthof fast nie in Kontakt mit der SS, ausgenommen mit den Posten auf den Wachtürmen und der Wache bei der Arbeit außerhalb des Lagers und vielleicht noch mit den Rapportführern beim Morgen- und Abendappell. Die Einhaltung der gesamten Lagerordnung wurde von den Häftlings-

Funktionären überwacht. An diesem Tag aber stand eine große Gruppe von SS-Männern auf dem Appellplatz und amüsierte sich. Der Grund für ihre Fröhlichkeit war die sportliche Betätigung, die ein SS-Mann mit Bewohnern eines Wohnblocks für Invaliden durchführte. Einige Hundert Personen standen in Reihen zu je fünf Mann da. Der SS-Mann brüllte mit drohender Stimme und Gebärde seine Kommandos. Die ungeschickte Ausführung der Kommandos durch die Invaliden rief einen Anfall von Raserei bei dem SS-Mann und ein lautes Lachen bei den zuschauenden SS-Männern hervor. Es dauerte etwa 20 Minuten bis zur völligen Erschöpfung der Invaliden. Dann kam der Höhepunkt, der Grund für die ganze Sache. Der SS-Mann befahl: »Stillgestanden!«, und als das Kommando schon fast befolgt worden war, stieß er den am äußersten Rand stehenden Mann in Richtung seines Nachbarn. Die Männer fielen um wie die Steine beim Domino. Jeder Kranke fiel, wenn er sich nicht auf den Beinen halten konnte, wie ein Stein auf den nächsten. Der Unterschied zum Domino war nur, dass die Steine dort in einer Reihe oder diagonal angeordnet stehen, während die Leute hier in fünf Reihen standen. Trotzdem gelang es, dass der Letzte in der Reihe auf den Letzten in der folgenden Reihe fiel und dieser wieder auf seinen Nachbarn. Die Welle des Fallens setzte sich bis zum letzten Invaliden fort. Das Echo darauf waren ein homerisches Lachen der SS-Männer und der zufriedene Gesichtsausdruck des Kommandeurs. Und was passierte, wenn nicht alle wieder aufstehen konnten? Sie wurden weggebracht, und der »Spaß« begann von Neuem.

Wie in allen KZs endete auch in Stutthof jeder Tag mit dem Appell. Allerdings mit dem einen Unterschied, dass der Appell im Kaiserwald lange dauerte und wir danach den Sandhügel abtragen oder wieder aufschütten mussten, während wir in Stutthof nach Appell-Ende keinerlei Arbeiten zu verrichten hatten, sondern in den Block gingen. Trotzdem dauerte der Appell nicht weniger als drei Stunden, während derer wir alle Minuten Kommandos wie: »Geradestehen!«, »Stillgestanden!«, »Mützen ab!«, »Mützen auf!« ausführen mussten. Sicher war es keine einfache Sache, 50.000 Menschen abzuzählen, doch das machte uns das Leben nicht leichter.

Wie auch die anderen, quälte mich in Stutthof der Hunger ganz besonders. Auch die dickste Suppe in der Schüssel brachte nur für Minuten Erleichterung, denn sie war fettlos und bestand überwiegend aus Wasser und Rüben. Dazu kam, dass wir sie am frühen Morgen bekamen. Bis zur abendlichen Scheibe Brot mussten wir 14 Stunden warten. Fieberhaft überlegte ich, wie ich meine Ernährungssituation etwas verbessern könnte, und hatte mir am dritten Tag meines Aufenthalts im Lager etwas ausgedacht.

Wie gesagt, bekamen wir das Frühstück, also die Scheibe Brot und den »Kaffee«, beim Verlassen des Blocks, in den wir bis zum Abend nicht mehr zurückkehren durften. Am Abend bekamen wir beim Betreten des Blocks das Abendbrot, d.h. eine Scheibe Brot. Diese beiden Essenausgaben erfolgten im Dunklen, denn es war schon Oktober, als wir in Stutthof eintrafen.

Den angeführten Umständen entsprechend, baute ich meinen Plan auf. Wenn ich morgens nach Erhalt meiner Brotration irgendwie in den Block zurückkehren könnte und abends nach Erhalt des Brotes wieder auf die Straße käme, wäre eine Verdoppellung der Brotration garantiert. Morgens gehe ich aus dem Block und erhalte mein Brot und Kaffee. Ebenso geschieht es abends bei der Rückkehr in den Block. Meinen

Plan würde ich jedoch nur ausführen können, wenn ich das Fenster der Baracke, das morgens und abends immer geschlossen sein musste, in dessen Umsetzung mit einbezog. Aus Gründen der Vorsicht war blitzschnelles Handeln geboten, auch, um Augenzeugen nach Möglichkeit zu vermeiden. Ich war mir über das Risiko der ganzen Sache im Klaren, doch der Hunger, der bekanntermaßen niemandes Freund ist, trieb mich an.

Am nächsten Morgen verließ ich, nachdem ich das Fenster, das sich neben der ersten Bettenreihe befand, ein wenig geöffnet hatte, als einer der Ersten den Block. Ich trank schnell meinen »Kaffee«, aß meine Scheibe Brot und wartete draußen auf den Augenblick, da keiner mehr im Innern des Blocks zu sehen war und alle sich in Erwartung ihrer Ration an der Eingangstür drängelten. Das Fenster weit öffnen und mit einem Sprung im Bett landen, war eine Sache von Sekunden. Mit gemächlichen Schritten reihte ich mich darauf in die Gruppe der Häftlinge an der Blocktür ein und bekam demzufolge eine zweite Scheibe Brot und eine zweite Schüssel Kaffee.

Am Abend war ich einer der Ersten an der Blocktür, erhielt meine Ration, verdrückte mich in den hintersten Teil des Blocks, öffnete, als dort niemand war, das Fenster, sprang nach draußen und lehnte das Fenster hinter mir an. Abends war die ganze Sache einfacher. Sicher hing der Erfolg von der Zahl der tausend Gefangenen im Block ab, davon, dass es dunkel war etc., doch trug meine Findigkeit nicht unerheblich dazu bei. Ich war stolz auf mich, und das war für mich nicht weniger wichtig als die zusätzliche Scheibe Brot.

Allerdings hatte ich auch moralische Bedenken. Bestahl ich nicht meine Häftlingskameraden? Diese Gedanken tat ich mit folgenden Überlegungen ab: In dem Augenblick, als das Brot ausgegeben wurde, war es schon für die Häftlinge, die sich gemäß dem Appell im Block befanden, geschnitten. Die Stubendienste hatten schon ihren Teil »abgestaubt«. Wir wussten das, weil alle Blockbewohner für Dienste, die sie den Stubendiensten und anderen Prominenzen erwiesen, mit Brot bezahlt wurden. Es gab sogar eine Maßeinheit dafür: Eine einen Zentimeter dicke Brotscheibe. Fehlte also eine Scheibe Brot, bedeutete das für den Brotschneider eine von ihm gestohlene Scheibe wieder abgeben zu müssen. Sonst würde es für ihn Unannehmlichkeiten vonseiten des Blockältesten geben. Er würde sein Amt verlieren und darüber hinaus von ihm verprügelt werden. Das hatte nichts mit Gerechtigkeit zu tun. Der Blockälteste bekam selbst seinen Anteil vom gestohlenen Brot, und den Löwenanteil zumal. Im Block musste jedoch Ordnung herrschen. Die drückte sich unter anderem darin aus, dass jeder seine Brotscheibe bekommen musste.

Mir war klar, dass das Fehlen einer Brotscheibe den Brotschneider, der sie ja ersetzen müsste, wütend machen und er nach dem Grund dafür suchen würde. Ich irrte mich, wenn ich hoffte, nicht der Einzige zu sein, der den Brotschneider bestahl, und eine Scheibe mehr oder weniger sich auf seine Brotrechnung nicht entscheidend auswirken würde.

Das Hungergefühl verließ mich nicht. Zwei zusätzliche Brotscheiben konnten mich nicht sättigen, aber der Wunsch, meinen Plan durchzuführen, ließ mich nicht los. Sechs Tage lang fühlte ich mich als Sieger, am siebten Tag aber, als ich morgens durch das Fenster aufs Bett springen wollte, ergriff mich die kräftige Hand des Brotschneiders. Er schleppte mich mitten in den Block, schlug mich ein paar Mal und fragte mich schlicht, warum ich so etwas Schlechtes tat. »Ich bin hungrig«, antwortete ich. Hatte er nun keinen schlechten Charakter, oder stimmte ihn meine offenherzige Antwort milde? Jedenfalls schlug er mich nicht weiter.

»Wir werden jetzt Gymnastik treiben!«, verkündete er, und befahl mir, einen schweren Hocker in die Hand zu nehmen, ihn mit ausgestreckten Händen zu halten, in die Hocke zu gehen und dabei von eins bis zehn zu zählen. Bei fünf angekommen, als ich die Knie gerade halb gebeugt hatte, befahl er mir höhnisch, mich in dieser Stellung auszuruhen. Es ist schwer, in dieser Haltung länger als eine Minute auszuharren. Für einen ausgehungerten Häftling aber ist das gänzlich unmöglich. Meine Arme fingen an zu zittern, und ich konnte den Hocker nicht mehr halten. Die Beine knickten ein, und schließlich brach ich zusammen. Ich erwartete, dass jetzt die richtigen Prügel anfingen, die ich nicht überleben würde. Doch zu meiner Überraschung war der Brotschneider versöhnlicher Stimmung und jagte mich aus dem Block, nachdem er mir noch zwei Kopfnüsse verpasst hatte.

Es ist vorbei, dachte ich, und begann sofort mir Gedanken über meinen Misserfolg zu machen. Entweder hatte mich ein Mithäftling verraten, denn ich konnte die Möglichkeit nicht ausschließen, bei meinen Kunststücken beobachtet worden zu sein. Oder ich war wirklich der Einzige, der sich zu solch einer Tat entschlossen hatte. Das regelmäßige Fehlen einer Brotscheibe musste den Brotschneider auf die Idee mit dem Fenster bringen. Wie auch immer: Das Scheitern meines Planes hatte negative Auswirkungen auf mein seelisches Gleichgewicht.

Inzwischen war ich einer Brigade zugeteilt worden, die außerhalb des Lagers arbeitete. Wir mussten gefällte Baumstämme aus dem Wald holen und am Straßenrand zum weiteren Abtransport stapeln. Es war eine schwere Arbeit, die noch dadurch erschwert wurde, dass Häftlinge unterschiedlicher Größe die Stämme tragen mussten. Meine Größe erlaubte es mir nicht, den Stamm auf die Schulter zu nehmen. Ich konnte ihn nur von unten mit den Händen stützen. Bei allen schlechten Eigenschaften, ich war nicht einer, der seine Last anderen auflud. Stattdessen bemühte ich mich nach Kräften, den Kameraden zu helfen. Dabei kam jedoch wenig heraus. Gegen Ende des Tages war ich zwar mit meinen Kräften völlig am Ende, das Ergebnis meiner Bemühungen war jedoch äußerst mager. Ich wagte es, mich mit der Bitte an den Kapo unserer Brigade zu wenden, mir eine andere Arbeit zuzuteilen. Er hatte Verständnis und schickte mich als Transportarbeiter in die Rübenernte. Dabei war die Größe kein Hindernis, und außerdem habe ich mich für mein ganzes Leben an Rüben satt gegessen. Allerdings konnten die Rüben den mich quälenden Hunger nicht verringern.

Ich habe in diesem Kapitel so viel über das Essen und das Hungergefühl geschrieben, weil in dieser Zeit der Hunger mein ganzes Bewusstsein ausfüllte und alle meine Gefühle beherrschte. Ich war am Anfang des Weges, ein Muselmann zu werden.

Es gab noch ein anderes Ereignis, das meine psychische Verfassung beeinflusste. Es hing mit meinem Bruder zusammen. Er war auch zur Arbeit abkommandiert worden, doch im Gegensatz zu mir in den Lagergebäuden, hauptsächlich in der Bekleidungskammer. Die Arbeit war nicht schwer, war nicht im Freien, und mein Bruder war daher ganz zufrieden. Als seine Kolonne eines Tages von der Arbeit ins Lager zurückkehrte, wurden sie von SS-Männer durchsucht. Einer der Häftlinge, der eine Entlarvung befürchtete, warf meinem Bruder ein Bündel Socken vor die Füße, welches er in der Kammer »organisiert« hatte. Der SS-Mann begann gar nicht erst, lange darüber nachzudenken, wem die Socken wohl gehörten, sondern bezichtigte meinen Bruder des Diebstahls und schlug ihn mit der Faust mitten ins Gesicht. Die Folge davon war ein gebrochener Kiefer. In der Regel endete das im KZ mit dem Tod. Mein Bruder konnte seinen Kiefer nicht mehr bewegen, weder sprechen noch kauen. Er konnte nur trinken, d.h. Flüssigkeit einsaugen. Entscheidend für sein Überleben war auch, dass er die Arbeit in den Magazinen verlor und in meine Brigade zum Rübensammeln kam. Das rettete ihn. Wir bekamen beide unsere Mittagsschüssel Suppe und teilten sie. Ich gab ihm den flüssigen Teil meiner und er mir den dicken Teil seiner Suppe. Das Zusammenwachsen der Kieferknochen dauerte ungefähr zwei Wochen. Wie er nur mit seiner flüssigen Suppe durchgehalten hat, ist mir bis heute nicht klar. Was er mit seiner Brotration machte, weiß ich nicht. Selbst konnte er das Brot nicht kauen. Er tat mir furchtbar leid. Gleichzeitig war ich von dem unangenehmen Gefühl beherrscht, dass ich aus dem Unglück meines Bruders insofern Vorteile zog, als ich das Dicke der Suppe aß, er aber nur die Flüssigkeit schlürfen konnte.

Ich war noch nicht der klassische Muselmann. Meine Beine waren nicht angeschwollen, und, so glaube ich heute, ich hatte noch kein aufgedunsenes Gesicht. Noch tauschte ich nicht Brot gegen Kohl, wie ich es etwas später bei richtigen Muselmännern beobachtete. Dennoch war die Richtung für mich vorbestimmt. Wenn sich nichts änderte, würde mich der ständige Hunger in einen Muselmann verwandeln. Davon, dass die entscheidende Phase noch nicht eingetreten war, zeugte auch, dass ich noch imstande war, meine Lage kritisch einzuschätzen. Ich meine, der gewöhnliche Häftling wird dann zum Muselmann, wenn sein Gefühl der Selbstkritik zuerst nachlässt und dann vollständig verschwindet. Er beginnt, gegenüber allem rings um ihn her gleichgültig zu werden, und nur ein Wunsch bleibt übrig: sich den Bauch zu füllen.

Einmal unterhielt ich mich mit einem ehemaligen Häftling, der das Glück hatte, nicht die Erfahrungen eines KZ machen und im Ghetto nicht solch schrecklichen Hunger erleiden zu müssen, wie wir ihn im Lager gehabt haben. Er erzählte mir von der Depression, unter der er durch den ständigen Druck im zweiten Jahr seiner Ghetto-Haft, nach dem Verlust all seiner Angehörigen gelitten hatte. Er wollte nicht mehr kämpfen und nicht mehr leben, wurde apathisch und willenlos. Eines Tages aber wachte er wie in einer anderen Gemütslage, voller Energie und Optimismus, auf. An diesem Tag floh er, praktisch ohne jegliche Vorbereitung, von der Arbeitsstelle außerhalb des Ghettos und hatte Glück. Gute Menschen nahmen ihn bei sich auf und versteckten ihn 14 Monate lang bis zur Befreiung Rigas. Er erklärte mir, dass seine Depression und seine Willenlosigkeit sich durch göttliche Vorsehung in Energie und Optimismus verwandelt hätten.

Mir ging es in Stutthof ähnlich, ich war depressiv und ohne den nötigen Willen zum Überlebenskampf. Der Grund dafür war ein körperlicher, nämlich der Hunger, wobei zu bedenken ist, dass die Psyche durch körperliche Umstände beeinflusst wird. Was mich mit meinem Gesprächspartner verband, war ein Anstoß von außen, der unsere Apathie in Energie und unsere Depression in Optimismus verwandelte. Im Unterschied zu seinen Erklärungen war mein Anstoß von außen ganz irdischer Art. Es war der Kapo des Krankenreviers.

Am Ende der dritten Woche meines Lageraufenthalts in Stutthof war meine Temperatur eines Morgens stark angestiegen. Ich zitterte. Irgendwie schleppte ich mich zum Blockältesten und erklärte ihm, dass ich krank sei und nicht zur Arbeit gehen könne. Darauf sah er mich sonderbar an und sagte, dass er mich in diesem Fall ins Krankenrevier schicken müsse. Ich war sofort einverstanden.

Ich missachtete die goldene Regel, das erste Gebot Filsingers: »Nicht die Aufmerksamkeit auf sich lenken.« Es war kein Leichtsinn, eher das Ergebnis ungenügender Informationen zur Lagerordnung in Stutthof. Die ersten 7-10 Tage standen wir als Haufen an der Wand unserer Baracke, um uns vor der Kälte zu schützen. Meine eigenen Informationen beschränkten sich auf das, was ich in den Baracken der Norweger und Litauer erfahren hatte. Doch hatte man mich dort mehr ausgefragt, als dass ich mich hätte erkundigen können. Dann war da noch der Gang in die Kantine gewesen, wo ich nur erfuhr, dass Juden dort nicht bedient wurden. Nach sieben oder zehn Tagen begann ich vom Morgengrauen bis zum Dunkelwerden in der Brigade zu arbeiten, die aus Häftlingen unseres Transportes bestand. Neuere Informationen hatte ich nicht. Ich wusste nichts von der Existenz eines Krematoriums und noch weniger von einer Gaskammer im Lager. Auch hatte ich nichts von Massentötungen in Stutthof gehört. Doch all das war keine Entschuldigung für mein Verhalten. Der Häftling war verpflichtet, das erste Gebot strikt zu befolgen.

Wie auch immer, ich landete im Krankenbau, wo bei mir 40 Grad Fieber festgestellt wurden. Ob ich ein Arzneimittel bekam, weiß ich nicht mehr, jedenfalls fühlte ich mich nach einigen Stunden besser, blickte um mich und begriff, dass ich mich fast in einem Paradies befand. Ich hatte ein eigenes Bett mit Bettwäsche, und es war warm im Raum. Ich schwitzte kräftig und fühlte, dass die Temperatur herunterging. Das Einzige, das mein Wohlgefühl störte, war der scharfe Fäulnisgestank, der im Raum herrschte.

Als ich am nächsten Morgen aufwachte, fühlte ich mich völlig gesund. Doch quälte mich die Frage, wie ich es ermöglichen könnte, auch nur für einen Tag länger im Krankenbau zu bleiben, mich im eigenen Bett wohlzufühlen, wo es möglich war, die Beine auszustrecken und auf weißer Bettwäsche zu liegen. Gedacht - getan. Ich hantierte am Thermometer, und die Quecksilbersäule kletterte auf 40 Grad. Zufrieden streckte ich mich im Bett aus. Zugegeben, das war unentschuldbarer Leichtsinn. Schon die Tatsache, dass in diesem Raum Muselmänner lagen, die stumm vor sich hinfaulten, hätte mich warnen müssen. Doch im Gegenteil: Der Wunsch, mich wohlzufühlen ließ meinen Selbsterhaltungstrieb in den Hintergrund treten.

Die Strafe folgte schon nach einigen Stunden. Die gesunden Häftlinge bekamen das Abendessen erst nach dem Appell und vor dem Signal zum Eintritt in den Wohnblock. Anders war es im Krankenbau. Hier wurde das Abendessen zwischen sechs und sieben Uhr abends ausgegeben. Im Krankenbau gab es keinen Appell. Als Abendbrot bekamen wir zwei Brotrationen. Ich befürchtete einen Irrtum, für den ich einstehen müsste und fragte den Brotausteiler, ob das in Ordnung wäre. Darauf bekam ich zur Antwort, dass es üblich sei, dem kranken Häftling, der ins Krematorium geschickt werde, neben dem Abendessen auch die Morgenration des folgenden Tages zu geben, da er den Morgen nicht mehr erleben werde. Er bestätigte mir, dass diese Regelung bei der Leitung Tradition sei. Bei dieser Erklärung hörte ich zum ersten Mal das Wort Krematorium.

Völlig ruhig, ja gleichgültig, nahm ich diese Nachricht auf, aß meine Abendration und danach die Ration des folgenden Morgens, den ich nicht mehr sehen würde. Das war kein Zeichen meiner Kaltblütigkeit, sondern eher Ausdruck des Gefühls, dass ich ja sowieso nichts daran ändern könne. Wie es kommt, so kommt es eben. Nach dem Abendessen mussten wir uns draußen aufstellen, und dort konnte ich sehen, in was für einer Gruppe von Halbtoten ich mich befand. Wir wurden gezählt. 32 Häftlinge waren wir. Nach einigem Zögern kam der Kapo des Krankenbaus auf mich und noch einen anderen Kranken zu, zog uns aus der Gruppe heraus und befahl, dass wir uns in unsere Blocks zu begeben hätten. Ich erinnere mich, dass ich mich, ohne einen Gedanken fassen zu können und ohne jegliches Gefühl der Freude in meinen Block zum Appell schleppte, wo ich dem Stubendienst als Erstes meine Rückkehr meldete.

Ich glaube mit fast hundertprozentiger Sicherheit sagen zu können, von welchen Gründen sich der Kapo leiten ließ. Wir waren 32 Mann in der Reihe, aber nur 30 waren registriert. Über diese Angaben verfügte die Lagerverwaltung bereits. Statt 30, 32 Mann abzukommandieren, hätte bedeutet, dass auf die Angaben des Krankenreviers kein Verlass wäre. Das konnte den Kapo teuer zu stehen kommen. Er konnte seinen Posten verlieren oder anders bestraft werden. Aus dieser Gruppe von Muselmännern, und für den Kapo war jeder beliebige Kranke ein Muselmann, schenkte er zwei Häftlingen, die am jüngsten waren und die besten Überlebenschancen hatten, das Leben. Erst nach einigen Tagen begriff ich, an welchem Scheidepunkt ich mit den anderen Unglücklichen gestanden hatte. Die fixe Idee, aus diesem schrecklichen, vor sich hinfaulenden Lager herauskommen zu können, ergriff von mir Besitz. Im Prinzip war das eine verrückte Idee. Denn was garantierte mir, dass es in einem anderen Lager besser wäre. Doch ich glaubte ganz fest daran, dass es nicht schlimmer kommen könne.

Zu dieser Zeit begannen Transporte aus Ungarn im Lager anzukommen. Es waren Hunderte, überwiegend Mädchen und junge Männer, die in ihrer Zebrastreifen-Kleidung zur Appellzeit den Platz füllten und mit ihren Holzpantinen für laute Klappergeräusche sorgten. Sie hatten so schöne, intelligente Gesichter. Besonders hübsch waren die Mädchen, die ich zuerst nur hinter dem Zaun sah, einige Tage später aber auch in unserem Teil des Lagers. Die jungen Männer und die Mädchen waren sich alle ähnlich. Alle hatten einen so verstörten Ausdruck im Gesicht, als wollten sie sagen: »Was macht man mit uns? Wohin sind wir geraten?«

Am zweiten Tag nach ihrer Ankunft unterhielt ich mich mit einem der ungarischen Juden. Es begann damit, dass er mich über das Lagerleben im KZ ausfragte. Dabei offenbarte er eine solche Unkenntnis in allen Fragen, die mich geradezu erschreckte und angesichts derer ich mich fragte: »Was wird bloß mit ihnen geschehen? Bevor sie in unser Leben einbezogen werden, wird das Lager sie in Qualen enden lassen. Nicht eine einzige Spur wird von ihnen übrig bleiben.« Meine Befürchtungen wurden bestätigt, zumindest solange ich mich in Stutthof aufhielt.

Der Ungar erzählte mir, dass bis vor Kurzem die ungarischen Juden kaum verfolgt worden seien. Der Regent Horthy habe sich ihnen gegenüber ziemlich loyal verhalten. Die Juden seien in die Arbeitsbataillone einberufen worden, hätten im Parlament gesessen und in ihren eigenen Wohnungen gelebt. Ungeachtet der Tatsache, dass Ungarn mit Deutschland verbündet war, habe Horthy die Vernichtung der ungarischen Juden nicht zugelassen. Im Jahre 1944 hat der Faschist Szalasi einen Umsturz in Ungarn organisiert und die Macht an sich gerissen. Aus Deutschland sei Eichmann gekommen, dessen Namen ich dabei zum ersten Mal hörte, und habe mit der Vertreibung und Vernichtung der ungarischen Juden begonnen. Auf direktem Wege gerieten die ungarischen Juden aus ihren warmen, weichen Betten ins Konzentrationslager und befanden sich jetzt natürlich in einem Zustand des Schocks.

Ich war weit davon entfernt, den Deutschen dafür dankbar zu sein, dass ich durch sie von einem Menschen zu einem nur noch menschenähnlichen Wesen geworden war. Sie hatten mir aber genügend Zeit gegeben, dass ich mir die nötige Konzentrationslagerweisheit aneignen konnte, die nötig war, um mich dieser Hölle minimal anpassen zu können. Den ungarischen Juden fehlten diese Erfahrungen, weshalb sie von Anfang an verhängnisvolle Fehler machten. Ein solcher tödlicher Fehler war z.B. der massenhafte Tausch des ausgegebenen Brotes für eine größere Menge Weißkohl. Die Unfähigkeit, Fußlappen zu benutzen, Socken gab es im Lager nicht, führte zu Wunden an den Füßen und infolgedessen zur Lahmheit, was unter Lagerbedingungen außerordentlich gefährlich war.

Schon in der ersten Woche bekamen sie Läuse. Zu Tausenden krochen diese auf ihnen herum und fraßen sie bei lebendigem Leibe auf. Auch die Art und Weise, wie die Lagerfunktionäre mit ihnen umgingen, war ihnen völlig fremd. Jeder Stubendienst, Suppenausteiler, Abortaufseher trieb mit ihnen, die völlig schutzlos waren, seinen Spott. Zuerst wurden sie mit dem Hunger konfrontiert, der unter den einfachen Häftlingen herrschte. Wenn mich auch der Hunger schon beinah in einen Muselmann verwandelt hatte, so hatte mich doch die Zeit vor Stutthof, in der ich zwei Jahre lang unterernährt war, abgehärtet. Was sollte man da von ihnen sagen, die sich bis zu ihrem Abtransport per Bahn aus Ungarn nach Danzig gut hatten ernähren können? Plötzlich sahen sie sich in diese schreckliche Gegend versetzt. Ich rede hier gar nicht von ihrer psychischen Verfassung, die sie mir gar nicht mitteilen konnten. Außer ihren verstörten Blicken hatte ich keine anderen Anhaltspunkte, die mir verrieten, wie es in ihrem Innern aussah. Doch mit ziemlicher Sicherheit kann ich vermuten, dass sie nicht imstande waren, der elenden Situation, in die sie hier geraten waren, Widerstand zu leisten.

Wir waren im Ganzen 10 bis 12 Tage mit den Ungarn im Lager zusammen, und schon war bei ihnen zu erkennen, dass sie sich bald in Muselmänner verwandeln würden.

Am meisten erschütterte mich ein Bild, das sich mir eines Tages Ende Oktober auf dem Appellplatz bot. Eine Kolonne von ungarischen Mädchen schleppte sich ganz langsam in Richtung des Krematoriums dahin. Inmitten der Kolonne sah ich ein von den Mädchen gezogenes und geschobenes Fuhrwerk, auf dem in Decken eingehüllte Körper lagen, die ganz offensichtlich noch lebten. Ich kann nicht mit Sicherheit sagen, ob die ganze Kolonne vernichtet wurde. Aber wenn nur die auf dem Fuhrwerk Liegenden, deren Schicksal vorbestimmt war, verbrannt werden sollten, warum mussten sie von der ganzen Kolonne begleitet werden? Es genügte doch, die zu vernichten, die das Fuhrwerk zogen und schoben.

Als ich sie sah, erschütterte mich nicht nur das ihnen bestimmte Schicksal, sondern auch die Tatsache, wie sich ihr Äußeres in den sieben bis acht Tagen verändert hatte. Aus blühenden Mädchengesichtern waren alte Frauen mit eingefallenen Wangen geworden, die kaum die Beine heben konnten. Diese völlig geräuschlose Prozession - ich möchte sagen - außerirdischer Wesen hat sich mir mit den kleinsten Details als eins der schrecklichsten Bilder in mein Gedächtnis eingebrannt, die ich in den Jahren des Krieges gesehen habe. Ich sehe diese armen Mädchen noch heute vor mir, als ob es gestern gewesen wäre.

Die letzte Oktoberwoche war für mich noch durch ein anderes Ereignis gekennzeichnet. Nach meiner »Gesundung« dank der Hilfe des Krankenrevier-Kapos hatte ich irgendwie neue Kräfte geschöpft, hatte wieder Geschmack am Leben gefunden. Irgendwoher hatte ich meine Energie wiederbekommen. Ich lief im Lager herum, sammelte Informationen und wagte mich sogar einmal wieder in den Block der Norweger, in dem ich früher Zeitungen gesehen hatte. Wenn es auch Zeitungen der Regierung Quisling waren, eines treuen Satelliten der Deutschen, so konnte man hier doch Informationen über die Lage an den Fronten erfahren. Nachdem ich die positiven Neuigkeiten erfahren hatte, dass die sowjetischen Truppen im Osten bei Warschau standen und sich die Engländer und Amerikaner nach der Einnahme von Paris, was ich schon gehört hatte, der deutschen Grenze näherten, jagte ich fast springend in unseren Block, um meinem Bruder und unserem Freund Sigi die fröhliche Nachricht zu überbringen.

Unterwegs musste ich an zwei Zäunen vorbei, die das Männer- vom Frauenlager trennten. Zwischen den Zäunen gab es eine Zone von 25 bis 30 Meter Breite, auf der entlang die Wache patroullierte. Ich warf einen Blick hinüber zum Frauenlager und erblickte Rita, für die ich vor dem Krieg zärtliche Gefühle gehegt, ihr gegenüber jedoch nicht geäußert hatte. Sie war hübsch gewesen, immer fröhlich, und man hatte sich mit ihr über alles Mögliche unterhalten können. Für mich war damals besonders wichtig, dass sie sehr sportlich war. In der Vorkriegszeit, aber auch später, schätzte ich diese Eigenschaft sehr hoch. Selbst ein leidenschaftlicher Sportler, der fast alle möglichen Sportarten ausgeübt hatte, inklusive Leichtathletik, Gymnastik, Skilaufen, Schwimmen und Rudern, gar nicht zu reden von den vielen Sportspielen, war ich entzückt von ihrer Begeisterungsfähigkeit für Sport und von der Schönheit, die sie dabei ausstrahlte.

Wir waren damals Jugendliche gewesen. Als ich sie jetzt Ende Oktober 1944 durch zwei Stacheldrahtzäune hindurch sah, stand vor mir ein Häftling in der dazugehörigen Kleidung mit riesigen, unglaublich traurigen Augen. Diese traurigen Augen haben mich viele Jahre hindurch verfolgt. Ich sagte mir damals, dass sie auf diese Weise von mir Abschied nehmen wolle, und war überzeugt, dass sie den Krieg nicht überlebt habe.

Im Sommer 1993 gab es in Riga ein Treffen zwischen Juden, die in Lettland lebten, und solchen, die aus Lettland stammten. In ihrer Mehrheit waren sie Opfer des Nazismus, die den Krieg überlebt hatten. Ich kannte viele von ihnen aus der Zeit im Ghetto und in den Lagern. Wir unterhielten uns intensiv und erinnerten uns an die lange vergangenen schweren Zeiten.

Die erste freudige Überraschung erlebte ich, als bekannt wurde, dass Isja, jetzt Steven, und Petja Springenfeld am Leben waren, über die ich zu Anfang berichtet habe.

Sie nahmen auch an dem Treffen teil. Steven Springfield war dessen Initiator. Schnell hatte ich sie unter den Teilnehmern ausfindig gemacht, und nach genau 50 Jahren Trennung konnten wir uns umarmen. In der Unterhaltung mit Steven erwähnte ich auch Ritas traurige Augen in Stutthof und bedauerte, dass sie nicht mehr lebte. Steven sah mich erstaunt an und sagte: »Warum willst du sie begraben? Sie ist nicht gestorben. Ich zeige sie dir gleich!« Wir verlebten mit Rita einen wunderbaren Abend. Damals, im Oktober 1944, hatte sie mich gar nicht bemerkt.

Am 1. November 1944 wurden wir nicht zur Arbeit hinausgebracht, sondern zur Aufstellung auf dem Appellplatz befohlen. Es war ein regnerischer, kalter und matschiger Tag. Aus irgendeinem Grund war nur unser Block herausbefohlen worden, was bei uns diffuse Ängste hervorrief. Ein uns unbekannter SS-Offizier gab uns die Ehre seiner Anwesenheit, und neben ihm stand ein in einen schwarzen Ledermantel gekleideter Zivilist. Dieser Mann erklärte in ein paar Worten, dass er Vertreter einer Fabrik sei und Arbeitskräfte bräuchte. Plötzlich brüllte er: »30 Revolverdreherspezialisten vortreten!«

Ich hatte niemals vorher etwas von solch einem Beruf gehört. Aus all der Tirade hörte ich klar die Worte: »vortreten«, »Spezialist« und undeutlich das Wort »Dreher« heraus. Ich kannte natürlich das Wort »Revolver«, assoziierte mit ihm eine reale Bedrohung meines Lebens, doch nichts im Zusammenhang mit den Worten »Dreher« oder »Spezialist«. Ich wünschte mir jedoch so inständig, Stutthof zu verlassen, dass ich beschloss, mich zu melden, und ging auf den Zivilisten mit dem einzigen Gedanken zu: »Hoffentlich klappt das!« Anscheinend kam mein Entschluss zu spät, denn 30 »Spezialisten« standen schon vor dem »Ledermantel«, und ich schlich in die Reihe zurück.

Es verging einige Zeit, während der die Nummern der Ausgewählten aufgeschrieben wurden. Ich stand da und schaute auf sie, glühend vor Neid. Schließlich war der Ledermantel fertig und brüllte wieder: »50 Schlosser vortreten!« Und schon fühlte ich mich sicherer, hatte ich doch früher Hammer und Meißel in den Händen gehalten. Ich hatte sogar versucht, das Profil von Eisenbahnschienen auszusägen, doch langweilte mich diese Arbeit. Auf halbem Wege habe ich sie hingeschmissen. Wieder kam ich zu spät. »Echte« Schlosser kamen mir zuvor, sodass ich von Neuem mit hängendem Kopf in meine Reihe zurückging. Es wurden noch Elektriker aufgerufen und wie mir scheint auch noch Fräser, aber nur eine kleine Anzahl. Jedes Mal kam ich zu spät.

Ich wurde rasend und wiederholte mir immer wieder, dass ich unbedingt aus Stutthof herausmüsste. Ich war wütend auf mich, weil ich so schlecht im Hinlaufen war. An diesem Tag dachte ich weder an den Bruder noch an den Freund, nur an mich selbst. Ich kämpfte nur um mein eigenes Leben. Endlich brüllte der »Ledermantel«: »300 Transportarbeiter vortreten!« Eine Lawine von Häftlingen stürzte sich ihm entgegen, darunter auch ich. Aus irgendeinem Grund zog er mich aus der Menschenmenge heraus mit den Worten: »Was, du bist ein Revolverdreher, Schlosser, Elektriker und jetzt noch ein Transportarbeiter?«, und holte zum Schlag aus. Instinktiv wich ich ihm aus. Er konnte sich nicht auf den Beinen halten und fiel in den Matsch. Ich zog mich schnell in die Menge der künftigen Transportarbeiter zurück. Ich hatte nicht einmal Zeit gehabt, davor Angst zu bekommen, dass mich die Sache das Leben kosten könnte. Mich rettete die Tatsache, dass diese Gruppe die letzte war und der »Ledermantel« sofort, kaum dass wir vorläufig gezählt worden waren, vom Platz ging, um seinen Mantel zu säubern. Unter den Transportarbeitern waren auch Mika, Sigi und Teva Gläser. Am nächsten Tag wurden wir in einen Zug verladen. Ade Stutthof!

KONZENTRATIONSLAGER BUCHENWALD – NEBENLAGER IN MAGDEBURG

3. NOVEMBER 1944 BIS 11. APRIL 1945

Ich kann mich nicht daran erinnern, in welchen Waggons wir durch Deutschland »reisten«. Aber ich weiß noch, dass mich die vom Krieg unberührten Landschaften überraschten, die gepflegte Natur, die akkuraten Häuser und die Ordnung überall. All das spricht dafür, dass wir mit einem Personenzug transportiert wurden, denn Güterwagen haben keine Fenster. Ich war fünf Monate später, im April 1945, wieder in derselben Gegend. Alles war zerstört. Durch Ostdeutschland raste eine Feuerwalze.

In Magdeburg kamen wir am 3. November an und wurden sofort im Lager in zwei Baracken untergebracht. Von Magdeburg hatte ich aus dem Erdkunde- und dem Physikunterricht gehört. Ich wusste, dass Magdeburg, im Mittelalter gegründet, an der Elbe lag und bevölkerungsmäßig mit dem Riga der Vorkriegszeit verglichen werden konnte. Aus einer Abbildung wusste ich außerdem Bescheid über die berühmten Magdeburger Halbkugeln. Zwei Pferde versuchten mühevoll, diese Halbkugeln auseinanderzuziehen, was die Kraft des atmosphärischen Druckes beweisen sollte. Das war alles, was ich von der Stadt wusste.

Das Lager in Magdeburg war irgendwie kein »richtiges« Lager, so wie wir die verschiedenen Lager kannten. Erstens waren dort nur wir, die jüdischen Häftlinge aus Riga. Zweitens war der Lagerälteste ein Jude, der ehemalige Boxer Kagan. Auch alle übrigen Posten im Lager waren mit Juden, in der Mehrheit aus Polen, besetzt. Wenn ich mich nicht irre, waren wir zusammen weniger als 800 Häftlinge, darunter eine kleine Anzahl Frauen, die in der Küche arbeiteten. Unwirklich erschien mir das Lager auch deshalb, weil der Abendappell hier nicht drei Stunden dauerte, jeder Häftling sein eigenes Bett hatte und in der Baracke Tische standen, an denen man seine Häftlingsration essen konnte. Nach dem 12-stündigen Arbeitstag, mit einer kurzen Unterbrechung, hatten die Häftlinge freie Zeit. Was aber hier genauso war wie in Stutthof und auch in den anderen mir bekannten Lagern, waren in erster Linie der Hunger, die auszehrende Arbeit und die Läuse.

Es hatte den Anschein, dass die Hoffnung, den Krieg zu überleben, gewachsen war. Andererseits aber auch die Gefahr, dass die Deutschen uns noch in letzter Stunde umbringen würden. Das hatte uns die Erfahrung gelehrt. Ich war mit meinem Bruder in demselben Block, in dem auch mein Freund Teva Gläser, über den ich schon berichtet habe, lebte. Sigi aber war in einem anderen Block, sodass wir ihn nur an den arbeitsfreien Tagen sehen konnten. In der übrigen Zeit arbeiteten wir in verschiedenen Schichten.

Wir sind nach Magdeburg gebracht worden, weil wir in einer Fabrik namens »Polte« arbeiten sollten. Dort wurden vor dem Krieg Ofentüren, Kanaldeckel u.Ä. hergestellt. Während des Krieges wurde die Produktion auf die Fertigung von Artilleriegeschosshülsen umgestellt. Wir sollten die Arbeiter ersetzen, die eingezogen worden waren. Es waren nur einige Meister dageblieben, die aus uns Dreher, Elektriker, Schlosser u.Ä. machen sollten. Wir hatten mit unserer Arbeit also dazu beizutragen, dass Deutschland trotz allem den Krieg gewinnen könne.

Im Jahre 1997 entschloss ich mich, nach Magdeburg zu fahren, um das Lager zu sehen und ebenso die Fabrik Polte, falls sie noch stünde. Es war für mich eine große Enttäuschung. Da, wo sich das Lager befunden hatte, war alles mit fünfstöckigen Gebäuden zugebaut. Nicht einmal eine Gedenktafel erinnerte daran, dass sich hier vor mehr als einem halben Jahrhundert ein Nebenlager von Buchenwald befunden hatte. Zwar gelang es mir, die Fabrik ausfindig zu machen, doch war sie fast völlig erneuert worden. In der Werkleitung wurde mir erzählt, dass aus den Kriegsjahren nur ein Gebäudeteil erhalten geblieben sei. Von außen konnte ich an dem Gebäude nichts erkennen, auch drinnen kam mir nichts bekannt vor. Doch plötzlich stieg mir in einem großen Raum ein bekannter Geruch in die Nase. Das war der Geruch, der von den Becken ausging, in denen die Geschosshülsen geätzt wurden, der Ort, an dem ich meine Arbeitstätigkeit in der Fabrik »Polte« begonnen hatte. Schnell erstand vor meinen Augen das Mysterienspiel jener Zeit: Die Beschickung der Becken mit den Hülsen, die giftigen, säurehaltigen Dämpfe, die hinter meinem Rücken aufstiegen, und der Meister, der mich wegen der Fehler beschimpfte. Augenblicklich fühlte ich mich ins Lager zurückversetzt, in Lagerkleidung, hungernd, auf Bestrafung wegen schlechter Arbeit wartend. Als wir den Raum verließen, verschwand das Mysterienspiel, und ich bedauerte, außer dem Geruch nichts weiter wahrgenommen zu haben.

Gut anderthalb Monate arbeitete ich beim Ätzen und Galvanisieren. Da der Meister mit mir nicht zufrieden war, führte er mich einer anderen Beschäftigung zu. Wie zum Hohn für meine damaligen Bemühungen in Stutthof, bekam ich jetzt eine Arbeit an den Revolverdrehbänken. Ich begriff, dass sie deshalb so hießen, weil es dort wie im Revolver einen Zylinder gibt, der nicht mit Patronen, sondern mit Patronenhülsen geladen wird. Nachdem eine Hülse mit Drehmeißeln bearbeitet worden ist, dreht sich der Zylinder automatisch und stellt eine neue Hülse unter die Drehmeißel. Genauso wie der Zylinder im Revolver sich nach dem Schuss dreht und eine neue Patrone zum Abschuss freigibt.

Auch bei dieser Arbeit brachte ich es fertig, Fehler zu machen. Es wäre eine maßlose Übertreibung, mir bewusste Sabotage zu unterstellen. Die Sache war viel einfacher. Während der nächtlichen Ablösung gegen drei Uhr fielen mir schlicht die Augen zu, sodass ich wie ein Betrunkener gegen die Werkbank schwankte und die Drehmeißel die Köpfe der Geschosshülsen für die Flak verpfuschten. So konnte ich auch als Dreher keine großen Erfolge erzielen. Und doch brachte meine Arbeit an der Drehbank auch etwas Positives mit sich. Die Drehmeißel wurden mit Maschinenöl gekühlt, womit ich mich, besonders in den Nachtschichten, von Kopf bis Fuß übergoss. Das missfiel den Läusen, von denen es vor der Arbeit an der Drehbank übermäßig viele gab. Das Öl bewirkte, dass die Läuse mich nicht mehr mochten und nur noch vereinzelt vor meinen Augen auftauchten.

Die wichtigste Person, die bei der Arbeit über unser Schicksal entschied, war der Meister. Sympathische Meister habe ich nicht kennengelernt. Ihre Beziehungen zu uns waren ganz formell, ohne den geringsten Anflug von Gefühlen. Meiner Meinung nach dachten sie abfällig über uns. Sie waren nur an Facharbeitern interessiert. Aber was für Facharbeiter waren wir schon? Wir waren als Transportarbeiter hierher gebracht worden. Richtige Facharbeiter waren unsere Elektriker, zu denen die Meister eine bessere Beziehung unterhielten.

Wenn uns die Meister in der Fabrik Befehle erteilten, so tat das im Lager der Lagerälteste, Kagan. Kagan mochte ich nicht, vorsichtig ausgedrückt. Einer der Gründe für meine Antipathie ihm gegenüber lag in der natürlichen Abneigung des gewöhnlichen Häftlings gegenüber dem fett gewordenen obersten Lagerfunktionär. Doch nicht nur das war der Grund. Zu dieser Zeit hatte ich in Abwesenheit schon von dem Lagerältesten beim Aufbau des Lagers Salaspils, Heinz Wertheim, gehört. Ich hatte zwei Jahre mit dem Leiter der Arbeitskolonne beim Befehlshaber der Ordnungspolizei, Ilja Bregmann, zusammengearbeitet und ein Jahr unter Oppenheimer in »Ballastdamm«. Damit hatte ich gute Vergleichsmöglichkeiten. Nicht nur, dass Kagan keine Ähnlichkeit mit ihnen hatte, er war genau ihr Gegenteil. Als ehemaliger Boxer glich er einem Fleischhauer. Kurzbeinig, mit einem kurzen Hals, besaß er große physische Kraft und eben die Gewandtheit eines Boxers. Ein Schlag von ihm ließ die Leute wie gemäht hinfallen. Mir selbst tat er nichts Schlechtes, sodass meine Meinung über unseren Ältesten sich nicht auf persönliche Feindschaft, sondern auf Beobachtungen stützte, die ich an ihm und seinen Helfern machte. In der Regel waren das Lumpen, die Kagans Vorstellungen entsprachen und wie sein Ebenbild waren.

Irgendwie wurde meine Einschätzung von Kagan auch dadurch beeinflusst, dass er Jude war, und doch von den deutschen Funktionären nicht zu unterscheiden. Ich meine damit nicht, dass er die Häftlinge hätte verhätscheln sollen. Das wäre nur zu ihrem Schaden gewesen, weil die Deutschen das sofort gemerkt, ihn bestraft und eine Person mit noch stärker ausgebildeten sadistischen Neigungen benannt hätten. Doch er empfand nach meinen Beobachtungen eine körperliche Befriedigung beim Prügeln seiner Opfer.

Das heißt nicht, dass er sich allen gegenüber so gemein verhielt. Er hatte auch seine Lieblinge. Einzelnen Personen gegenüber verhielt er sich regelrecht freundlich, wie z.B. dem von ihm sehr hoch geschätzten Arzt Lasar Javorkovski, der wahrscheinlich durch Kagans Schutz den Krieg überlebt und später viel für die Hämatologie in Lettland getan hat. Ein Häftling erzählte mir, dass Kagan ihn durch Prügeln vor dem sicheren Tod gerettet habe. Genauso wie Hans Bruhns mich in Kaiserwald.

Und noch ein Umstand beeinflusste meine Einstellung zu Kagan. Als Folge meiner KZ-Erfahrungen waren meine Anforderungen in Beziehungsfragen von Mensch zu Mensch extrem hoch. Noch lange nach dem Krieg schätzte ich die Menschen, mit denen ich freundschaftliche Beziehungen aufbauen wollte, der Antwort entsprechend ein, die sie mir auf meine Frage gaben, ob sie mich wohl während der deutschen Zeit aufgenommen und versteckt hätten.

Erst im Alter habe ich diesen Standpunkt verworfen, weil ich begriffen habe, dass zu einer solchen Großtat nur sehr wenige fähig sind. Ich war in erster Linie unsicher, ob ich selbst es für einen mir wenig bekannten Menschen getan hätte. Kagan gegenüber hatte das keinerlei Bedeutung. Selbst jeder Schurke hat seine Vorlieben, darunter auch freundschaftliche Beziehungen zu Leuten, die in der Gemeinschaft geachtet werden, wie Prof. Javorkovski und der heute noch lebende Häftling, den Kagan durch Verprügeln rettete. Ich war bemüht, Kagan nicht unter die Augen zu kommen, was normalerweise nicht schwierig war. 12 Stunden Arbeit, dann Kontrolle, Abendbrot und Schlafengehen.

Das Hauptproblem in Magdeburg war nicht Kagan, sondern der Hunger, der die Lebenskräfte verschlang. Irgendeine Zugabe zu der dürftigen Ration zu bekommen, war selbst dann fast aussichtslos, wenn der Häftling zu den nützlichen Menschen gehörte, also zu den Friseuren, Schustern oder Schneidern.

Im Unterschied zu Stutthof wurde das Brot in Magdeburg gerecht verteilt. Das beantwortet zwar nicht die Frage, ob die sogenannte Lagerelite nicht doch einen Teil der Brotausgabe für sich behielt. Ich kann die Tatsache bestätigen, dass die »Elite« das sicher getan hat. Wie hätte sie sonst geleistete Dienste mit Brot bezahlen können. Aber wie viel sie stahlen, weiß ich natürlich nicht.

Eine bestimmte Anzahl von uns gewöhnlichen Häftlingen bekam einen Laib Brot. Die Verteilung dieses Brotlaibes war ein feierlicher Akt.

Einer von uns, der das beste Augenmaß hatte, wurde zum Brotschneider gewählt und musste das Brot vor aller Augen teilen. Es war eine regelrechte Kunst, so zu schneiden, dass eine Scheibe genauso groß war wie die andere. Gleichzeitig mussten die vom Umfang her kleineren Brotkanten ein bisschen dicker sein als die übrigen Stücke. Der zweite Beteiligte an dem feierlichen Ritual stellte sich mit dem Rücken zum Brot, und der dritte zeigte mit dem Finger auf ein bestimmtes Stück, wobei er formvollendet die Frage stellte: »Wem gehört diese Scheibe Brot?« Der zweite nannte den Namen, worauf der Genannte sein Stück Brot bekam. Das geschah vor aller Augen, wodurch irgendwelche Manipulationen ausgeschlossen waren. Einer optischen Täuschung wegen schien es allen, dass die Brotkanten die besten Stücke waren. Im Gegensatz zu Stutthof wurde nur einmal am Tag Brot ausgegeben. Es hing von der Willenskraft des Häftlings ab, ob er es sofort aufaß oder es auf Abendbrot und Frühstück verteilte. Mir kommt es so vor, als ließe sich der Charakter der Häftlinge bis zu einem bestimmten Maß danach beurteilen.

Mein Bruder Mika hielt eisern an der Aufteilung seiner Ration für Abendessen und Frühstück fest. Obwohl ich wusste, dass er damit recht hatte, konnte ich nicht anders, als das ganze Brot auf einmal aufzuessen. So machte es auch mein Freund Sigi.

Unter den Bedingungen des schrecklichen Hungers bildete die Brotverteilung den Höhepunkt des Tages. Den ganzen Tag warteten wir auf diesen Augenblick, und obwohl die Brotausgabe sich jeden Abend wiederholte, war es immer ein feierlicher Akt.

Ich habe schon darauf hingewiesen, dass es in Magdeburg fast unmöglich war, eine Ergänzung zu unserer Ration zu finden. Der einzige Kontakt zur Außenwelt konnte nur über die in der Fabrik verbliebenen Meister geschehen. Aber erstens gab es wenige Meister, und zweitens waren sie vor unserer Ankunft eingeschüchtert worden. Wir waren entsprechend den Anordnungen Hitlers an seinen Reichsminister für Rüstung und Kriegsproduktion, Albert Speer, nach Magdeburg gebracht worden, um die Leistung der deutschen Arbeiter, die in die Armee eingezogen worden waren, zu ersetzen und noch deutlich zu steigern. Was die beruflichen Qualifikationen anbelangt, so konnten wir beiden Forderungen Hitlers in keiner Weise entsprechen. Unsere niedrige Arbeitsqualifikation und die langjährige antisemitische Propaganda waren meiner Ansicht nach die wichtigsten Gründe für die reservierte Haltung der Meister uns gegenüber.

Trotzdem fand ich eine Möglichkeit, meinen Hunger auf originelle Weise etwas zu stillen. Aus dem Fenster der Fabrik hatte ich beobachtet, wie zu einer bestimmten Tageszeit die Angestellten der Werkskantine Essenreste auf den Fabrikhof trugen. In diesen Resten befanden sich immer gekochte Kartoffeln oder Gemüse, manchmal auch Knochen mit etwas Fleisch dran. Diese Reste waren für die Hunde bestimmt, welche die Wachleute für kurze Zeit zum Füttern führten. Das ganze Kunststück bestand darin, ohne von jemandem gesehen zu werden, zur Futterschüssel zu gelangen, bevor die Hunde kamen. Eine Schwierigkeit bestand ferner im Fehlen einer entsprechenden Transportmöglichkeit. Alles musste in Sekundenschnelle erfolgen: Hinlaufen, den Hunden einige Kartoffeln wegnehmen, und, wenn es glückte, einen Knochen, der ausgelutscht werden konnte, und wieder weg, ehe die Hunde auftauchten, die auf das Kommando »Fass!« dressiert waren.

Die Frage des Transports löste ich mithilfe der sogenannten Poltelappen. Das waren weiße Lappen, welche die Fabrikarbeiter zusammen mit Zwirnhandschuhen zum Schutz der Hände vor Schnittverletzungen durch Metallspäne erhielten. Eine Zeit lang wurden sie auch an uns ausgegeben. Wenn man die Fäden herauszog, ließen sich aus solchen Lappen kleine Säckchen zusammennähen. Die Lappen nutzten wir auch als Futter in unseren Zebra-Jacken. Mit einem Wort, sie waren in unserem Lager ein gebräuchlicher Handelsartikel. Wir nannten sie Poltelappen, weil auf ihnen der Fabrikname aufgedruckt war. Nachdem ich mir ein Säckchen genäht hatte, musste ich das Problem lösen, wie ich zu der Schüssel mit dem Essen gelangen könne. Aus den Fabriktoren hinauszugelangen war ein Ding der Unmöglichkeit. Dort standen die Wachleute, und niemand würde mich hinauslassen. So blieben nur das Fenster und die Feuerleiter übrig.

Als ich 1997 jenes aus der Kriegszeit erhalten gebliebene Gebäude besuchte, das ich am Geruch erkannt hatte, lief ich auf der Suche nach der Feuerleiter, von der ich zur heiß ersehnten Schüssel hinabgeklettert war, um das Gebäude herum. Doch ich fand sie nicht. Einen Augenblick lang durchfuhr mich der Gedanke, ob ich nicht vielleicht fantasiere. Aber nein, es war alles so gewesen, wie ich sage. Es gab die Schüssel, es gab die Außentreppe, es gab auch meinen Hunger. Aber zwischen den beschriebenen Ereignissen und 1997 lagen 53 Jahre, und das Gebäude war umgebaut worden.

Fantastisch hört sich auch etwas anderes an. Als Kind war ich ein mäkliger Esser gewesen. Von Fleischprodukten kamen für mich nur Wurst, Würstchen und Buletten in Frage. Anderes Fleisch aß ich nicht. Ich sah überall Blutadern. Es war noch nicht drei Jahre her, dass meine Kindheit zu Ende ging, und jetzt riss ich den Hunden sozusagen die Knochen aus dem Rachen. Ungefähr zehn Tage lang teilte ich mit den Hunden ihre Ration. Dann kam für mich eine neue Arbeit mit einem anderen Meister, und ich konnte von meinem neuen Arbeitsplatz aus nicht mehr das Herausschaffen des Futters beobachten. Ohne den passenden Moment zu kennen und danach die Zeit für die Operation abzustimmen, wurde das Ganze zu gefährlich.

Andere Möglichkeiten, meine Ration etwas aufzubessern, sah ich nicht. Aber der Hunger ließ mich auch in Magdeburg nicht zum Muselmann werden, jedenfalls nicht so schnell. Eine enorme Rolle bei der Verwandlung eines Häftlings in einen Muselmann spielte der Verlust der geistigen Interessen und die ständige Beschäftigung mit dem einzigen Gedanken: Wie komme ich zu Essen? Sogar in Stutthof, wo ich mich in einer Grenzsituation befand, verlor ich nicht das Interesse an dem Leben, das mich umgab, an der Beobachtung der Lage an der Front wie auch im Lager selbst.

In Magdeburg war mein Bruder Mika für mich in diesem Sinne mein Vorbild. Nicht nur, dass er die Willenskraft bewahrt hatte, sich seine Brotration für Abendbrot und Frühstück aufzuteilen, sondern, was noch wichtiger war, er widmete die ganze arbeitsfreie Zeit dem Lesen abgerissener Zeitungsfetzen, die er manchmal auf der Arbeit fand. Andere Häftlinge brachten sie ihm, besonders ab Mitte Januar 1945, als wir anfingen, in der Stadt zu arbeiten. Erst las er sie selbst und gab sie dann an andere weiter. Es war unwichtig, dass die Meldungen einseitig waren und fast immer überholt. Um ihn herum scharte sich ein Kreis von Häftlingen. An ein charakteristisches Beispiel kann ich mich erinnern. Man hatte dem Bruder Flugblätter gebracht, die in der Stadt von den Flugzeugen der Verbündeten abgeworfen worden waren. Wenn ich mich nicht irre, packte darin der Leibarzt Hitlers, dem es gelungen war, zu den Engländern überzulaufen, über seinen Patienten aus. Mein Bruder las und übersetzte die Enthüllungen des Arztes. Die im Kreis sitzenden Häftlinge folgten mit leuchtenden Augen und angespannter Aufmerksamkeit den Kommentaren meines Bruders.

Schon waren wir fast zweieinhalb Monate in Magdeburg. Das Leben im Lager ging seinen Gang, ohne dass etwas Besonderes passiert wäre, wenn man einmal davon absieht, dass einer der Häftlinge unter die Hochspannung von 10.000 Volt geriet und von der Leiter fiel, dabei aber am Leben blieb. Leute starben, der Grund dafür war das Lagerleben. Mir ist aber kein Fall in Erinnerung, dass jemand zur Vernichtung weggeschafft oder an Ort und Stelle ermordet worden wäre. Es war offensichtlich, dass die Nazis entschieden hatten, ihre ideologische Hauptaufgabe, mit der sie bis jetzt so erfolgreich fertig geworden waren, hintanzustellen und der Ausnutzung unserer Arbeitskraft den Vorrang zu geben. An anderen Orten dagegen, wo die militärische Lage sie zwang zurückzuweichen, setzten sie die Vernichtung durch sogenannte Todesmärsche weiter fort. Hunderte, wenn nicht Tausende von Häftlingen kamen während dieser Märsche um. Der Grund dafür waren Hunger, Kälte, Auszehrung und der brutale Umgang der Wachen mit ihnen.

Unser gleichförmiges Leben in Magdeburg wurde durch den sich immer mehr häufenden Klang der Sirenen unterbrochen, den wir wie eine himmlische Musik empfanden. Ein paar Mal hörte ich von meinen Kameraden, wie sie Gott baten, dass auch unsere Stadt bombardiert werden sollte. Nichts davon, dass auch wir dabei umkommen würden. Hauptsache war die Rache an dem Volk, dessen Vertreter unsere unschuldigen Angehörigen ermordet hatten. Auch ich äußerte eine solche Bitte, doch gleichzeitig dachte ich als kritisch veranlagter Mensch: Warten wir doch erst einmal ab, was wir sagen werden, wenn die Stunde der Bombardierungen schlägt. Bisher waren die Flugzeuge der Allierten nur über die Stadt hinweggeflogen.

Und diese Stunde kam. Am 16. Januar 1945 wurde Magdeburg massiv bombardiert. Die Stadt mit ihrer Bevölkerung von 400.000 Menschen hörte zum Teil praktisch auf zu existieren. Als an diesem Tag die Sirenen ertönten, ergriff die Lagerleitung anfangs keinerlei Vorsichtsmaßnahmen. Es war schon früher vielmals so gewesen, dass die feindlichen Flugzeuge die Stadt nur überflogen. Doch als die ersten Bomben detonierten, und man begriff, dass es dieses Mal Magdeburg betraf, wurde begonnen hektisch hin und her zu laufen und uns in die Luftschutzbunker zu treiben, sowohl die Arbeitsschicht in der Fabrik als auch die Schicht, die sich mit dem Dienstpersonal in den Baracken befand.

Im ersten Augenblick konnte ich die Sorge nicht verstehen, die sich die Lagerleitung um die Häftlinge machte. Als ich im Luftschutzbunker aber die Deutschen sah, darunter auch die Lagerwache, wurde mir klar, dass das ein notwendiger Schritt war. Wenn nur die Deutschen samt den Wachleuten im Luftschutzkeller untergebracht worden wären, hätten wir möglicherweise während der Bombardements weglaufen können. Während der Angriffe auf ihrem Posten zu bleiben, das wollten sie nicht. Das hatten sie aus dem Schicksal anderer Städte gelernt. Die Deutschen waren bemüht, ihre eigene Haut zu retten, und gezwungen, sich gemeinsam mit den verhassten Häftlingen vor den Bomben in Sicherheit zu bringen.

Ich bin überzeugt, dass der Ausdruck »Die Wände beben« keine leeren Worte sind. Am 16. Januar in Magdeburg war es der Fall, dass die dicken Betonwände eines solide gebauten Luftschutzkellers wackelten wie ein Bretterbau beim Erdbeben.

Meine Skepsis, als ich die Reaktion meiner Kameraden auf das Bombardement sah, beschämte mich. Alle Häftlinge um mich herum hatten vor Freude leuchtende Augen. Ja, man kann das Schadenfreude nennen. Aber ich bin sicher, dass dieses Gefühl absolut nicht den üblichen negativen Beigeschmack hatte. Wir wohnten einfach der Verwirklichung einer gerechten Strafe bei. Es wäre falsch zu behaupten, dass wir nicht um unser Leben bangten. Es wäre doch eine Schande, ausgerechnet jetzt umzukommen, wo doch schon Licht am Ende des Tunnels zu sehen war. Doch dieses Gefühl war für mich nur zweitrangig. Wichtig war, dass den Deutschen klar wurde, welchen Preis sie für die begangenen Verbrechen bezahlen mussten. Jetzt suche ich nach Worten, um die Gefühle zu beschreiben, die mich damals bei dem Bombardement beherrschten. Doch damals habe ich nicht so weit gedacht. Damals ließen sich meine Empfindungen mit den Worten ausdrücken, die ich immerfort wiederholte: »Da habt Ihr's!«

Wenn ich sage, dass Magdeburg nach dem Bombardement aufhörte zu existieren, dann ist das durchaus keine große Übertreibung. Bis zur Erfindung der Atom- und Wasserstoffbombe hat es das nicht gegeben, dass eine Stadt mit fast einer halben Million Menschen allein durch nur einen Bombenangriff völlig zerstört wurde.

Im August 1945 hatte ich Gelegenheit, durch das zerstörte Berlin zu streifen, auf Wegen, die mitten durch die zerstörten Häuser führten. Berlin war unzählige Male bombardiert worden. Trotzdem waren hier ganze Viertel unberührt geblieben. Natürlich ist Berlin größer angelegt als Magdeburg.

Unberührt geblieben waren auch unser Lager und unsere Fabrik. Ob die Luftwaffe der Verbündeten die militärische Bedeutung der Fabrik nun unterschätzt hatte oder das Lager verschonte, weil man wusste, dass dort Häftlinge waren, Tatsache ist, dass im Umkreis von 300 bis 400 Metern alles zerstört wurde, das Lager und die Fabrik aber verschont blieben. Doch nach dem 16. Januar wurde nicht einen Tag mehr produziert. Die Fabrik erhielt ihren Strom aus der nicht weit entfernten Stadt Dessau, und dort war die Energieversorgung bombardiert worden. Bis Kriegsende wurde kein Industriestrom mehr in die Fabrik geliefert.

Unser Leben im Lager änderte sich. Wir wurden zur Beseitigung der Ruinen in der Stadt herangezogen und später ebenfalls dort zum Bau von Panzersperren. Wir arbeiteten unter winterlichen Wetterbedingungen, bei Mangel an Nahrung, nur mit unseren Händen, völlig unzureichend ausgerüstet für die schwere körperliche Arbeit, wie sie das Wegräumen von Ruinen darstellte. Darum war es leicht verständlich, dass wir nicht lange imstande sein würden, diese Arbeit zu verrichten. Unsere verhältnismäßig geringe Todesrate in Magdeburg lässt sich auch dadurch erklären, dass wir in einer warmen Fabrik arbeiteten. Der dafür nötige Energiebedarf unserer Körper zog, auch wenn er durch die ausgegebene Verpflegung nicht kompensiert werden konnte, nicht schon in kurzer Zeit den Tod nach sich. Wir magerten ab, wenn auch nur langsam. Jedoch bei der äußerst schweren Arbeit drohte uns die Gefahr, das Ende des Krieges nicht mehr zu erleben. Das war für uns das Fazit, das wir aus dem Bombardement vom 16. Januar 1945 zogen.

So verwunderlich es sich auch anhört, aber der Einsatz auf der neuen Arbeitsstelle hatte für uns auch positive Folgen. Und zwar eine neue Nahrungsquelle. Das kam daher, dass nach dem Bombenangriff in vielen Häusern Feuer ausbrach und die Kartoffelvorräte in den Kellern der Häuser regelrecht geröstet wurden. In der ersten Zeit unserer Arbeit, als wir die Ruinen wegräumten, fand ich auf Schritt und Tritt zum Verzehr fertig geröstete, noch warme Kartoffeln. In den Kellern konnten wir für die Winterzeit eingelagertes Gemüse und als Konserven eingemachtes Obst sowie in den nicht ausgebombten Wohnungen andere Lebensmittel finden. Das schwierige Problem bestand nur in der Frage, wie wir an diese Schätze herankommen könnten. Zuerst, als wir die Straßen von Ruinenresten säuberten, hatten wir alle Zugang zu den Kellern. In Anbetracht der sich verschlechternden Lage an der Westfront, begannen die Deutschen nach einiger Zeit, uns zum Bau von Panzersperren in der Stadt einzusetzen. Die Sperren wurden aus Material errichtet, das wir aus den Ruinen holten, durch U-Träger befestigt, die wir dorthin schleppten, und mittels Ziegelschuttes bedeckt, den wir aufschaufelten.

Auf diese Weise hatten einige von uns, die noch weiter in den Ruinen arbeiteten, Zugang zu den Kellern und den teilweise unversehrt gebliebenen Wohnungen. Andere dagegen mussten mit der Schaufel in der Hand beim Bauen von Panzersperren helfen und hatten daher keinerlei Möglichkeit, nach Lebensmitteln zu suchen. Ich hatte schnell mitbekommen, dass ich beim Verlassen des Lagers zur Arbeit nur in den hinteren Reihen stehen musste, um mein Problem zu lösen. Bei der Ankunft an der Arbeitstelle würden die Schaufeln den vorderen Reihen zugeteilt werden, und die Übrigen, darunter auch ich, würden zu einer für uns gewinnbringenden Arbeit eingeteilt, nämlich in den Ruinen nach Baumaterial für die Panzersperren zu suchen. Drei Tage lang frohlockte ich mit den anderen, die auch so schlau gewesen waren, am vierten

Tag aber konnte der Kapo unserer Arbeitskolonne nicht mehr verstehen, warum er beim Verlassen des Lagers zur Arbeit keine Kolonne mehr aufstellen konnte. Die ersten Reihen lösten sich auf unerklärliche Weise einfach auf. Nachdem er erst erfolglos versucht hatte, uns »Aufrührer« zu besänftigen, wandte er nun Gewalt an. Auch wenn sie sich nicht gegen mich richtete, so stellte ich mich doch lieber in die vorderen Reihen und schwang, mein Pech verfluchend, den ganzen Tag die Schaufel.

Aber ich haderte nicht nur mit meinem Schicksal, sondern bemühte mich um einen Ausweg aus der entstandenen Situation. Ich merkte, dass manch einer von denen, die der Kapo gewaltsam in die ersten Reihen gezwungen hatte, trotzdem nicht schaufelnd zu sehen war. Mir war klar, welche List sie angewandt hatten, und so beschloss ich, am nächsten Tag ihrem Beispiel zu folgen. Das Bild vom Vortag wiederholte sich. Die ersten Reihen liefen auseinander, der Kapo brüllte, woraufhin einige, darunter auch ich, freiwillig in der ersten Reihe stehen blieben. Bis zum Arbeitsplatz waren es anderthalb Stunden Fußmarsch. Als wir ankamen, wartete man schon mit Schaufeln auf uns. Da entfernte ich mich aus der Reihe, näherte mich dem Leiter der Wache und bat ihn, mit der Mütze in der Hand vor ihm strammstehend, austreten zu dürfen. Als ich seine Erlaubnis bekommen hatte, entfernte ich mich gesetzten Schrittes und verweilte etwas länger, als es nötig gewesen wäre. Als ich zurückkam, waren die Schaufeln schon verteilt, und ich konnte in den Ruinen meinen Erfolg feiern.

Am folgenden Tag wiederholte ich dieses Manöver, war aber jetzt nicht mehr der Einzige, der austreten wollte. Der Beginn des dritten Arbeitstages könnte als Szene aus einem Film über den KZ-Alltag gegen Kriegsende dienen. Die ganze Kolonne stand mit offenen Hosenschlitzen und dem Rücken zur Wache und pinkelte oder tat so. Jeder war bemüht, sich nach allen Seiten umschauend, die Sache mehr als seine Nachbarn in die Länge zu ziehen, um nicht in die Reihe zurücktreten zu müssen, ehe nicht alle Schaufeln verteilt waren. Im ersten Moment war die Wache verdutzt und verstand den Sinn des Ganzen nicht. Als sie jedoch schließlich begriff, was vor sich ging, stürzte sie sich auf die Häftlinge und begann, mit ihren Gewehrläufen auf sie einzuschlagen. Die Häftlinge versuchten, im Laufen ihre Hosenschlitze zu schließen und gleichzeitig den Schlägen auszuweichen, um danach schnell wieder ihren Platz in der Reihe einzunehmen.

In den nächsten Tagen wurde der Kampf um die letzten Reihen in die Zeit verschoben, als die Häftlinge das Lager zur Arbeit verließen. Denn die Wache passte genau auf und ließ bis zur Schaufelverteilung weder Umsetzungen in den Reihen zu noch deren Verlassen. Im Kampf um einen Platz in den letzten Reihen war ich nicht erfolgreich, und daher in der Regel unter denjenigen, die mit der Schaufel arbeiteten. Glühend beneidete ich diejenigen, die in den Kellern und den zerstörten Wohnungen herumstöbern konnten, um so ihre tägliche Ration aufzubessern und abwechslungsreicher gestalten zu können. Ich erwähne das so ausführlich, weil die Bedeutung dieser zusätzlichen Nahrungsquelle gar nicht hoch genug eingeschätzt werden kann.

Einmal kam während der Arbeit ein Mithäftling mit dem Vorschlag zu mir, 50 Zwiebeln ins Lager zu transportieren, die er in einem Keller »organisiert« hätte. Für meine Dienste sollte ich 10 Zwiebeln davon abbekommen. In Gedanken kostete ich schon von dem bevorstehenden Gelage voller Vitamine und lobte mich für die edelmütige Absicht, die Zwiebeln mit Mika und Sigi zu teilen. Nachdem ich die Zwiebeln in das Unterhemd gestopft und mir alle Taschen gefüllt hatte, stellte ich mich in die Kolonne zum Abmarsch ins Lager. Und da erlebte ich eine schreckliche Enttäuschung. Man sagte mir, dass irgendein Idiot von Häftling in einer ausgebombten Wohnung Koffer entdeckt und daraus Tafelsilber an sich genommen hatte. Genau an diesem Tag war der Hausherr in die Wohnung gekommen, um nachzusehen, wie es dort aussah, entdeckte den Verlust und informierte unsere Wache. Es war völlig klar, dass man uns bei der Rückkehr ins Lager durchsuchen würde, und Gnade dem, bei dem man etwas fände.

Ich verhielt mich so, wie ein Häftling sich verhalten soll. Bis zum Lager hatten wir einen Fußmarsch von anderthalb Stunden. In dieser Zeit musste ich nun meinem Organismus Vitamine in der größtmöglichen Menge zuführen. Gesagt - getan. Ich fing an, wie rasend eine Zwiebel nach der anderen zu verschlingen. Ich aß und schwamm in Tränen. Die Zwiebeln hatten einen beißenden Geschmack. Der Boden Sachsen-Anhalts ist bekannt für seine gut gedeihenden Zwiebeln. Davon konnte ich mich jetzt selbst überzeugen. Wie viel Zwiebeln ich tatsächlich gegessen habe, weiß ich heute nicht. Es waren aber bedeutend mehr, als mir zugestanden hätten.

Das waren noch nicht alle meine Abenteuer dieses Tages. An unserer Kolonne ging ganz nahe eine Gruppe von Luftwaffenhelferinnen vorbei, die sich auf Lettisch unterhielten. Automatisch sagte ich etwas auf Lettisch. War es nun diese für die Lettinnen unerwartete Begegnung oder waren es die Tränen in meinen Augen, die eins der Mädchen erweichen ließ, jedenfalls steckte sie mir heimlich ein Kommissbrot zu. Dieses Brot musste ich ebenfalls unterwegs aufessen. Auf der einen Seite war Brot mit Zwiebeln besser als nur Zwiebeln. Auf der anderen Seite aber sagte ich mir, dass ich 50 Zwiebeln nicht aufessen könnte und einen Teil davon würde wegwerfen müssen. Hierzu wäre ich moralisch in der Lage gewesen. Aber es ging über meine Kräfte, Brot wegzuwerfen. Das hätte ich mir nie verziehen. Gut, dass uns die Mädchen auf halbem Wege trafen. Ich lief nun, in Tränen aufgelöst, und verschlang mein Brot. Aus dem Vergnügen zu essen wurde nun eine quälende Prozedur. Ich musste, koste es, was es wolle, das Brot aufessen. Ich schaffte es, und nicht weit vom Lagereingang entfernt warf ich die restlichen Zwiebeln fort. Da hatte mein Bauch schon die Form eines Basketballs. Nachdem wir die Kontrolle problemlos hinter uns gebracht hatten, bei keinem von uns war etwas gefunden worden, verteilten wir uns auf die Blocks. Wie üblich wurde vor dem Abendessen das Brot verteilt. Ich war ganz unglücklich darüber, dass ich den Brotkanten wieder nicht bekam, und aß in aller Seelenruhe abends meine ganze Ration auf, die auch für das Frühstück bestimmt war. Ich weiß nicht, was dabei größer war: die Gier, oder das in jedem Häftling vorherrschende Gefühl, dass, was man drinnen hat, einem nicht weggenommen werden kann. Vielleicht hatte ich bereits einen krankhaften Zustand von Unersättlichkeit erreicht, den ich bei anderen später beobachten konnte. An mir jedoch bemerkte ich ihn damals nicht.

Die folgenden Tage verliefen einer wie der andere. Wir machten weiter mit dem Wegräumen der Ruinen und dem Bau von Panzersperren in panzergefährdeten Richtungen. Hin und wieder krachte es in der Ferne, aber dabei handelte es sich nicht um Fliegerbomben. Die Wachleute wurden bei der Arbeit immer wütender, gleichzeitig aber war bei ihnen eine gewisse Unsicherheit festzustellen. Manche von ihnen waren jetzt bereit, sich mit den Häftlingen zu unterhalten. Andere wiederum gaben damit an, dass der Feind bald die Wucht der Vergeltungswaffe zu spüren bekäme. Doch war in ihren Worten nichts mehr von der früheren Überzeugung zu spüren. Auch wir waren nervös. Der größte Teil der Gespräche drehte sich um die Frage, wie man den Vernichtungsaktionen im letzten Moment entgehen könne. Wir sollten auf keinen Fall am Leben bleiben, das wussten wir ganz sicher. Das hatte uns unsere Erfahrung gelehrt.

Damals wussten wir nichts davon, dass die Häftlinge im Osten Deutschlands in unmittelbarer Nähe der sowjetischen Truppen nicht total vernichtet wurden, sondern die Deutschen bei ihrem Rückzug Todesmärsche organisierten. Dabei gingen die Schwächeren, die den Belastungen der Märsche nicht gewachsen waren, zugrunde. Die Kräftigeren, die befreit wurden, wurden unmittelbar nach ihrer Befreiung in die sowjetische Armee eingezogen. Wir hatten keine Ahnung von der tatsächlichen Lage an den Fronten. Alle unsere Informationen waren überholt und nur das Krachen, das wir wie einen Bravourmarsch empfanden, zeugte davon, dass bald etwas passieren würde.

MAGDEBURG. SIEBEN STUNDEN FREIHEIT

11. APRIL 1945

Der 11. April fing ganz normal an. Wie gewöhnlich kam nach dem Gesöff, das Kaffee genannt wurde, der Befehl zum Aufstellen. Dasselbe Gedränge, niemand wollte in die ersten Reihen, denn dort drohte die Arbeit mit der Schaufel, statt ungehindert nach Konserven suchen zu können. Dieselben Schreie des Lagerältesten und der SS-Männer, die zur Arbeit antrieben, derselbe lange Weg durch die zerstörte Stadt. Eineinhalb bis zwei Stunden nach Beginn unserer Arbeit schlug das Geheul der Sirenen an unsere Ohren. Das Heulen der Sirenen war in Magdeburg an und für sich nichts Besonderes und diente nur als Zeichen dafür, dass feindliche Flugzeuge die Stadt überflogen. Da die Stadt ja im Grunde schon zerstört war, reagierte niemand ernsthaft darauf. Die Angriffe galten auch ganz offensichtlich nicht Magdeburg. Die Flugzeuge flogen über die Stadt hinweg, um andere Städte zu attackieren.

An diesem Tag aber hatte die Sirene einen ungewöhnlichen Klang. Das war nicht der bekannte, mal hohe, mal tiefe Ton, der den Beginn eines Fliegerangriffs ankündigte. Der Ton hatte nur eine gleichbleibende Höhe und wurde zweimal von einer kurzen Pause unterbrochen. Wie man mir später erklärte, deutete das auf den Beginn eines Panzerangriffs hin. Wie auf Kommando unterbrachen wir alle unsere Arbeit und machten uns Gedanken darüber, was das wohl bedeuten könne. Klar war, dass der Sirenenton etwas Ungewöhnliches zu bedeuten haben musste. Die Wache reagierte auf unsere Arbeitsunterbrechung in keiner Weise, sondern diskutierte ebenfalls über den ungewöhnlichen Alarm. Die Ungewissheit dauerte nicht lange. Ungefähr eine Stunde nach dem Sirenensignal sahen wir eine Gruppe von Männern, die sich uns näherte. Als sie nahe genug herangekommen waren, zeigte sich, dass es SS-Männer aus der Lagerwache waren. Sie sahen irgendwie seltsam aus. Einige von ihnen trugen Militäruniformen, andere Zivil. Doch alle hatten sie Armbinden des Internationalen Roten Kreuzes. Die Kombination von SS-Visagen, Militäruniformen und Zivilkleidung unter voller Bewaffnung und Armbinden des Roten Kreuzes – das war auch eine Filmszene wert. Sie liefen völlig undiszipliniert. Ihr Gang, ganz zu schweigen von ihren Stimmen, hatte sich verändert. Statt der abgehackten, bellenden Stimmen, die gewohnt waren, uns Befehle zu erteilen, uns, den Untermenschen, jetzt diese normale, menschliche Redeweise. Statt des Ganges, der die eigene Bedeutung demonstrieren sollte, und trotz der militärischen Haltung schleppten sie sich irgendwie unsicher über die Straße.

Einer der SS-Männer gab bekannt, dass ein Angriff amerikanischer Panzer zu erwarten und es im Lager ungefährlicher sei als im gefährdeten Abschnitt im Stadtzentrum. Er schlug uns höflich vor, ins Lager zurückzukehren, wo ein Mittagessen auf uns wartete. Ich war in diesem Moment nicht nur von der äußeren Verwandlung der

SS-Männer verblüfft, sondern viel mehr noch dadurch, dass sie sich von einer Sekunde zur anderen, wenn auch nur äußerlich, aus Unmenschen in normale Männer verwandeln konnten, die sich freundlich mit uns unterhielten. Die Fähigkeit zur Mimikri auf der einen Seite und die bisher unbegrenzten Möglichkeiten der Regierung, die Menschen in ihrem Interesse manipulieren zu können auf der anderen, das blitzte plötzlich als eine eng verbundene Kombination in meinem erhitzten Hirn auf. Mimikri deshalb, weil die SS-Männer, nachdem sie sich die Rot-Kreuz-Armbinden umgelegt hatten, zu demonstrieren versuchten, dass sie keine Verbrecher seien, sondern vielmehr humane Wesen. Der Begriff »Manipulation der einfachen Leute« passte ebenfalls zu dem Verhalten der SS-Männer. Aufgrund meiner Erfahrungen im Umgang mit Vertretern der SS schien es mir gänzlich unmöglich, dass diese menschenähnlichen Wesen imstande waren, sich normal zu verhalten, sich einer normalen Sprache zu bedienen. Umso mehr verblüffte mich, dass sie sich während des ganzen anderthalbstündigen Weges zurück ins Lager freundlich mit uns unterhielten, sodass ich eine Minute lang zweifelte, ob sie ursprünglich normale Kinder und Jugendliche gewesen und erst durch die NS-Propaganda so manipuliert worden waren, dass sie zu Verbrechern wurden.

Die Frage nach der Mimikri, mehr noch nach der Fähigkeit der Regierung, die Massen des einfachen Volkes zu manipulieren, die für einen Augenblick in mir hochkam, hat mich auch weiter beschäftigt und beschäftigte mich mein ganzes Leben lang. Totalitäre Regime halten daran fest und sind ohne Manipulation nicht denkbar. Die Manipulation der Menschen war die unerlässliche Voraussetzung für die jüdische Katastrophe in Europa. Dazu muss man aber auch sagen, dass es auch in demokratischen Staaten Versuche zur Manipulation der Massen gibt, allerdings mit dem Unterschied, dass diesen Versuchen mit demokratischen Mitteln begegnet werden kann.

Auf dem Rückweg ins Lager war ich auch mit einer anderen Frage beschäftigt. Bedeuteten meine Beobachtungen, dass wir jetzt frei waren? Warum jubelten meine Kameraden nicht und ich nicht mit ihnen? Weshalb schwatzten sie so freundschaftlich mit den SS-Männern? Wenn das wirklich die Freiheit sein sollte, wie sollten wir dann die neben uns laufenden Männer mit den Rot-Kreuz-Armbinden für ihre Verbrechen zur Verantwortung ziehen? Sie unterschieden sich doch offensichtlich nicht von normalen Menschen!

Die Lagertore waren geöffnet und von niemandem bewacht. Über den Platz liefen Häftlinge, die sich schon der veränderten Situation angepasst hatten, geschäftig hin und her. Männer im Zivil waren darunter auszumachen, die unschwer als ehemalige SS-Männer zu erkennen waren. Auch sie trugen Rote-Kreuz-Armbinden. Mitten auf dem Platz stand eine Feldküche, auf die Häftlinge mit Schüsseln zugingen, und SS-Männer verteilten köstlich duftende Suppe. Das war nicht die uns bekannte öde, inhaltslose Suppe, sondern ein kulinarisches Kunstwerk. Möhrensuppe in einer Bouillon mit Fettaugen, die für mich einen Geschmack hatte, der nicht von dieser Welt war. Vier Jahre lang hatte ich so etwas nicht gegessen. Ich kann sagen, dass, als ich diese Suppe aß, ich zum ersten Mal das Gefühl hatte, etwas in meinem Leben habe sich geändert. Vor der Suppe hatte ich irgendwie automatisch die Veränderungen wahrgenommen, mein Verstand hatte sie registriert, mein Gefühl aber noch nicht. Vielleicht auch deshalb, weil ich, wie auch meine Kameraden, nicht frohlockte. Und das nicht nur aus Angst vor den SS-Männern.

Die SS-Männer verwunderten mich sehr. Bis zum 11. April hatten sie uns bewusst mit allen möglichen Abfällen und verfaulten Kartoffeln ernährt. An diesem Tag kamen sie offenbar zu dem Schluss, dass es so nicht weitergehen könne. Kurz vor dem Einmarsch der Amerikaner könnte ein Aufruhr mit unvorhersehbaren Folgen drohen. Schnell stellten sie sich daher um. Erst Rote-Kreuz-Armbinden, dann die herrliche Suppe. Am Morgen noch das jahrelang gewöhnte Lagersystem, drei Stunden später diese grundsätzliche Veränderung. Sie hatten sich auf diese Situation nicht vorbereiten können, konnten sich aber augenblicklich radikal umstellen. Direkte Beweise dafür habe ich nicht. Doch die Tatsache, dass morgens nur Verfaultes und Abfälle in den Kessel kamen, sich aber um 12 Uhr dort die wunderbare Suppe befand, gibt Anlass zu solchen Vermutungen.

Wenn ich lese, was ich über die Suppe geschrieben und wie viel Zeit ich auf den vorangegangenen Seiten der Frage von Essen und Hunger gewidmet habe, riskiere ich, in den Augen des Lesers in ein ungünstiges Licht zu geraten. Nämlich als jemand zu erscheinen, dessen Interesse einzig und allein um die Frage kreist: »Wo gibt es etwas zu fressen?« Was ist da zu tun? Im Vorwort hatte ich versprochen, nur die Wahrheit zu schreiben. Daran halte ich mich auch hier.

Nach dem Essen entschied ich mich zu einem Gang in die Stadt, zunächst ohne konkretes Ziel. Innerlich natürlich zutiefst von der Hoffnung getrieben, auf die Spitzen der einrückenden Armee der Amerikaner zu stoßen. Meine Gedanken kamen den Ereignissen zuvor, da mir weder Amerikaner begegneten, noch hörte ich Kampflärm. Auch Deutsche, gleich ob Zivilisten oder Militärs, befanden sich nicht in den Straßen. Dagegen viele ausländische Arbeiter, die die neue angenehme Situation nutzten, sich beim Umherstreifen in der Stadt an irgendetwas zu bereichern.

In der Umgebung des städtischen Kühlhauses traf ich auf einen Arbeiter, der ein Butterfass vor sich herrollte. Er erzählte mir, dass er mit seinen Kameraden in ein Kühlhaus eingedrungen sei, woher das Fass stamme. Auf meine schüchterne Frage, ob er mir nicht ein Stück Butter geben könne, antwortete er, dass ich doch sähe, dass er nur ein Fass habe. Wären es zwei, würde er sicherlich teilen. Ein Fass allein würde kaum für seine Kameraden reichen.

So ging ich während meines Ausfluges leer aus und kehrte ins Lager zurück, wo sich herausstellte, dass während meines Spaziergangs etwas existentiell Wichtiges an mir vorübergegangen war. Meine Kameraden hatten das Versorgungsgebäude, darunter auch die Kleiderkammer, geplündert. Mir fiel nur eine Hose aus Sackleinen und eine deutsche Militärjacke zu. Da ich nichts Besseres hatte, zog ich mir diese Sachen an, und war dadurch die verhasste gestreifte Häftlingsgarderobe los. Ich warf sie weg. Heute würde ich sie wie eine Reliquie hinter Glas aufbewahren. Die deutsche Militärjacke sollte noch eine ganz bestimmte Rolle in meinem weiteren Leben spielen.

Inzwischen begann es zu dunkeln, und ich nahm verwundert wahr, dass auf den Wachtürmen von Neuem bewaffnete Wachposten zu sehen und die Lagertore geschlossen waren. Nach einiger Zeit ertönte der Befehl, sich zum Abendappell aufzustellen. Das war unerhört. Jede Minute konnten die Amerikaner erscheinen, doch die

SS sang die alte Leier. Die Rot-Kreuz-Armbinden fielen ab, und vor uns baute sich der Rapportführer auf und hielt eine Rede folgenden Inhaltes: Die Amerikaner sind vor der Stadt zurückgeschlagen worden, und jetzt begännen die Kämpfe um die Stadt. Artilleriegeschosse könnten unbeabsichtigt in Richtung Lager abgehen, wodurch es Opfer geben könne. Die Deutschen würden alles tun, um Opfer unter den Lagerhäftlingen zu vermeiden. Deshalb beabsichtigten sie, uns am folgenden Tag, dem 12. April, aus der Stadt an einen sichern Ort zu bringen.

Als ich hörte, dass wir aus Magdeburg weggebracht werden sollten, reagierte ich absolut reflexhaft. Gerade in dem Moment an einen anderen Ort gebracht zu werden, wo doch jeden Augenblick die Befreiung kommen musste, bedeutete nichts anderes als Vernichtung. Unsere wiederholten, jahrelangen Erfahrungen wurden offenbar nur ein weiteres Mal durch die Äußerungen des Rapportführers bestätigt. Als 1941 die Vernichtungsaktion unserer Angehörigen vorbereitet wurde, hatten die Deutschen auch erklärt, dass das Ghetto aufgelöst würde und alle Frauen, Kinder und arbeitsunfähigen Männer in ein anderes Lager überführt würden. Statt eines anderen Lagers hatten sie die Gruben in Rumbula erwartet. Nach der Selektion im Deutschen Ghetto, als die alten Männer und Frauen in die blauen städtischen Autobusse gesetzt worden waren, wurde ihnen versichert, dass sie nach Dünamünde führen, wo sie in einer geheizten Fischverarbeitungsfabrik arbeiten sollten. Statt der versprochenen Arbeit an einem warmen Ort waren sie entweder nach Bikernieki oder Rumbula zur Vernichtung gebracht worden. Dasselbe war mit den lettischen Juden am 31. Oktober 1942 nach der Selektion am Tag der Erschießung der jüdischen Polizisten des Kleinen Ghettos passiert. Ihnen war ebenfalls versichert worden, dass sie in ein anderes Lager kämen. Die Aufzählung der Euphemismen, der Lügen und Beteuerungen für die bevorstehende Vernichtung der jüdischen Ghetto-Insassen, für ihre Verbringung an einen anderen Ort in ihrem eigenen Interesse, ließe sich endlos fortsetzen. Das Ziel dieser Lügen war offensichtlich. Im Interesse eines störungsfreien Ablaufs des Tötungsprozesses sollte eine Panik unter den Häftlingen verhindert werden. Wundert es da, dass ich und sicher auch andere Häftlinge in Magdeburg diesen starken Reflex entwickelten? Dieser Reflex ergriff so sehr Besitz von mir, dass, wenn ich jetzt darüber nachdenke, meine Reaktion auf die Rede des Rapportführers mit dem Verhalten eines Mondsüchtigen zu vergleichen ist, eines Menschen also, der sicher am Dachrand eines Wolkenkratzers schlafwandelt.

Alles, was ich in den nächsten Minuten und Stunden nach der Rede des Rapportführers getan habe, war kaum das Ergebnis reifer Überlegungen, sondern geschah spontan, größtenteils vom Unterbewusstsein gesteuert, wenn auch im Rahmen bewussten Handelns. Mir war klar, dass ich den Worten des Rapportführers nicht eine Sekunde glauben und seinen Anordnungen keinesfalls Folge leisten durfte. Heute, nach 60 Jahren, finde ich immer noch keine vernünftige Antwort auf die Frage, warum ich mich nicht mit meinem Bruder, meinem besten Freund Sigi und meinem Freund Teva Gläser beraten habe. Warum wir nicht versucht haben, uns gemeinsam zu retten. Da jeder von uns selbstständig entschied, kann ich nur vermuten, dass wir alle unter dem Einfluss desselben Reflexes handelten.

In Abwandlung des bekannten Buchtitels »Jeder stirbt für sich allein« kann ich sagen, dass unter den Bedingungen der Situation vom 11. April jeder nach dem Prinzip handelte: »Jeder rette sich für sich allein«. Soviel ich mich erinnere, beschloss ich, mich sofort nach Beendigung des Appells zu verstecken, und begann fieberhaft darüber nachzudenken, wo. Die Konzentrationslager sind so gebaut, dass der Häftling immer und überall gesehen werden kann. Die Baracke, in der wir lebten, schied aus, weil es da keinen Winkel gab, wo ich mich hätte verstecken können. Andere Stellen auf dem Lagergelände fielen mir nicht ein. Indem ich fieberhaft nachdachte, wohin ich flüchten könnte, erinnerte ich mich, dass wir während des Bombenangriffes auf Magdeburg im Luftschutzbunker waren. Ich sollte versuchen, jetzt dort ein Versteck zu finden. Zu dieser Überlegung trug entscheidend bei, dass es im Bunker zwei Eingänge gab, was mir die Illusion verschaffte, fliehen zu können, falls man mich im Bunker suchen sollte.

Ich ging also zum Bunker. Die Eingangstür stand offen. Ich weiß nicht mehr, was für ein Licht brannte, doch erinnere ich mich, dass keine ägyptische Finsternis herrschte. Nachdem ich mich ungefähr 10 m ins Innere des Bunkers vorgewagt hatte, erblickte ich vor mir ein eisernes Bettgestell, auf dem ein röchelnder SS-Mann in Felduniform lag. Ein starker Fuselgeruch ging von ihm aus. Ich blieb wie angewurzelt stehen. Dann kam mir eine Erleuchtung. Nachdem ich mich überzeugt hatte, dass der SS-Mann einen totenähnlichen Schlaf schlief, beschloss ich, mich unter seinem Bett zu verstecken, statt aus dem Bunker wegzulaufen. Denn ich war sicher, dass sie mich suchen würden, und zwar mit Hunden, die auf den Geruch von Häftlingen abgerichtet waren. Ich hoffte, dass der von dem schlafenden SS-Mann ausgehende starke Fuseldunst den Geruch meines Körpers überdecken würde. Dazu kam, dass ich die KZ-Kleidung hatte ablegen können, was den von mir ausgehenden spezifischen Häftlingsgeruch zweifellos abschwächte. Und ich hoffte ebenfalls, dass die Deutschen nicht auf die Idee kämen, mich unter dem Bett eines SS-Mannes zu suchen. Eine derartige Unverschämtheit eines Häftlings musste meiner Meinung nach außerhalb ihrer Vorstellungskraft liegen.

Ich lag auf dem Zement-Fußboden, von der Außenwelt trennte mich außer dem im Bunker herrschenden Halbdunkel auch die Decke, die vom Bett des SS-Mannes herunterhing. Diese meine Entscheidung erschien mir als höchster Ausdruck von Mutterwitz und Findigkeit während der ganzen Zeit meiner Ghetto- und Lagerjahre. Ich kann mich nicht mehr daran erinnern, ob ich in der Nacht vom 11. auf den 12. April ein bisschen geschlafen habe, wohl eher nicht. Erstens störte mich das unaufhörliche Röcheln des SS-Mannes und zweitens, und das war der Hauptgrund, befand ich mich in einer fürchterlichen Anspannung. Sollte man mich entdecken, wäre meine Lage nicht gerade beneidenswert.

In der Nacht passierte nichts. Lagerlärm drang nicht herüber. Ein Problem für mich war, dass ich nicht auf die Toilette gehen konnte, aber ich riss mich zusammen. Was am Morgen vor sich ging, schloss ich aus dem Lärm, der verschwommen vom Lagergelände herüberwehte. Doch bald verstummte der. Der SS-Mann röchelte weiter. Mir aber wurde es immer schwerer, meine Notdurft zurückzuhalten. Hinzu kam der Hunger, den ich allmählich verspürte, denn ich hatte seit der wunderbaren Möhrensuppe nichts mehr gegessen. Ich lag unter dem Bett und stieß mit dem Fuß an eine kleine Schachtel. Als ich sie näher heranzog und in die Hand bekam, entdeckte ich darin ein Päckchen Margarine, die mir für den 12. April als Mahlzeit diente.

Es verging einige Zeit, bis ich Hundegebell hörte und bald auch deutsche Stimmen vernahm. Jetzt kam der entscheidende Moment! Die Deutschen kamen mit den Hunden in den Bunker und näherten sich uns mit Taschenlampen. Die Anspannung war so groß, dass ich mir den Inhalt ihrer Gespräche nicht merken konnte. Die Hunde nahmen meine Spur nicht auf. Den SS-Mann weckten die Deutschen nicht, sondern entfernten sich weiter in die Tiefe des Bunkers. Ich bekam von ihrer Anwesenheit nichts weiter mit. Offenbar verließen sie den Bunker durch die zweite Tür, und ich konnte meine Notdurft verrichten. Es vergingen noch einige Stunden, die mir wie eine Ewigkeit vorkamen. Dann erwachte der SS-Mann und verließ sofort den Bunker. Etwas später stand auch ich auf und ging ebenfalls. Meiner Schätzung nach habe ich nicht weniger als 26 Stunden unter dem Bett des Mannes gelegen.

Ich ging hinaus und auf unsere Baracke zu. Es war irgendwie unheimlich und dunkel. Der Himmel war mit Wolken verhangen. Kein Mondschein und auch keine Sterne am Himmel. Mir war, als wäre ich mutterseelenallein auf der ganzen Welt. Das Gefühl der Angst wurde noch dadurch verstärkt, dass die Barackentüren wegen des Windes knarrten und klapperten. Mir kam die Frage: »Was weiter?« Nach kurzem Überlegen entschied ich, mein Glück in einem der nächsten Häuser in unmittelbarer Nähe des Lagers, die nicht zerstört waren, zu versuchen, in eine der Wohnungen zu gehen und um Obdach zu bitten.

Ich dachte, das sei ganz einfach. Heute oder morgen würden die Amerikaner in die Stadt kommen. Jeder x-beliebige Deutsche wäre froh, mir für einige Tage Zuflucht zu gewähren. In gewissem Sinne würde ich dieser Familie als eine Art Ablassschein dienen, hätten sie doch einen Häftling gerettet. Um diese Idee in die Tat umzusetzen, musste ich das Lager verlassen. Ich war überzeugt, dass die Lagertore verschlossen sein würden. Auf den Toren wie auch auf dem ganzen Zaun, der das Lager umgab, war ein Geflecht von Stacheldraht. Das zweite Problem bestand darin, dass ich nicht wusste, ob die Umzäunung unter Strom stand. Für den Fall, dass sie unter Hochspannung stünde, müsste ich mich unbedingt um eine Isolierung kümmern. Ich ging daher in unsere Baracke, nahm mir ein Dutzend Decken und warf sie über den Zaun. Auch heute bin ich mir nicht sicher, ob es mir damals gelungen wäre mit den Decken die nötige Isolierung herbeizuführen. Es ist wahrscheinlich, dass die Drähte nicht unter Strom standen. Nachdem ich mühsam auf den Zaun geklettert war, sprang ich auf der anderen Seite des Zauns hinunter und hörte sofort den Knall eines Schusses. Ob auf mich geschossen worden war oder ob der Schuss zufällig mit meinem Sprung zusammenfiel, weiß ich nicht. Jedenfalls lief ich schnell vom Zaun fort in Richtung der einige Meter entfernt stehenden Häuser.

Es war sehr dunkel, und die Fensterscheiben schimmerten schwarz. Nur in einer Wohnung in der dritten Etage zeugte ein schmaler Lichtstreifen hinter der Verdunkelung davon, dass in dieser Wohnung die Leute noch nicht schliefen. Ich näherte mich dieser Wohnung und klopfte an die Tür, weil ich in der Dunkelheit die Klingel nicht finden konnte. »Wer ist da?« Ich schaffte es nicht einmal zu sagen, dass ich ein Häftling aus dem Lager nebenan sei, als schon die Antwort kam, dass ich mich augenblicklich entfernen solle, sonst würde man die Polizei rufen. Da ich diese Drohung ernst nahm, verließ ich das Haus und versuchte mein Glück im Nebenhaus. Mit demselben Erfolg, aber dem einen Unterschied, dass man mich zu Worte kommen ließ und nicht mit der Polizei drohte. Auch hier weigerte man sich jedoch kategorisch, mich aufzunehmen.

Mir wurde klar, dass meine Idee mit dem »Ablassschein« nicht griff. Die Deutschen wollten entweder aus Angst vor Rache oder aus Loyalität zur Führung bis zum Schluss kein Risiko eingehen und einem Häftling keinen Unterschlupf bieten. Es gab also nur einen Ausweg: Mich trotz der Dunkelheit auf den Weg ins Stadtzentrum zu machen, und zwar denselben Weg zu gehen, den wir gewöhnlich zur Arbeit gingen, und irgendwo in den Ruinen zu übernachten. Guter Rat kommt gewöhnlich über Nacht.

MAGDEBURG. ICH BIN WIEDER HÄFTLING

13. BIS 14. APRIL 1945

Im Zentrum von Magdeburg stieg ich in einem mehrstöckigen Haus in den vierten Stock hinauf, ging in eines der Zimmer, legte mich dort auf den Fußboden und schlief einen totenähnlichen Schlaf. Als ich am Morgen aufwachte, erstarrte ich. Ich war von heruntergefallenem Putz bedeckt, außerdem habe ich für jedermann sichtbar dagelegen. Das Zimmer hatte nämlich keine Außenwand. Das Haus war durch Bomben derart verwüstet worden, dass es keine Fassade mehr hatte. In der nächtlichen Dunkelheit und meiner totalen Müdigkeit, hatte ich das nicht bemerkt. Die Folgen ließen nicht auf sich warten. Ein Mann zeigte mit der Hand auf mich, und sofort sammelte sich ein Kreis von Menschen um ihn herum. Ich stürzte die Treppe hinunter und nahm Reißaus. Daraufhin verfolgte mich die ganze Gruppe. Als mir die Verfolger zurückzubleiben schienen und mich nicht mehr sehen konnten, huschte ich in den Eingang eines kleineren Hauses, ging in den Keller hinunter und geriet in die Waschküche.

In dem Raum stand ein großer Waschkessel. Dahinter sah ich ein kleines vergittertes Kellerfenster, durch das Tageslicht hereinfiel. Es war ein sonniger Tag, und durch die kräftig strahlende Sonne konnte man beim Hereinkommen vorübergehend nichts sehen. Darauf baute ich. Falls die Verfolger gesehen haben sollten, wohin ich verschwunden war, und sie ins Haus kämen, wären sie durch die Sonne so geblendet, dass sie mich nicht hinter dem Kessel hocken sehen könnten. Dieses Mal ging mein Plan vollkommen auf. Sie kamen in den Keller. Ich konnte hören, wie einer, anscheinend ein Hausbewohner, erklärte, dass er mich im Hauseingang gesehen habe. Sie kamen auch in die Waschküche, doch sie entdeckten mich nicht. Für alle Fälle verriegelten sie aber die Kellertür.

So saß ich in der Falle, aber nicht für lange. Ich untersuchte den Keller und entdeckte noch ein Fenster zur Straße hin, das von außen mit Schotter zugeschüttet war. Wahrscheinlich sollte es so vor Bombensplittern und Geschossen schützen. Steinchen für Steinchen trug ich den Schotter ab. Als Belohnung für meine mühselige, Stunden dauernde Arbeit gelang es mir gegen Abend, durch das Fenster über den Schotter auf die Straße hinauszukriechen. Doch das Glück in der Freiheit war nur von kurzer Dauer. Nach einigen Schritten wurde ich von zwei Zivilisten ergriffen, die aus einem nur angelehnten Hoftor auf mich zusprangen und mich zum Polizeirevier abführten.

In einem großen Raum befanden sich schon ungefähr 30 Leute in Untersuchungshaft. Alles Ausländer. Das war wirklich ein biblisches Babylon. Russen, Polen und Franzosen, Häftlinge aus unserem Lager, die ich zwar vom Sehen kannte, mit denen ich jedoch niemals Kontakt gehabt hatte. Auch Ukrainer und Zigeuner waren in diesem Raum. Frauen jedoch in einem anderen. Alle Häftlinge sahen gar nicht sehr niedergeschlagen aus.

Ich beklagte innerlich mein Pech und wartete angespannt auf die Aufforderung zum Verhör. Spät am Abend rief man mich gleichzeitig mit fünf anderen, die auch aus unserem Lager waren, heraus. In einem großen Zimmer saß eine Reihe älterer Ermittlungsbeamter in Uniformen, jedoch nicht in Polizeiuniformen. Ihre äußere Erscheinung, sowie der Gesichtsausdruck ähnelten nicht denen der Hüter deutscher Ordnung. Die Uniformen hingen zu weit an ihnen herum. Entweder waren sie Pensionäre oder gerade erst einberufene Reservisten.

Mich rief ein bärtiger Untersuchungsrichter heran und fragte mich in völlig normalem Tonfall, wie ich heiße. Noch im Raum hatte ich mich entschieden, mir einen russischen Namen zu geben, und stellte mich deshalb als Sascha Lebedjev vor. Der Bärtige notierte es. Ich hatte mich entschieden, meine jüdische Identität zu verheimlichen, weil das genau vorhersehbare, tragische Folgen nach sich ziehen konnte. Aus folgenden Gründen dachte ich, damit Erfolg zu haben: Meine schwarzen Haare waren mir noch im Lager fast vollkommen abrasiert worden, und mich konnte höchstens meine dunkle Augenfarbe verraten. Hinzu kam, dass ich verschmiert und dreckig aussah. So hoffte ich, dass ein solcher Tarnanstrich helfen würde, nicht entlarvt zu werden.

Ich antwortete auf die Frage nach meinem Alter. Auf die Frage nach meiner Nationalität behauptete ich ohne Stocken, dass ich Russe sei. Der Bärtige schrieb, ohne an meiner Antwort zu zweifeln, »OST«. Mit solchen aufgenähten Abzeichen befanden sich in Deutschland Hunderttausende junge Männer und Mädchen aus Russland, die zur Zwangsarbeit verschleppt worden waren. Mir fiel ein Stein vom Herzen. Es sah so aus, als sollte meine Strategie von Erfolg gekrönt sein. In diesem Augenblick verlor ich für eine kurze Zeit die Wachsamkeit und machte einen unverzeihlichen Fehler. Auf die Frage des Bärtigen, von wo ich gebürtig sei, sprudelte ich hervor: »Aus dem kleinen Ort Drissa.« Warum ich das sagte, weiß ich bis heute nicht. Ich hatte irgendwann, wer weiß von wem, einmal gehört, dass es diesen kleinen Ort an der Grenze zwischen Russland und Weissrußland, nicht weit von der lettischen Stadt Kraslava, gibt. Obwohl ich mit der Familie und Freunden vor dem Krieg ganz Lettland in alle Richtungen bereist hatte, bin ich niemals in dem kleinen Ort Drissa gewesen. Er lag hinter der Grenze und noch dazu hinter dem eisernen Vorhang in der Sowjetunion. Diese Aussage war mein Fehler, der mein Schicksal bestimmen sollte.

Noch heute verwünsche ich mich für diesen Fehler. Das Gesicht des Bärtigen leuchtete buchstäblich auf, als er den Namen Drissa hörte. Er erklärte, dass er 1943 in Drissa gewesen sei und stellte sogleich die Frage, ob ich die Kirche auf dem Hügel kennte. Der Mann war mir wirklich der »richtige« Vernehmer. Statt zu fragen, wo in dem Ort Drissa die Kirche wäre und mich dadurch zu überführen, da ich auf diese Frage gar keine Antwort hätte geben können, verkündete er selbst, dass sie auf dem Hügel stünde. Natürlich hätte mich ein professioneller Ermittler auch provozieren können, indem er erklärte, dass die Kirche auf dem Hügel stünde. Und falls die Kirche ganz woanders im Ort gestanden hätte, hätte mich meine Bestätigung entlarven können. Aber so einer war mein Bärtiger nicht. Ich bestätigte also: »Ja ich weiß, die Kirche steht auf dem Hügel.« Damit endete meine Vernehmung, und er nahm sich ein anderes armes Würstchen aus unserem Lager vor.

Dieser Häftling sah wirklich wie ein Jude aus. Und deshalb sagte er auf die Frage nach seiner ethnischen Herkunft, dass er Karaïme sei. Für den Leser, der diese Bezeichnung nicht kennt, muss ich folgende Erklärung geben: Ursprünglich waren die Karaïmen eine jüdische Sekte, die zwar das Alte Testament anerkannte, nicht aber die rabbinische Lehre. Die Sekte kam in Bagdad auf. Danach siedelten die Karaïmen in Ägypten, Jerusalem und in den arabischen Ländern. Im Mittelalter holte ein litauischer Fürst die Karaïmen als gute Krieger zu seinem persönlichen Schutz von der Krim nach Litauen, und sie siedelten in der Umgebung von Vilnius, in der Stadt Trakaj, wo auch jetzt noch eine kleine Gruppe von ihnen lebt. Die Karaïmen haben ihr eigenes Bethaus, »Kenassa« genannt, mit einem Bezug zu dem Wort »Knesset«, was in Ivrit »Versammlung« bedeutet. Noch zu Zarenzeiten waren die Karaïmen im Gegensatz zu den Juden den Christen rechtlich gleichgestellt. Heute leben sie isoliert und konzentriert in Israel, wohin sie im 15. und 16. Jahrhundert aus den arabischen Ländern übersiedelten. Die Sprache der Karaïmen ist türkischen Ursprungs mit starkem Einschlag des Altjüdischen, was in der Vergangenheit zu der Schlussfolgerung geführt hatte, die Karaïmen seien nicht jüdischer, sondern türkischer Herkunft. Vom Äußeren her unterscheiden sie sich nicht von den Juden. Soviel ich weiß, haben die Nationalsozialisten sie nicht verfolgt.

Natürlich hörte der Bärtige aus dem Mund des unglücklichen Häftlings zum ersten Mal in seinem Leben von den »Karaïmen« und stellte ihm logischerweise infolgedessen die Frage »Welches ist Ihre Muttersprache?« Die Antwort, die er augenblicklich bekam, verwirrte ihn, denn sie lautete »Polnisch«. »Das bedeutet, Sie sind Pole?«, rief der Bärtige erfreut aus. Im Bewusstsein seines Äußeren wies der Häftling diese Vermutung zurück, wiederholte, dass er Karaiïme sei, doch gelang es ihm nicht, den Bärtigen von dem einmal gewählten Weg der Befragung nach der Identität abzubringen. Von Neuem folgte die Frage nach der Sprache des Häftlings, und als er hörte, dass seine Muttersprache Polnisch sei, erklärte der Bärtige, dass der Häftling folglich Pole sei. Aber der Häftling war so schnell nicht kleinzukriegen. Er bestritt weiter seine polnische Herkunft und bestand darauf, Karaïme zu sein, erging sich aber gleichzeitig nicht in Einzelheiten, die ihn dieser seltenen Identität zugehörig gezeigt hätten.

Zu welchem Schluss der Vernehmer schließlich kommen würde, habe ich nicht mehr miterlebt. In dieser eigentlich tragikomischen Situation sah ich nur das Komische und lachte innerlich über die vergeblichen Bemühungen des Bärtigen, die Volkszugehörigkeit des armen polnischen oder vielleicht auch litauischen Juden herauszufinden. Vilnius und Trakaj gehörten bis zum Zweiten Weltkrieg zu Polen.

Es erschien ein Begleitmann und führte mich in einen anderen Raum. Die beiden fuhren fort zu diskutieren. Am nächsten Morgen, dem 14. April, mussten wir uns auf dem Hof des Grundstückes aufstellen, und ein Polizeibeamter machte sich daran, eine Rede zu halten. Im selben Augenblick trat aus unserer Reihe eine junge Polin hervor und behauptete, dass sich Juden unter uns befänden. Der Polizeioffizier nahm sie ernst und schlug ihr vor, ihm die Juden in unserer Gruppe zu zeigen. Ich kann nicht gerade behaupten, dass ich mich dabei sehr behaglich fühlte. Wenn auch alles, was auf dem Gelände der Polizei vor sich ging, nicht bedrohlich wirkte, sondern eher operettenhaften Charakter trug, war ich doch am 11. April stundenlang ohne Bewachung durch die Stadt gegangen, so fühlte ich mich beständig von einer tödlichen Gefahr bedroht. So wie ein Mensch nur langsam sein Sklaven-Bewusstsein abstreifen kann, konnte auch ich mich nur langsam von meiner Häftlingspsyche befreien, die immer und überall eine tödliche Gefahr witterte.

Die Polin schritt mit dem Polizisten die Reihe ab, ging an mir und unserem »Karaïmen« vorbei und zeigte auf einen Mann, der sofort anfing, aufgeregt irgendetwas ganz schnell auf Französisch zu sagen. Der Offizier befahl ihm, aus der Reihe zu treten, und entfernte sich mit ihm um die Ecke. Nach einer Minute kehrten sie zurück, und der Franzose stellte sich wieder in die Reihe. Der Polizist war offenbar ein aktiver Offizier und hatte die Minute genutzt, sich auf primitive Weise davon zu überzeugen, dass der Franzose kein Jude war. Er hatte den Franzosen aufgefordert, die Hosen herunterzulassen.

Daraufhin hielt der Polizist vor uns allen seine Rede. Er sagte, dass wir jetzt aus der Stadt heraus-, und in drei statt vier Richtungen freigelassen würden. Der Weg zurück nach Magdeburg sei jedoch strengstens verboten. Ich vermutete, die Deutschen fürchteten, dass nach der Einnahme der Stadt durch die Verbündeten ausländische Arbeiter und anderes »Gesindel« anfangen könnten zu plündern, zu vergewaltigen und die Einwohner zu töten. Wie sich später zeigen sollte, war ihre Befürchtung nicht ganz unbegründet.

Wir wurden alle über die Elbe-Brücke und bis zur Stadtgrenze geführt. Daraufhin verließ uns die Wache. Sie hatte aus Volkssturmleuten bestanden, die bunt gemischt gekleidet und nur an ihren Armbinden zu erkennen gewesen waren. Erst da begriff ich, dass auch mein bärtiger Vernehmer zu diesem letzten Aufgebot des Nazi-Staatsapparates gehört hatte.

DIE ZWEITE BEFREIUNG. WIEDERSEHEN MIT MIKA UND SIGI IN SACHSEN-ANHALT

14. BIS 26. APRIL 1945

Das war nun schon die zweite Befreiung, die erste geschah am 11. April, als für einige Stunden die Lagerwache aufgehoben wurde und wir in diesen Stunden auf uns selbst gestellt waren. Aber seltsam, ein Gefühl von Freiheit hatte ich auch jetzt nicht. Weder am 11. noch am 14. April konnte ich mich freuen. War der Grund dafür, dass ich so sehr an die schreckliche Zwangsarbeit im KZ gewöhnt war und es mir nicht in den Sinn kam, für mein weiteres Leben selbst verantwortlich zu sein? Sicher war es nicht so. Eher kam meine gedrückte Stimmung daher, dass nicht eintrat, wie ich mir den ersten Tag der Freiheit in meinen geheimsten Träumen vorgestellt hatte. Es gab nicht diesen Jubel, den ich später so oft in den Kriegsfilmen sehen sollte! Es war auch nicht das Gefühl von Sorglosigkeit, das ich in meinen Träumen mit der Befreiung verband. Im Gegenteil, es war die völlige Ungewissheit hinsichtlich der Zukunft und, last but not least, bohrte der Gedanke an eine tödliche Gefahr in meinem Hinterkopf. Dazu kam, dass ich schrecklich hungrig war.

Noch im Polizeirevier hatte ich zwei junge Burschen kennengelernt. Einer von ihnen war der Ukrainer Michno, der andere ein russisches Bürschlein, dessen Namen ich zu meiner Schande vergessen habe. Wir bildeten ein Triumvirat, standen auf der Straße östlich von Magdeburg und ließen uns von ökonomischen Interessen leiten. Ich hatte ein Kesselchen und sie Brei-Presswürfel. Ich wurde sogar bald noch interessanter für sie, da ich Deutsch sprach und die Bauern in Sachsen-Anhalt um Lebensmittel bitten konnte. Aufgrund dessen entstand die Legende, dass ich ein Deutscher aus Ungarn sei, der vor den Sowjets geflohen war. Die Verbindung zwischen mir und Ungarn entstand unter anderem wegen meines nicht ungarischen, sondern baltischen Akzents. Ich vertraute fest darauf, dass die Bauern keine Ahnung hatten, wie die Deutschen in Ungarn redeten, weil sie doch selbst nur die sächsische Mundart ihrer Muttersprache kannten.

Wir drei wandten uns nun also nach Osten und machten unsere erste Rast an einem See im Wald, entfachten ein Feuer und kochten unsere Breiwürfel. Unsere Stimmung hob sich, doch war es sehr kalt, um im Wald zu übernachten. Gegen Abend bedeckte sich der See sogar mit einer dünnen Eisschicht. Vor dem Schlafengehen ging ich zum See, um das Kesselchen zu reinigen und mich selbst zu waschen. Plötzlich ertönte das Bersten einer Granate, und ich fiel wie betäubt in den See. Später wurde klar, dass ein 15-jähriger Volkssturmjunge mit einer Panzerfaust gespielt und sie dabei abgefeuert hatte. Mir trug das eine Gehirnerschütterung ein. Aufgrund der Symptome, die sich bei mir zeigten, stellte ich mir diese Diagnose selbst. Ich hatte starke

Kopfschmerzen, der Kopf drehte sich mir, und einige Tage stotterte ich. Nach dem Aufwachen am Morgen entdeckte ich, dass meine feuchte Jacke da, wo sie nicht am Körper anlag, am Boden festgefroren war und ich sie abreißen musste.

Nachdem wir uns beraten hatten, entschieden wir uns, unter Menschen zu gehen, d.h. dahin, wo man Brot ergattern und in der Wärme übernachten konnte. Wir hatten auch weiterhin Angst vor den Deutschen, denn wir waren ja noch auf dem Territorium, das noch nicht von den Verbündeten, weder den Amerikanern noch den Sowjets, eingenommen worden war. Wir sahen keine Alternative zu unserem Plan, denn schon nach der ersten Nacht in der feuchten Kleidung und bei Minus-Temperaturen hatte mich ein Schüttelfrost befallen, und eine Wiederholung dieses Experiments konnte böse enden. Um die Mittagszeit waren wir unterwegs und kamen zum Rittergut Hobeck, wo wir auf Polen trafen, die dort arbeiteten. Sie versorgten uns mit Lebensmitteln und, was nicht weniger wichtig war, mit Tabak und Streichhölzern. Die Polen rieten uns, Nachtlager in einer Scheune zu suchen, in der gepresste Heuballen aufbewahrt wurden. Dort richteten wir uns fürstlich ein. Wir nahmen uns einige Ballen, und ein jeder von uns machte sich ein gemütliches und warmes Nest. Wir waren satt. Leichtsinnigerweise rauchten wir in der Scheune und wünschten uns, hier bis zum Ende des Krieges bleiben zu können.

Zwei Tage lang ging ich durch die umliegenden Häuser der Bauern und erzählte eine Mitleid erregende Geschichte darüber, wie ich, ein ungarischer Deutscher, vor den Sowjets geflüchtet sei. Die große Wanderung der Deutschen aus dem Osten, die ich einige Tage auf der Landstraße beobachtete, spielte sich auch in einiger Entfernung vom Gut in Hobeck ab, ging aber an den Bauern und Polen völlig vorbei. Das Leben lief hier nach uralten Regeln ab. Wie uns die Polen erzählten, führte der Alte, der Besitzer des Gutes, ein straffes, gnadenloses Regiment, wodurch das Leben jedes Einzelnen aus der großen Gruppe der Arbeiter bestimmt war. Die Bauern, die zuerst die Flüchtlinge gesehen hatten, darunter den »deutschen Ungarn«, waren großzügig und schenkten mir Brot, Kartoffeln, Salz und eine große Menge Zwiebeln. Doch leider hatte ich mich noch vor Kurzem, wie der Leser weiß, an Zwiebeln mehr als satt gegessen.

Unsere Idylle wurde am dritten Tag nach unserer Ankunft im Gut unterbrochen. Wir befanden uns gerade in der Scheune und rauchten, als die Tür aufging und der Gutsbesitzer hereinkam. Ohne ein Wort zu sagen, bedeutete er uns mit einer Geste: Raus aus der Scheune! Wir verließen unser gemütliches Nest wie geprügelte Hunde. Beim Hinausgehen erblickte ich ein seltsames Gefährt. An den Seiten eines Autos waren Deichseln festgemacht in die ein Pferd eingespannt werden konnte. Ein Gefühl von Schadenfreude ergriff mich. Heute, so sagte ich mir, kann der Besitzer mich noch vertreiben, wenn er auch nicht mehr allmächtig ist. Er hat sogar kein Benzin mehr. Morgen aber wird er in diesem komischen Gefährt türmen. Der Grund für diese Flucht war mir klar: Wie die Polen erzählten, war er brutal mit ihnen umgegangen.

Im Jahre 2001 bereiste ich alle Orte, an denen ich zwischen dem 15. und 27. April 1945 ein Wanderleben habe führen müssen. Trotz aller meiner Bemühungen konnte ich meinen Begleitern nicht jene Stellen zeigen, wo ich in diesen Tagen in den Städten Zerbst, Roslau und Loburg gewesen bin. Die einzige Stelle, die ich erkannte, war, wie mir schien, die Scheune in Hobeck. Und auch da war ich mir nicht ganz sicher. Es kann sein, dass mich die Heuballen, die sich auch im Jahre 2001 in dieser Scheune befanden, zu dieser Annahme bewogen.

Unser Triumvirat brach auseinander. Michno und der andere Bursche entschieden sich, auf dem Gut zu bleiben, wo die Polen sie unterkommen ließen. Mich konnte eine solche Aussicht nicht verlocken, umso weniger, als es mir niemand anbot. Wir blieben noch ein paar Tage friedlich zusammen, aber unsere kameradschaftliche Nähe wollte sich nicht mehr einstellen. Zwei Tage lang trieb ich mich auf den Straßen Sachsen-Anhalts herum, doch was in diesen Tagen passierte, hat sich in meiner Erinnerung nicht festgesetzt. Ich weiß nur noch, dass ich am Tage zu den Bauern ging und in dieser Zeit die Legende meiner ungarisch-deutschen Herkunft noch mit neuen Details versah.

Übernachtet habe ich in Heuschobern. Am 21. April schließlich befand ich mich auf der Straße, die nach Loburg führte. Es waren keine Menschen in der Nähe. Ich ging ruhig und ohne ein bestimmtes Ziel meines Weges und zweifelte nicht daran, dass ich bald auf eine Stadt stoßen würde. Plötzlich sah ich schräg über mir ein Flugzeug im Tiefflug und hörte Schüsse aus einem Maschinengewehr. Rechts neben mir bemerkte ich eine Reihe von kleinen Fontänen aufgewirbelten Sandes. Ich begriff, dass das mir galt. Ich warf mich rechts in den Wald und verwünschte die Deutschen dafür, dass sie ihn so spärlich angepflanzt hatten. Das Flugzeug entfernte sich. Eine Zeit lang verstand ich nicht, warum dieser englische Pilot eine einzelne Zivilperson beschoss. Ich war fest davon überzeugt, dass es ein Engländer gewesen war, und auch die Bezeichnung »Spitfire« blieb mir im Gedächtnis haften. Heute bin ich nicht mehr so sicher. Erst etwas später begriff ich, dass meine deutsche Militärjacke der Grund gewesen sein konnte. Ich beschloss daher, mich so schnell wie möglich von ihr zu befreien.

Auf meinen Wanderungen kam ich unerwartet auf eine Autostraße und sah dort eine Kolonne von Lastwagen, die in entgegengesetzter Richtung fuhren. Es sah sehr ungewöhnlich aus. Die Lastwagen bewegten sich im Abstand von 10 Metern in angemessener Geschwindigkeit. Am Steuer saßen ausnahmslos Afroamerikaner, die ihre Füße nicht auf dem Pedal, sondern auf dem Lenkrad hatten. Ich war über die erste Begegnung mit der amerikanischen Armee so begeistert, dass ich in ihre Richtung wechselte. Doch bald entfernte ich mich von der Autostraße, weil ich vermutete, dass es für mich nicht ungefährlich wäre, in einer deutschen Militärjacke herumzulaufen. Gegen Abend kam ich in die Gegend um Loburg. Nachdem ich wiederum in einer Scheune übernachtet hatte und mir sagte, dass Amerikaner in der Stadt Loburg sein müssten, ging ich los. Meine Vermutung bestätigte sich.

Mein erstes Erlebnis in Loburg war die folgende Straßenszene. Ein »Fremdarbeiter«, der Sprache und der Gestik nach ein Italiener, blieb vor einem vorbeigehenden Deutschen von gleicher Größe stehen und bedeutete diesem mit Gesten und furchtbar schnell Italienisch redend, Anzug und Stiefel mit ihm zu tauschen. Besser gesagt, er befahl dem Deutschen, den guten Anzug und die neuen Stiefel auszuziehen. Danach gestattete er ihm gnädig, die italienischen Lumpen über seine Unterwäsche und die durchgelaufenen Stiefel anzuziehen. Fast ohne ein Wort zu sagen, zeigte sich der

Deutsche mit diesem Tausch einverstanden. Dieser Tausch fand direkt auf der Straße statt, und beide Parteien gingen daraufhin auseinander.

Ich war von dieser Szene tief beeindruckt. Zum ersten Mal sah ich einen besiegten und friedlichen Deutschen. Ich weigerte mich, dem Beispiel des Italieners zu folgen, um die gefährliche Militärjacke loszuwerden. Zu offenem Raub war ich nicht fähig, aber ich entschloss mich, in den Kellern nach passenden Kleidern auf die Suche zu gehen. Im dritten Keller hatte ich Glück. Ich fand eine Jägerjoppe mit Lederknöpfen und tauschte sie gegen meine Militärjacke ein. Dort beschaffte ich mir auch Rasierseife der bekannten französischen Marke »Coty« und eine schneeweiße Tischdecke. Wozu ich die beiden Sachen an mich nahm, kann ich gar nicht sagen. Einen Rasierapparat hatte ich nicht und konnte mit der Rasierseife nichts anfangen. Für die nächste Zeit waren auch keine Tischgesellschaften zu erwarten, für die ich die Tischdecke hätte gebrauchen können. Wie man sieht, war der Sammeleifer in mir ausgebrochen.

Die moralische Seite meines Vorgehens ließ mich völlig kalt. Der Aufenthalt von fast vier Jahren außerhalb der normalen Gesellschaft hatte dem biblischen Gebot »Du sollst nicht stehlen« in mir Grenzen gesetzt. Einen Häftling zu bestehlen war natürlich eine Sünde. Dieses Gebot erstreckte sich jedoch nicht auf Menschen anderer Kategorien.

Im Keller standen neben anderen Dingen drei vernagelte Kisten. Ich war nicht in der Lage, meine Neugier zu bremsen. Kaum hatte ich mit einem spitzen Stückchen Eisen eine der Kisten geöffnet und gesehen, dass sie Schmuck-Schächtelchen mit Broschen, Armbändern, Ringen und Ketten enthielt, und mich in den Anblick dieser Schätze vertieft, als Stiefeltritte auf den Stufen zu hören waren. Ich ging sofort von den Kisten weg, drehte das Gesicht zur Wand und tat so, als ob ich im Keller meine Notdurft verrichten wollte. Herein kam ein amerikanischer Soldat und machte, ohne irgendwelche Notiz von mir zu nehmen, dasselbe. Danach verließen wir gleichzeitig den Keller und gingen in verschiedene Richtungen auseinander. Für mich war das Zusammentreffen mit dem amerikanischen Soldaten meine dritte, aber noch nicht die endgültige Befreiung.

In Loburg hatte ich noch ein Erlebnis, das für mein ganzes weiteres Leben von wesentlicher Bedeutung blieb. Ich spazierte durch die Stadt und stieß auf einen Franzosen, der auf dem Kopf die gestreifte KZ-Mütze trug. Wir unterhielten uns auf Deutsch, und er erzählte, dass er mit anderen Häftlingen auf einem Lastwagen in Richtung Paris fahren werde. Nachdem er mitbekommen hatte, dass ich auch Häftling war, schlug er mir vor, mein Glück ebenfalls in Paris zu versuchen. Ohne lange nachzudenken, folgte ich ihm zu einem Lastwagen mit französischer Fahne. Nachdem ich von einem französischen Militärangehörigen die Erlaubnis zur Fahrt nach Paris erhalten hatte, kletterte ich die Trittleiter hinauf, um mich in den Laster zu setzen. Da erst begann ich nachzudenken. In Paris wartete niemand auf mich, und die Sprache kannte ich auch nicht. Es stimmte, dass die Schwester meiner Mutter, die Lettland noch vor dem Ersten Weltkrieg verlassen hatte, in der Schweiz lebte. Anfangs hatte sie mit Mann und Tochter in Nizza gelebt, danach schließlich in Genf. Ich wusste aber, dass sie erzählt hatte, wie schwierig es in der Schweiz war, eingebürgert zu werden, und dass nur reiche Leute aufgenommen wurden, die keine Last für den Schweizer Steuerzahler darstellten.

Gabriel (Gava) Zivjan

Auf der anderen Seite hatte ich allen Grund zu hoffen, dass mein Bruder Mika auch befreit worden war. Im Gegensatz zu mir war er nicht so eine Abenteurernatur. Er würde sich unbedingt nach Riga aufmachen. Hinzu kam, dass in Moskau der Bruder meines Vaters, Onkel Mischa, lebte, den ich zwar noch nie gesehen hatte, den ich aber trotzdem gern mochte. Nachdem ich mich entschlossen hatte, kletterte ich die Trittleiter wieder herunter.

Beim Schreiben dieser Zeilen kam das alles zu mir zurück. Die von mir angeführten Gründe gegen eine Fahrt nach Paris stimmen zwar mit der Wirklichkeit überein, aber sie können eigentlich nicht ernst genommen werden. Erstens hatten sich die Probleme bei der Einbürgerung für die Familie der Tante in einer Zeit ergeben, die weit zurücklag, und zweitens wollte ich nach Frankreich und nicht in die Schweiz. Auch die Unkenntnis der französischen Sprache war kein ernsthafter Hinderungsgrund. Der eigentliche Grund war der Wunsch, meinen Bruder wiederzusehen, obwohl unsere Beziehungen in dieser Zeit, wie auch früher, nicht ungetrübt waren. Und für Tante Anjuta in Genf sprach, dass es von Paris bis Genf näher war als von Riga nach Moskau. Dazu kam, dass ich Tante Anjuta und ihren Mann, Onkel Simon, durch ihre vereinzelten Besuche in Riga besser kannte.

Doch daran dachte ich in dem Augenblick überhaupt nicht. Mich überlief es kalt, als ich mir vorstellte, dass das Schicksal eines Menschen von einer Trittleiter bestimmt werden konnte. Als ich die Trittleiter hinaufkletterte, dachte ich an ein Leben in Paris, ähnlich dem, wie es mein Freund Sigi nach dem Krieg in Paris führen sollte, wovon ich aber erst viel später erfuhr. Indem ich aber herunterkletterte, gab ich meinem Leben eine ganz andere Richtung. Ich bin jedoch weit davon entfernt, meine Entscheidung zu bedauern. Im Gegenteil. Wenn ich zurückblicke, kann ich sagen, dass mein Leben nach dem Krieg, bis zu dem Tag, an dem ich meine Frau verlor, im Ganzen glücklich war. Wäre ich die Stufen hinaufgeklettert, hätte ich keine geliebte Frau und keine Kinder, und niemand kann mich davon überzeugen, dass mich eine andere Frau und andere Kinder vielleicht ebenso glücklich gemacht haben würden. Wie dem auch sei, ich meine, wir Häftlinge haben unsere Entscheidungen oft spontan getroffen, als wir die Möglichkeit bekamen, die Fragen, die sich uns in dieser stürmischen Zeit stellten, selbstständig zu lösen. So war es bei mir, als ich auf der Leiter des Lastwagens in Richtung Paris stand.

Noch etwas zu diesem Thema. In einem anderen Zusammenhang erinnerte ich mich meines Freundes und Schwagers Gava Zivjan. Im »Kleinen Ghetto« schliefen wir in einem Bett. Gavas weiteres Schicksal gestaltete sich in fantastischer Weise. Er floh aus dem Ghetto. Mithilfe einer nichtjüdischen Verwandten erhielt er einen gültigen Ausweis auf den Namen eines Letten, Gunars Zirulis, der schließlich sein Schriftsteller-Pseudonym wurde. Gava fand eine Arbeit als Sanitäter in einem Dorf bei dem Psychiater Schönfeld, der, selbst ein Jude, in der Illegalität als Lette lebte. Schönfeld wurde enttarnt und erschossen. Gava floh erneut und bewarb sich als Lazaretthelfer nach Deutschland. Es gelang ihm, die Schweizer Grenze zu überqueren, und Anfang 1942 erschien er in Genf bei meiner Tante Anjuta und seinem Onkel Simon. Man internierte ihn, aber in Genf konnte er sich weiterbilden und schrieb einen Bericht über die Vernichtung der Juden in Lettland. Den Bericht reichte er an den Botschafter der USA in der Schweiz weiter. 1946 kehrte er nach Riga zurück. Als er meinen Bruder und mich besuchte, erzählte er uns seine Odyssee. Seine Abenteuer sollten ein eigenes Buch füllen. Obwohl er eine Reihe von populären Abenteuer-Romanen geschrieben hat, hat er dieses Buch aus mir unverständlichen Gründen nie geschrieben und wird es auch nicht mehr schreiben können, denn er ist 2002 gestorben. Im Unterschied zu meinem Fall war Gavas Heimkehr 1946 aus der wohlhabenden Schweiz ins sowjetische Lettland kein spontaner Entschluss gewesen.

Was mich bewog, mich von Loburg nach Altengrabow zu begeben, weiß ich nicht mehr. Ich meine aber, dass ich von irgendwoher die Information hatte, dass sich dort Juden aus unserem Lager befänden. Altengrabow ist keine Stadt, keine Siedlung. Während des Krieges soll dort ein Lager gewesen sein, doch wird es in der dreibändigen »Enzyklopädie des Holocaust« nicht erwähnt. Als ich im Jahre 2001 die Gedenkorte in der Hoffnung bereiste, mich an irgendetwas erinnern oder etwas zusätzlich erfahren zu können, war ich auch in Altengrabow. Dort war jetzt ein riesiges, von einem Zaun umgebenes Gelände, zu dem der Zutritt verboten war. Mir wurde erklärt, dass sich dort zu DDR-Zeiten ein Truppenübungsplatz befunden habe.

Wie auch immer es nun gewesen sein mag, ich befand mich jetzt in Altengrabow, wo ich als Erstes auf einen Häftling aus unserem Lager stieß, der an einem Kuhkadaver herumzauberte. Wohlwollend bot er mir das Euter an, was ich aber höflich ablehnte. Danach teilte er mir mit, dass mein Bruder Mika hier sei. Bei unserem Wiedersehen erzählte mir Mika seine Geschichte. Mit ungefähr 15 Häftlingen unseres Lagers hatte er beschlossen, das Lager zu verlassen und an einem verborgenen Ort auf die Amerikaner zu warten. Vor der Flucht beteiligte sich die Gruppe an der Ausplünderung des Lebensmitteldepots des Lagers und konnte sich auf diese Weise Vorräte anlegen. Die Gruppe verließ das Lager, noch bevor die SS-Männer auf den Wachtürmen wieder erschienen, und entschied, sich auf dem Gelände der nicht mehr funktionierenden Fabrik »Polte« zu verstecken. Die Fabrik befand sich direkt neben dem Lager.

Mika (Michail) Bergmann, 1945 Deutschland

Einige Tage ging alles gut, bis sie schließlich von der Lagerpatrouille entdeckt wurden. Der Raum, den sie in einer der Werkhallen als Versteck nutzten, hatte eine gute und hallende Akustik. Einer der Häftlinge musste laut husten, was zu ihrer Entdeckung führte.

Es wurden keine Strafmaßnahmen gegen sie verhängt, doch wurden sie bewacht und unter Begleitung von Volkssturmleuten nach Altengrabow gebracht. Wie mein Bruder erzählte, hatten die Volkssturmleute keine Eile und bewegten sich nur einen bis zwei Kilometer pro Tag vorwärts. Sie machten kein Hehl daraus, dass ihnen nach Beendigung dieses Marsches der Transport an die Front drohe. Die Aussicht, wenige Tage vor Kriegsende an der Front den Heldentod zu sterben, löste bei ihnen keine Begeisterung aus.

Von den Amerikanern war im Lager Altengrabow nichts zu sehen, und mein Bruder konnte sich gar nicht vorstellen, dass 15 km vor Altengrabow schon die Yankees saßen. Hier hatten die Deutschen noch das Sagen. SS-Männer gab es zwar nicht mehr, und wir waren frei, doch man konnte nie wissen. So jedenfalls sah ich es.

Als ich mich mit meinem Bruder unterhielt, kam auch mein Freund Sigi dazu. Ich schlug vor, Altengrabow unverzüglich zu verlassen und nach Loburg zurückzukehren, wo uns die Amerikaner beschützen würden. Sigi unterstützte meinen Vorschlag. Doch mein Bruder war nicht einverstanden. Er war der Meinung, dass es für uns besser wäre, mit den anderen Lagerleuten zusammenzubleiben. Bei der Beurteilung der Lage gingen die Meinungen auseinander. Da ich an diesem Tag noch nichts gegessen hatte, schlug ich meinem Bruder vor, zunächst einen Brei aus dem Grieß zu kochen, den er in seinem Sack hatte. Das war ein Rest der Vorräte, die aus dem Lebensmittelspeicher des Lagers stammten. Er antwortete, dass dies eine eiserne Ration wäre. Darauf kündigte ich ihm an, dass ich weggehen würde. Sigi war ebenfalls dafür. So kam es, dass wir beide Altengrabow zusammen verließen.

Noch heute treibt es mir die Schamröte ins Gesicht, wenn ich über mein Verhalten am 23. April 1945 nachdenke. Ohne groß darüber zu diskutieren, wer von uns in der Frage, zu bleiben oder nach Loburg zu gehen, recht hatte, und ob jetzt der richtige Augenblick gekommen sei, Grießbrei zu kochen oder nicht, hatte ich doch kein Recht, den Bruder, meinen nächsten Verwandten, in dieser unklaren Situation zu verlassen. In mir hatte sich ein Anflug von Hochmut breitgemacht, ein schlechter Ratgeber, wovon ich mich nicht nur einmal überzeugen musste. Ich traf meinen Bruder im Februar 1946 in Riga wieder, wohin er nach der Entlassung aus der sowjetischen Armee zurückgekehrt war. Unser unglückliches Verhältnis ähnelte dem von Katz und Maus, wobei schwer zu sagen ist, wer die Katze und wer die Maus war. Es dauerte in dieser Form noch ungefähr ein Jahr an. Die letzten 55 Jahre waren für uns jedoch Jahre tiefer Freundschaft und Liebe.

Aus welchem Grund auch immer kehrten Sigi und ich nicht nach Loburg zurück. Im Gegenteil, wir gingen in die entgegengesetzte Richtung und kamen bis Zerbst. Die Stadt ist dadurch bekannt, dass hier die spätere Zarin Katherina II., eine deutsche Prinzessin, geboren worden war. Bis zur Heirat mit Peter III. war sie Prinzessin von Anhalt-Zerbst.

Ob die Amerikaner in Zerbst waren, als wir die Stadt erreichten, weiß ich nicht. Wir haben keinen von ihnen gesehen. Dafür haben wir aber einen interessanten Deutschen kennengelernt, der, weil er Freimaurer war, im KZ gesessen hatte und erst kurz vorher befreit worden war. Er gab uns etwas zu essen, bot uns echten Kaffee an, erklärte uns, dass er für einige Hundert italienische Arbeiter verantwortlich sei, und schlug uns vor, bei ihm als Köche tätig zu sein und fürs Erste schon einmal in der Feldküche Brei zu kochen. Da wir bereits im Voraus von dem satten Leben gekostet hatten, sagten wir freudig zu, ohne im Erntferntesten eine Ahnung davon zu haben, wie wir in der Feldküche etwas zustande bringen sollten. Doch unsere Arbeit bei dem Freimaurer ging schon am selben Tag zu Ende. Wir schütteten zu viel Buchweizen in den Kessel. Er wurde nicht gar, sondern quoll auf und wurde so dick, dass man ihn auch mit dem Messer kaum schneiden konnte. Wir waren von den Folgen unserer Kochkunst ziemlich entsetzt und verließen vorsichtshalber die Stadt, als sich der Freimaurer in seinem Zimmer ausruhte.

In der zweiten Tageshälfte des 24. April waren wir unterwegs, und zum letzten Mal spielte ich erfolgreich die Rolle des »ungarischen Deutschen«. Wir übernachteten in einem Heuschober und setzten am nächsten Tag unseren Weg in Richtung der Stadt Roslau fort. Statt auf die erwarteten Amerikaner trafen wir dort auf an die Hauswände geklebte Verordnungen des sowjetischen Stadtkommandanten. Wir konnten uns überhaupt keinen Reim darauf machen, warum in Loburg die Amerikaner waren, in Altengrabow noch die Deutschen, in Roslau aber die sowjetischen Truppen. Das brachte uns völlig durcheinander. Wir hatten doch keine Ahnung davon, dass die Verbündeten in dieser Region eine Linie entlang der Elbe gezogen hatten. Alles was östlich der Elbe war, war Gebiet der sowjetischen Truppen. Auch wussten wir nichts davon, dass die Deutschen Berlin verzweifelt verteidigten. Zwischen Berlin und der Elbe war Niemandsland entstanden. Einige amerikanische Einheiten hatten den Übergang über die Elbe erzwungen und waren tief in das Niemandsland vorgedrungen. Dasselbe taten auch die sowjetischen Truppen bei der Umgehung Berlins. In Altengrabow aber hatte noch immer der Volkssturm das Sagen.

Noch während unseres Fußmarsches in Richtung Roslau erzählte mir Sigi von seinem Wunsch, nach Berlin zu gehen, um seine Schwester zu suchen. Schon im Lager hatte ich erfahren, dass er mit seiner Mutter und anderen Juden in einem Güterzug aus Berlin nach Estland gebracht worden war. Dort war die Mutter mit den anderen Juden ermordet, Sigi aber mit einigen jungen Leuten ins Rigaer Ghetto gebracht worden. Die Schwester war nicht deportiert worden, sondern war in die Illegalität untergetaucht. Sigi hoffte nun, sie in Berlin finden zu können.

Ich war einverstanden, ihn zu begleiten, und schlug meinerseits vor, Fahrräder zu »organisieren«. Die Entfernung, die ich auf 250 km schätzte, zu Fuß zurückzulegen, wäre für uns in Anbetracht unseres Gesundheitszustandes zu beschwerlich gewesen. In Roslau machten wir uns auf die Suche nach Fahrrädern und wollten uns nach erfolgreicher Suche an einem bestimmten Ort in der Ruine eines zerbombten Hauses wieder treffen.

Mein Unternehmen endete erfolgreich. Ich hatte schnell ein an der Wand eines Hauses abgestelltes Fahrrad gefunden. Das einzige Hindernis bestand in einem an einer Kette hängenden Fahrradschloss. In der Nähe reparierte ein sowjetischer Soldat seinen Lastwagen. Ich erbat mir von ihm einen Hammer, entfernte das kleine Schloss und machte mich danach auf den Weg zur mit Sigi verabredeten Stelle. Vor der Fahrradaktion hatte ich auf einem der Plakate eine Verordnung gelesen, wonach es verboten war, sich nach einer bestimmten Uhrzeit auf den Straßen aufzuhalten. Nachdem ich bis zu dem bestimmten Zeitpunkt gewartet hatte, der sich mir dadurch ankündigte, dass die Straßen völlig menschenleer wurden, wurde mir deutlich, dass mit Sigi etwas Unangenehmes geschehen sein musste. Die ganze Nacht ließ mich die Vorahnung eines kommenden Unheils nicht schlafen. Am Morgen des 26. April ging ich zu allererst zur Stadtkommandantur. Der diensthabende sowjetische Offizier erklärte mir auf meine Frage, ob sich unter den Festgenommenen ein Sigi Wassermann befände, dass er eine solche Person nicht auf der Liste habe, riet mir aber, mich an die neu aufgestellte deutsche Polizei zu wenden.

Mit vor Erregung klopfendem Herzen näherte ich mich dem Gebäude der Polizei, vor dessen Tür ein Zivilist mit einer weißen Armbinde stand, die ihn als Polizeiangehörigen auswies. Oh diese Armbinden! Wie oft hatte ich sie in den Jahren des Krieges zu sehen bekommen! Zuerst in Riga. Rot-weiß-rote, die schnell durch grüne ersetzt worden waren. Die einen wie die anderen hatten lettische Polizisten und tödliche Gefahr gekennzeichnet. Dann die Tarnung der der SS-Männer durch Armbinden mit dem Roten Kreuz. Und jetzt wieder Polizisten, diesmal aber mit weißer Armbinde. Bemüht, meine Anspannung zu verbergen, begann ich eine Zigarette in der Zigarettenspitze, ein Geschenk des Freimaurers, zu rauchen.

Als Antwort auf meine Frage, ob mein Freund Sigi Wassermann bei der Polizei sei, bekam ich zu hören: »Ah, du bist sein Komplize. Wir hängen euch beide auf!« Mit diesen Worten schlug mir der Polizist die Zigarette aus der Spitze, was mich mehr aufbrachte als die Drohung, uns aufzuhängen. Davon zeugte meine Antwort, die ich dem Polizisten gab: »Ich bin Bürger der Sowjetunion.« Zum ersten und, wie mir scheint, zum letzten Mal deklamierte ich, stolz wie ein professioneller Rezitator, die letzten Zeilen aus dem bekannten Majakovski-Gedicht über den sowjetischen Pass.

Dass der Polizist, indem er mir die Zigarette aus dem Mundstück schlug und mir damit genau wie seine Vorgänger meine Würde nahm, erzürnte mich nicht so sehr.

Vielmehr war es der Verlust der Zigarette. Endlich war ich, statt des Drecks, den ich zum Rauchen nutzte, zu einer richtigen Zigarette gekommen. Und dieser Kerl, der noch nicht länger als drei Tage bei der Polizei sein konnte, brachte mich nun um dieses Vergnügen. Als ich meine Staatsbürgerschaft angab, antwortete er philosophisch: »Dann hängen wir eben deinen Freund auf.« Dieses Versprechen brachte der Polizist ohne einen Anflug von Aggression hervor. Es war klar, dass die Erwähnung meiner sowjetischen Staatsbürgerschaft bei ihm den gebührenden Eindruck hinterlassen hatte. Schließlich war ich der Vertreter eines Landes, das den Krieg gewonnen hatte, wenn dieser auch noch andauerte. Da mir das bewusst war, ging ich zum Angriff über und verlangte, zum Leiter der Polizei gebracht zu werden. Der Polizist gab seine Position auf und führte mich zum Leiter.

Dort herrschte eine völlig andere Atmosphäre. Schon durch sein ganzes Äußeres zeigte mir der Leiter, dass uns etwas Grundlegendes verband. Voller Vertrauen erzählte ich ihm alles, was ich auf dem Herzen hatte: dass ich und Sigi, zwei KZ-Häftlinge, nach Berlin wollten, um Sigis Schwester zu suchen, und dass wir schwach und hungrig seien und uns deshalb entschlossen hätten, Fahrräder zu »organisieren«, um schneller und leichter ans Ziel zu kommen. Als Antwort hörte ich von ihm, dass auch er erst kürzlich aus dem KZ gekommen sei. Er habe in Buchenwald gesessen. Mein instinktives Gefühl, mit ihm etwas gemein zu haben, hatte mich also nicht getäuscht. Der Chef der Polizei sagte weiter, dass Berlin noch nicht eingenommen sei und wir uns deshalb nicht beeilen müssten. Schließlich teilte er mir die für mich wichtigste Neuigkeit mit: Sigi war bei dem Versuch, dem neuen demokratischen Bürgermeister von Roslau das Fahrrad zu stehlen, festgenommen worden. Mein Freund hatte also kein Glück gehabt.

Dann folgte eine Diskussion über Recht und Moral. Der Chef der Polizei hatte recht darin, dass »organisieren« von fremdem Eigentum eine Methode der SS und Gestapo sei, dass es aber noch schlimmer wäre, wenn wir KZ-Häftlinge diese Methoden übernähmen. Meinerseits stammelte ich irgendetwas von unbedingter Notwendigkeit und davon, dass wir an ein anderes Leben, ein Leben in einer bürgerlichen Gesellschaft, nicht gewöhnt wären. Schließlich brachte ein Polizei-Mitarbeiter den Delinquenten in das Zimmer. Auf Sigis Gesicht hatten die Tränen Spuren hinterlassen. Wir hatten uns schon den zweiten Tag nicht gewaschen. Von Neuem wiederholte der Leiter, jetzt in Sigis Gegenwart, seine These, dass wir kein Recht hätten, die Methoden der SS anzuwenden. Schweigend nickten wir im Takt mit seinen Überlegungen. Als er seine Moralpredigt beendet hatte, wies er einen Untergebenen an, uns zu essen zu geben und »mit Gott« gehen zu lassen.

Wir begaben uns zu den Ruinen des Hauses, wo »mein« Fahrrad versteckt war. Es brachte uns jetzt wenig Nutzen, da wir zu zweit nicht darauf sitzen konnten. Und wenn wir es getan hätten, hätte es bei den Passanten unerwünschte Neugier hervorgerufen, was nun wirklich nicht in unserem Interesse war. Das Gebot des Häftlings Filsinger war in mir noch immer lebendig. Nachdem wir in den Ruinen übernachtet hatten, machten wir uns am 27. April 1945 wieder auf den Weg Richtung Berlin. Kaum waren wir auf der großen Straße angekommen, stießen wir auf einen entgegenkommenden, nicht enden wollenden Strom von Menschen. Hauptsächlich Alte, Frauen und Kinder, die sich von Ost nach West am Straßenrand vorwärtsbewegten. Fast jede Familie zog einen oder mehrere kleine Karren, die mit gleichem Hausrat und Proviant beladen waren. Das war tatsächlich der Auszug der Bevölkerung aus dem deutschen Osten, die Flucht vor den Sowjets in die Obhut der westlichen Streitkräfte.

Schnell wurde es uns deutlich, dass wir, von West nach Ost, also in entgegengesetzter Richtung gehend, auf der Straße aussahen wie weiße Raben. Wir mussten daher unbedingt die Straße verlassen. Da stießen wir auch schon auf eine Straßensperre des Militärs, die uns anhielt. »Woher stammen Sie?«, fragte mich ein Sergeant. »Aus Lettland«, antwortete ich. »Das heißt, aus der UdSSR«, erklärte der Sergeant. »Und der zweite?« Ich gab die Frage an Sigi weiter, der antwortete, dass er aus Berlin sei. »Du kannst weitergehen«, sagte der Sergeant. Als auch ich mich aufmachen wollte, hielt er mich mit dem Arm zurück und erklärte mir, dass ich dableiben müsse und als sowjetischer Bürger verpflichtet wäre, in der Roten Armee zu dienen. Danach verabschiedeten wir uns, wobei wir uns noch nicht einmal die Hände drücken konnten, wie es doch üblich ist. Dieser Abschied sollte 45 Jahre dauern.

Ich war ein erfahrener KZ-Häftling, der sich gut in Lagersituationen orientieren konnte. Der 27. April war die vierte und entgültige Befreiung, und ich benahm mich wie ein grüner Junge, wie ein absoluter Neuling. Da ich keine Identitätspapiere hatte, hätte ich in gebrochenem Russisch erklären können, dass auch ich aus Berlin sei. Sigi und ich hätten uns dann nicht trennen müssen und wären gemeinsam nach Berlin gegangen. In groben Zügen kann ich mir vorstellen, wie sich mein weiteres Leben gestaltet hätte. Aber zu irgendwelchen Fantasiegeschichten war ich in dieser Zeitspanne nicht imstande. Noch ein Schritt, über den ich mich heute nicht beklage.

Der Sergeant fragte mich, wie gut mein Deutsch sei. Als er hörte, dass ich es fließend spräche, befahl er mir, als Übersetzer dazubleiben. Auf meine Frage, wozu die Straßensperre da sei, bekam ich zur Antwort: »Wir suchen Hitler.« In den paar Tagen, die ich bei der Straßensperre verbrachte, wurde mir klar, welch ein Einfaltspinsel ich gewesen war. Ich hatte dem Sergeanten ja geradezu geholfen, mich von Sigi zu trennen.

Ständig hielten wir Pferdefuhrwerke an, die mit Gütern vollgeladen und mit der polnischen Fahne bedeckt waren. Wenn wir die Kutscher befragten, woher sie stammten, antworteten sie auf Polnisch, dass sie nichts verstünden, und zeigten mit der Hand auf die Fahne. Mit dieser Fahne kamen sie bis in ihre Heimatorte in der Ukraine, luden die Güter ab und kehrten für die nächste Fuhre wieder nach Deutschland zurück. Würden sie sagen, dass sie Ukrainer seien, dann drohte ihnen wie mir der Dienst in der Armee, und die Ware wäre futsch. Das Ganze konnte natürlich nur bis zur Errichtung der Grenzen funktionieren.

Nach Stalins Tod 1953, während der sogenannten Tauwetter-Periode, begann ich in Deutschland nach Sigi zu suchen. Zuerst in Ost-Berlin und später in Westdeutschland. Mithilfe der Schwester meines Freundes Julius Gilmann und ihres Sohnes ging ich die Einwohnermeldeämter von West- und Ost-Berlin durch, überprüfte die großen jüdischen Gemeinden in Berlin, Frankfurt, Hamburg und München, alles ohne Ergebnis. Sigi hatte also doch aus Deutschland fortgehen können. Er hatte mir einmal gesagt, dass er einen Onkel in den USA hatte. Ich hatte mich schon an den Gedanken gewöhnt, ihn nie mehr wiedersehen zu können.

Im Jahre 1990 erhielt ich einen Brief aus Paris. Als ich Namen und Adresse des Absenders auf dem Umschlag las, sagte ich mir, dass der Brief sicher irrtümlicherweise in meine Hände geraten sei. Ich kannte keinen Menschen mit dem Namen Guy Wasseur und hatte auch keine Bekannten in Paris außer der schon erwähnten Lida Gilmann, der Schwester meines Freundes. Also musste der Brief wieder zurück zur Post. Trotzdem war ich meiner nicht ganz so sicher. Auf dem Umschlag waren meine Adresse und mein Name richtig angegeben. Ich öffnete und las den in deutscher Sprache abgefassten Brief, der folgenden Inhalt hatte: »Ich suche meinen Freund Alexander Bergmann. Wenn Sie es nicht sind, dann bitte ich um Entschuldigung für die Belästigung.« Dann kamen einige Worte über mich. Ein großer Teil des Briefinhalts war meinem Vater gewidmet. Er habe dem Briefschreiber viel Zeit geschenkt und bei ihm einen bleibenden Eindruck hinterlassen. Am Ende des Briefes stand die Telefonnummer des Schreibers. Kaum hatte ich den Brief zu Ende gelesen, wusste ich auch schon, dass aus Sigi Wassermann aus Berlin mein Freund Guy Wasseur in Paris geworden war. Er hatte seinen früheren Namen einfach verkürzt.

Von Riga gab es 1990 noch keine direkten Telefonverbindungen mit dem Ausland. Die Gespräche mussten über Moskau hergestellt werden, was in der Regel Tage dauern konnte. Ich hatte den Brief am Sonnabend erhalten und erwartete, dass ich nicht vor Montag mit Paris würde verbunden werden können. Die Telefonistin nahm die Bestellung entgegen und bat mich zu warten. 15 Minuten später klingelte es, und am anderen Ende der Leitung hörte ich Sigis Stimme. Es gibt Wunder, wenn man nur lange genug auf sie wartet!

Sigi erzählte mir am Telefon, dass er mich lange gesucht hatte, obwohl es doch gar nicht hätte so schwer sein dürfen, mich zu finden. Ich war doch in meine Heimatstadt zurückgekehrt.

Sigis Tochter Nadine arbeitete beim französischen Rundfunk. Eine Mitarbeiterin des sowjetischen Rundfunks, der auch in französischer Sprache sendete, war nach Paris gekommen. Die beiden hatten sich angefreundet, und die Moskauerin hatte erzählt, dass sie in Riga Verwandte habe. Ihr Onkel, Osja Pasternak, war früher ein in Riga bekannter Mann gewesen und war auf tragische Weise umgekommen. Seine Frau, die Schauspielerin Lidija Freimane, und ihre Töchter hatten engen Kontakt mit der Moskauerin. Nadine sagte ihr, dass ihr Vater oft an seinen Freund Alexander Bergmann dächte. Alles Weitere war nur noch ein technisches Problem.

Vier Wochen später sollte ich mich mit Sigi und seiner Frau Betti in Moskau treffen. Mein Freund, der Filmregisseur Herz Frank, wollte unser Treffen nach 45 Jahren filmen. Das Filmteam stand am Flughafen Scheremetjevo bereit. Ich war ganz besorgt, ob ich Sigi auch erkennen und nicht vielleicht einen fremden Menschen umarmen würde. Zum Glück hatte ich Sigi ein Foto von mir geschickt. Seine Frau Betti erkannte mich. Leider ist die Kassette mit dem Film aus dem Zimmer des Rigaer Hotels »Latvija« spurlos verschwunden. Das Zimmer wurde vom Geheimdienst sorgfältig kontrolliert. So waren die Zustände auch am Ende der Sowjetära. Sigi und ich sehen uns seltener als mir lieb ist. Jedes Treffen aber ist ein Feiertag für mich.

IRGENDWO IN SACHSEN-ANHALT

30. APRIL BIS 29. MAI 1945

Auch mit meiner Hilfe und meinen deutschen Sprachkenntnissen konnte Hitler nicht gefasst werden. Wie ich später erfuhr, hatte er sich am 30. April in Berlin erschossen. Trotz meiner Wachsamkeit gelang es mir nicht, einen von Hitlers Helfershelfern oder einen Nazi niederen Ranges zu enttarnen. Das ist deshalb erwähnenswert, weil diese Leute offensichtlich über andere Straßensperren hinweg türmten. Nach einigen Tagen hatte mein Sergeant genug und schickte mich und einige andere solcher braven »erfahrenen Krieger« unter der Aufsicht eines Gefreiten auf einem Fuhrwerk zum Reserve-Schützenregiment. Wenn mich meine Erinnerung nicht täuscht, war es das 183. Regiment.

In der Überschrift zu diesem Kapitel habe ich geschrieben »Irgendwo in Sachsen-Anhalt«. Der Grund für diese etwas verschwommene Bezeichnung der Gegend ist nicht die strenge Geheimhaltung, was die Lage unserer Truppen anbelangte. Ich wusste damals ganz einfach nicht, wo wir uns aufhielten, und weiß es auch heute nicht. Wir befanden uns auf offenem Gelände. Es gab keine Städte in der Nähe, die eine Orientierungshilfe hätten geben können. Tagsüber wechselten wir ständig unseren Standort und bewegten uns dabei in einer menschenleeren Gegend. Das Kontingent der Soldaten bestand im Grunde aus Personen, die man ähnlich wie mich hier in Deutschland zusammengetrommelt hatte. Was war da nicht alles zusammengekommen: Lagerhäftlinge, und nicht unbedingt nur jüdische, zwangsweise aus Russland, Weißrussland und der Ukraine nach Deutschland vertriebene junge Männer, gewaltsam nach Deutschland Evakuierte, Vlassov-Leute und Legionäre. Es ist unmöglich, alle Gruppen aufzuführen.

Mit jedem von uns musste sich eine bestimmte Abteilung beschäftigen: Wer sollte in die Armee eingereiht und wer zu den »Eisbären«, damit waren die Lager im hohen Norden gemeint, geschickt werden? Die Überprüfung verlief folgendermaßen: Man teilte uns zugweise ein, schrieb die Namen auf, die Herkunft, wie derjenige nach Deutschland gekommen sei und was er dort gemacht habe. Als die Reihe an mich kam und sie hörten, dass ich im KZ gewesen war, wurde ich als Erstes gefragt: »Sie sind am Leben geblieben. Wie konnte das geschehen, denn alle anderen sind ja ermordet worden?« In den Nachkriegsjahren ist mir diese Frage systematisch gestellt worden, und immer, wenn auch nicht laut ausgesprochen, schwang die »selbstverständliche« zweite Frage mit: »Haben Sie nicht zufällig mit den deutschen Nazis zusammengearbeitet?« Jetzt kam die Frage zum ersten Mal, und ich antwortete sowohl ganz offen wie auch naiv: »Ich habe Glück gehabt.«

In jedem Zug gab es neben den Kommandeuren auch einige Berufssoldaten, deren Rolle sich mir erst später erklärte. Tagtäglich bewegten wir uns in einem Kreis, und im Zentrum des Kreises saß die Besondere Abteilung. Vielleicht übertreibe ich, aber mir kam es so vor, als würden wir jeden Tag ungefähr 40 km zurücklegen.

Von Zeit zu Zeit erschien ein Wagen mit ein oder zwei jungen Kommandeuren, die bestimmte Soldaten namentlich aufriefen und sie zu der »besonderen Abteilung« brachten. Einige kehrten nach der Befragung wieder zurück, andere aber sah man nie wieder. Ich konnte mir gar nicht erklären, wie die Angehörigen dieser »besonderen Abteilung« feststellten, wen sie in die Armee schicken sollten und wen zu den »Bären«. Hatten doch die meisten keine Dokumente. Und woher sollte man ihre Vorgeschichte kennen? Des Rätsels Lösung war ganz einfach. Ohne es zu wollen, hörte ich eine Unterhaltung zwischen einem Berufssoldaten und einem seiner Landsleute, wobei der Soldat ihn warnte, in Gegenwart des Soldaten N. frei zu sprechen. Denn dieser hätte die Aufgabe, alles, was er von uns höre, nach oben zu melden.

Die jungen Leute in unserem Regiment waren großenteils sehr unbekümmert und erzählten abends am Lagerfeuer ganz offen von ihrem Leben in deutscher Gefangenschaft und auch darüber, wie sie sich, um dem Hunger zu entgehen, bereit erklärt hätten, in der Vlassov-Armee zu dienen und ähnliche Geschichten. Zum Glück fragte mich niemand aus, denn sonst hätte ich z.B. auch erzählt, wie ich Flaschen mit Wein organisiert hatte, auf deren Etikett zu lesen gewesen war, dass die Mitarbeiter der Polizei die Flaschen am Geburtstag Hitlers leeren sollten. Ich kann mir vorstellen, wie die Männer der besonderen Abteilung diese Information interpretiert hätten. Für mich war die mitgehörte Unterhaltung eine Lehrstunde zu dem Thema Freiheit des Wortes in der UdSSR und die allgegenwärtigen Polizei-Spitzel. Ich kann aber trotzdem nicht sagen, dass ich im späteren Leben die Regel »Pst! Feind hört mit.« brav befolgt hätte.

Inzwischen wurden die täglichen Märsche für mich immer schwerer, und nicht nur für mich, für die anderen auch. Das wurde dadurch deutlich, dass viele unterwegs ihre Koffer voll mit dem Plunder wegwarfen, den sie sich noch in den Tagen vor dem Reserve-Schützenregiment beschafft hatten. Das ging so weit, dass der Kommandostab einen Wagen mit aktiven Soldaten losschickte, die die Koffer einsammelten und den Offizieren übergaben, die es tatsächlich fertigbrachten, den Inhalt der Koffer zu sich nach Hause zu schicken.

An den Abenden überfiel mich ein Schüttelfrost, nachts schwitzte ich, und am Morgen fühlte ich mich schwach. So ging das eine Woche lang, bis ich endlich zum Feldscher ging. Er sah sich die Kranken nur am Morgen vor dem Weitermarsch an. Nachdem er die Temperatur gemessen hatte, erklärte er, dass ich völlig gesund sei und nur an Dummheit litte. Seine Untersuchung ergänzte er noch durch die Bemerkung, dass seiner Meinung nach meine Haare auf dem Kopf mehr als erlaubt gewachsen wären, und ordnete an, dass ich zum Friseur zu gehen hätte. Die Begegnung mit dem Friseur kam einer Bestrafung gleich. Die kleine Maschine konnte die Haare nicht schneiden. Entweder war sie völlig stumpf oder es lag daran, dass die Haare auf meinem Kopf mit Maschinenöl durchtränkt waren, wohl aus der Zeit, in der ich als Dreher gearbeitet hatte. Jedenfalls riss die Maschine mir die Haare mit den Wurzeln heraus, was mir furchtbare Schmerzen verursachte. Ich berief mich darauf, dass man mir im Lager ganz normal die Haare geschnitten hatte, was aber den Friseur nur noch wütender machte, sodass er mich danach ohne Mitleid quälte. Am Ende der Tortur beklagte er sich noch beim Feldscher, der mich nicht leiden konnte und sich genau an mich erinnerte. Obwohl ich mich schlecht fühlte, hütete ich mich davor, noch einmal zu ihm zu gehen. Die Tage vergingen, ich fühlte mich immer schlechter und verlor den Appetit. Wenn ich am Anfang unseres Marsches die Truppenverpflegung sogar mit gewisser Lust gegessen hatte, so hörte ich Mitte Mai so gut wie auf zu essen.

Das Krankheitsbild änderte sich nicht. Abends bekam ich Schüttelfrost, in der Nacht schwamm ich buchstäblich im Schweiß, und morgens überfiel mich eine solche Schwäche, dass ich mich nur mühsam erheben und meinem Zug hinterherschleppen konnte. Am 29. Mai schließlich war der Schüttelfrost wieder da, und ich fühlte eine große Hitze in mir. Nicht imstande aufzustehen, schickte ich nach dem Feldscher. Er erschien bald darauf und befahl mir mit resoluter Kommandostimme, aufzustehen. Und wirklich. Zu meiner eigenen Überraschung stand ich auf und bekam einen starken Hustenanfall. Meinen Husten kommentierte der Feldscher mit der sarkastischen Bemerkung, dass ich ein erfolgloser Simulant sei. Er nahm keine Temperaturmessung vor, sagte kurz »gesund« und ging. Ich war trotzdem nicht imstande zu gehen, sodass meine Kameraden mich in einen der Wagen setzten, der die weggeworfenen Koffer transportierte.

In den folgenden drei Monaten erwarb ich große Erfahrung im Umgang mit Mitarbeitern der Militärmedizin. Mit Ausnahme des erwähnten Feldschers und noch eines anderen Falles, über den ich noch berichten werde, kann ich nur mit Hochachtung von den Vertretern dieses Berufszweiges sprechen. Der Militärdienst drückt einem zweifellos seinen Stempel auf. Militärärzte sind gleichzeitig auch Kommandeure, und ihre Sprache und ihre Umgangsformen unterscheiden sich von denen ihrer zivilen Kollegen. Es sieht so aus, als seien sie auch äußerlich gröber. Gleichzeitig erfüllen sie treu ihre ärztliche Pflicht. Was sie auszeichnet, ist große Genauigkeit und Disziplin bei der Arbeit.

Zu dieser Einschätzung kam ich aber erst später. Am 29. Mai verwünschte ich einen konkreten Feldscher. Noch am Abend desselben Tages bekam ich wieder Schüttelfrost, hustete pausenlos und jagte meinen Kameraden Angst ein. Sie gingen von sich aus zum Sani, fanden ihn jedoch nirgends. Nachts konnte ich nicht schlafen und fiel erst morgens in einen Halbschlaf.

DIE »WIRTSCHAFT« DER DR. SMUGLOVA

30. MAI BIS 10. AUGUST 1945

Man brachte mich nach Zerbst, der Stadt der Kaiserin Katharina II., ins Lazarett. Es wurde nach dem Namen der Chefärztin »Smuglova-Wirtschaft« genannt. Wie ich dahin kam, weiß ich nicht, da ich bewusstlos war. Auch wusste ich nicht, ob der von mir verfluchte Feldscher irgendeinen Kontakt dorthin hatte. An diesem Tag, es war mein 20. Geburtstag, konnte es kein schöneres Geburtstagsgeschenk für mich geben. Nach einigen Tagen erfuhr ich die Diagnose: Dystrophie und offene Lungentuberkulose. Mein Gewicht war auf 37 kg gesunken. Das alles erzählte mir die Chefärztin Smuglova, eine grauhaarige, energische Jüdin. Nachdem sie ihr aufrichtiges Interesse und Mitgefühl an meinen Erlebnissen in Ghetto und KZ deutlich gemacht hatte, versprach sie mir, mich gesund zu machen, wenn ich dabei mitwirken wolle. In der ersten Zeit bestand die Therapie in Tabletten, die damals gegen Tuberkulose gegeben wurden, und in Lebertran in großen Mengen. Allein die Erwähnung von Lebertran rief bei mir Brechreiz hervor. Ich konnte mich noch gut daran erinnern, wie versucht worden war, mich als Kind mit diesem Getränk abzufüllen, und mein Körper dieses Zeug systematisch wieder von sich gab.

In der Unterhaltung mit der Ärztin Smuglova hörte ich mir unbekannte Begriffe wie z.B. Pneumo-Thorax und Kaverne, wie auch die Drohung: »Wenn du nicht isst, wirst du sterben.« Das lag daran, dass ich vom Moment meiner Ankunft an bis zu den Gesprächen mit Frau Smuglova, zwei Tage später, keinerlei Nahrung zu mir genommen und nur schwarzen Tee verlangt hatte. Nachdem ich geschworen hatte zu essen, ging sie in der Überzeugung, ihre Pflicht getan zu haben. Die ganze Zeit, die ich in ihrer »Wirtschaft« verbrachte, zeigte sie sich nach außen hin streng, war aber in Wirklichkeit in tiefer Sorge um mich. Das kam vielleicht daher, dass nach Erzählungen einiger bestens informierter Kranker fast alle ihre Angehörigen von den Nationalsozialisten ermordet worden waren. Der Gerechtigkeit halber muss ich sagen, dass sie sich mit der gleichen Sorgfalt auch um alle anderen in meinem Krankenzimmer kümmerte. Die Kranken und Verwundeten nannten sie hinter ihrem Rücken nicht »Alte«, sondern »Alter«, wobei sie für diese Bezeichnung einen besonderen Jargon hatten.

Die Tage vergingen, und mir ging es ein wenig besser, obwohl ich noch unwahrscheinlich schwach war, nur im Bett lag und die Ente benutzen musste. Ich hatte überhaupt keinen Appetit und musste mich buchstäblich zwingen, etwas herunterzuwürgen. Doch machten sich bei mir wieder geistige Interessen bemerkbar, sodass ich die Kranken, die gehen konnten, bat, mir irgendetwas zum Lesen zu besorgen. Kurz danach brachte mir einer ein Buch, das er auf dem Dachboden des Lazaretts in einem Haufen Bücher gleichen Aussehens gefunden hatte.

Unser Lazarett befand sich in einem Gebäude, das während der NS-Zeit eine militärische Ausbildungsstätte gewesen war, in der japanische Kadetten zu Offizieren ausgebildet wurden. Deshalb war es nicht besonders erstaunlich, dass sich das Buch als der deutsche Bestseller »Mein Kampf« von Adolf Hitler entpuppte. Statt mich zu sträuben, dieses Opus zu lesen und es wieder auf den Dachboden zurückbringen zu lassen, begann ich voller Naivität und Unbekümmertheit mit großem Interesse darin zu lesen, nicht ahnend, was da auf mich wartete. Mich schaudert es noch heute, wenn ich daran denke, dass ich dieses Buch las, während der Polit-Stellvertreter um die Krankensäle herumschlich und mir unbekannte Personen hier auftauchten, von denen sich jeder als Spitzel erweisen konnte.

Ich las lange in dem Buch. Es war zum einen langweilig geschrieben, und zum anderen war ich zu dieser Zeit nicht hinreichend über die gesellschaftspolitische Situation in Deutschland in der ersten Hälfte des 20. Jh. informiert. Brennendes Interesse rief bei mir nur die »jüdische Frage« hervor. Wenn man von der Anzahl der ihr gewidmeten Seiten im Buch ausgeht, war das allem Anschein nach der zentrale Punkt in Hitlers Überlegungen.

In einem der ersten Kapitel meiner hier vorliegenden Erinnerungen habe ich die »jüdische Frage« in Hitlers Buch kurz angesprochen und behauptet, dass der intelligente Leser nach dem Lesen des Buches die Katastrophe des Judentums hätte voraussehen müssen. Das muss ich etwas präzisieren. In seinem Buch prophezeit Hitler die Endlösung der Judenfrage, sobald er an der Macht sei. Aber er behauptet natürlich nicht, dass alle Juden physisch vernichtet werden sollen.

Mein Erstaunen beim Lesen lag in etwas anderem begründet. Nach Hitlers Machtantritt hatten alle deutschen Juden die Möglichkeit gehabt, dieses Buch zu lesen, und haben es anscheinend auch getan. Es hatte eine millionenfache Auflage. Als sie die Reden Hitlers hörten, nachdem er Reichkanzler geworden war, musste ihnen klar geworden sein, dass er keinen Schritt von seiner Überzeugung abrücken würde. Die Nürnberger Gesetze gegen die Juden und andere Akte zu ihrer Ausgrenzung zeugten ebenfalls von der Anwendung der im Buch aufgestellten Richtlinien zur »jüdischen Frage«. Die illusorische Hoffnung auf eine kurzfristige NS-Herrschaft in Deutschland verschwand offensichtlich in Korrelation mit den Siegen, die Hitler in der Außen- und Innenpoltik errang, besonders was die Frage der Schaffung einer Volksgemeinschaft unter der NS-Flagge betraf.

Die deutschen Juden hatten also nach der Lektüre von »Mein Kampf« jahrelang Zeit und Gelegenheit, für sich daraus die Konsequenzen zu ziehen. Ganz anders war die Situation in Lettland.

Zu Beginn des Krieges gab es in Riga nur im Laufe von vier, höchstens fünf Tagen die Möglichkeit, Lettland zu verlassen und weit hinein nach Russland zu fliehen. Diese Möglichkeit war drei Tage vor der Einnahme Rigas durch deutsche Truppen vorbei. Nicht jeder hatte aufgrund familiärer oder sonstiger alltäglicher Umstände fliehen können. Außerdem waren die Juden in Lettland bis zu dem Augenblick, in dem sie 1941 mit den Nazis in Berührung kamen, nicht den Repressionen unterworfen wie die deutschen Juden. Hinzu kommt noch der normale Umgang der deutschen Besatzungstruppen mit den Juden Lettlands während des Ersten Weltkrieges. Das hatte sich in den Erinnerungen unserer Väter und Großväter erhalten und auch dazu beigetragen, dass viele sich nicht entschieden haben, nach Russland zu fliehen. Das weiß ich aus den Unterhaltungen mit älteren Ghetto-Insassen. Auf der anderen Seite gab es vor dem Krieg Deportationen von Tausenden von Letten in die Lager und ewige Verbannung nach Sibirien und in den Hohen Norden durch die sowjetischen Behörden. Wie schon gesagt, betraf die Deportation im Vergleich mit anderen Nationalitäten, die in Lettland lebten, die Juden am stärksten, was dazu führte, dass ein Teil der jüdischen Bevölkerung nicht gerade danach lechzte, nach Russland zu fliehen. Im Gegensatz zu uns hatten die deutschen Juden jahrelang Zeit gehabt, sich für die Emigration zu entscheiden. Und trotzdem hatte ein bedeutender Teil von ihnen Deutschland nicht verlassen. Dabei muss man aber natürlich auch die Schwierigkeiten erwähnen, die sich für sie bei den Bemühungen um ein Einreise-Visum in jene Länder ergaben, in die sie emigrieren wollten. Wenn es in meinen Gesprächen mit Bewohnern des »Deutschen Ghettos« in Riga und in den Lagern um dieses Thema ging, so führten meine Gesprächspartner diese Schwierigkeiten jedoch am seltensten an. Häufiger war es das Vertrauen in Recht und Gesetz des deutschen Staates. Wenn auch ihre Rechte durch Hunderte von Verboten eingegrenzt waren, angefangen vom Berufsverbot bis zur völligen Isolierung von den »Ariern« usw., so hielten es die deutschen Juden nicht für möglich, dass Willkür und Vernichtung Staatspolitik werden könnten.

Die verschiedensten Gedanken gingen mir durch den Kopf, als ich Hitlers Buch las. Öfter als an alles andere erinnerte ich mich dabei an den treuherzigen Sinnspruch des Schneiders Armist, meines Kameraden aus der Zeit, als wir beim Befehlshaber der Ordnungspolizei arbeiteten. Auf dem Tisch sitzend und mit der Umarbeitung der Militärjacke eines deutschen Polizisten beschäftigt, wiederholte er immer wieder ein und dasselbe: »Die, wos sajen avekgeforn, sajen take avekgeforn.« So philosophierte er auf Jiddisch. In sehr freier Übersetzung hieß das, dass die, denen es gelungen war, nach Russland zu fliehen, richtig gehandelt hätten. Sie hätten nicht nur ihr Leben gerettet, sondern lebten es in Würde weiter, indem sie am Kampf gegen Hitlerdeutschland teilnehmen. In diesen einfachen Worten des nicht gerade gebildeten Schneiders ist nicht so sehr der formelle Inhalt wichtig, sondern die Betonung und der Tonfall, den ich bis heute im Ohr habe. Seine Worte enthielten das Gefühl der tiefsten Bitterkeit über unsere Ohnmacht, unsere Familienangehörigen nicht vor der Ermordung schützen zu können. Diese Bitterkeit ist bei mir durch die Jahre die gleiche geblieben. Noch eine Frage quält mich. Wie konnte es geschehen, dass wir nicht nach Russland geflohen sind, andere aber, die schlechter über die Situation der Juden in Deutschland informiert und nicht so leicht beweglich waren, die richtige Entscheidung getroffen hatten?

Unsere Bekannten, die nach Russland geflohen waren, suchten uns beharrlich durch den Suchdienst der Stadt Buguruslan im Tschkalover Gebiet. Sie haben mir nach dem Krieg erzählt, dass sie den Gedanken gar nicht erst aufkommen ließen, dass wir in Riga geblieben sein könnten.

Unterdessen wühlte Hitlers Buch mein Innerstes nicht nur auf und zwang mich, immer wieder von Neuem zu diesen bitteren Schlussfolgerungen und Fragen zurückzukehren, sondern stärkte unerwartet auch meine Gesundheit auf wohltuende Weise. Ich habe schon gesagt, dass ich nichts aß und nur Tee trank. Doch hatte ich Dr. Smuglova versprochen, Nahrung aufzunehmen. Wir wurden zwar gut versorgt, doch alles, was wir zu essen bekamen, waren Konserven oder Trockengemüse. Und das fachte meinen Appetit nicht gerade an.

Irgendwann während meiner Lektüre von Hitlers Buch im Lazarett kam eine der Deutschen vorbei, welche die Krankenzimmer sauber machten. Meine weiteren Überlegungen gründen sich sowohl auf Fakten als auch auf Vermutungen. Woran konnte eine deutsche Frau denken, als sie mich dieses Buch lesen sah? Doch nur, dass hier ein Verwundeter kranker deutscher Soldat lag, offenbar ein Kriegsgefangener. Dieser Gedanke begann sich mir aufzudrängen, nachdem ich am nächsten Tag auf dem Nachttisch neben meinem Bett ein sauber zusammengeleimtes Körbchen mit Erdbeeren entdeckte. Von diesem Tag an fand ich auf dem Nachttisch immer ein Körbchen mit Beeren, unabhängig davon, wer von den Deutschen die Zimmer sauber machte. Zuerst lagen Erdbeeren darin, dann Kirschen, Himbeeren und rote Johannisbeeren. Kein einziges Mal versuchten die Deutschen mit mir zu reden, was mir vollkommen recht war, da sonst alles herausgekommen wäre. Bis zum Ende meines Aufenthalts im Lazarett ging das auf diese Art weiter. Die letzten Leckerbissen waren Äpfel.

Es war sicher nicht gut, diese armen Deutschen zu täuschen. Aber mein Appetit kam wieder, ich begann Freude am Essen zu bekommen, nahm an Gewicht zu, und es wurde damit begonnen, mich intensiv zu kurieren. Ich gewöhnte mich daran, dass der Arzt mit einer langen Nadel unter die kranke Lunge stach und ihr Luft zuführte, damit sie, wie mir gesagte wurde, durch die Luft zusammengedrückt, in ruhiger Lage schneller vernarben konnte. Der Appetit und die von den Ärzten bestätigte erfolgreiche Behandlung beeinflussten auch meine Stimmung. Eine Genesung hängt auch von der Stimmung des Patienten ab. Besonders wichtig ist sie bei der Behandlung der Lungentuberkulose. Als mir bekannt wurde, dass ich Tuberkulose hatte, war ich zunächst ganz niedergeschlagen und erinnerte mich an den in der russischen Literatur so oft anzutreffenden Begriff der Schwindsucht als Ursache des frühen Todes im jungen Alter. Dazu kamen die Unterhaltungen im Lazarett, bei denen die Tuberkulose-Kranken über die Aussichten sprachen, die sie nach ihrer Heimkehr zu erwarten hätten. Besonders pessimistisch waren die Burschen vom Lande. Sie würden niemanden finden, den sie würden heiraten können. Die Mädchen vom Dorf würden sie scheuen, weil sie die begründete Sorge hätten, dass sie Bazillenträger seien.

Hierbei muss ich eine völlig gegenteilige Beobachtung mitteilen, die sich mir eingeprägt hat. Einige Patienten aus unserem Lazarett mieden unser Krankenzimmer nicht, sondern verbrachten im Gegenteil ihre Zeit bei uns und kamen mit einem unerwarteten Anliegen zu den Bazillenträgern mit offener Tuberkulose. Im Lazarett gab es sowohl Verwundete als auch Kranke, die auf ihre Entlassung oder die Rückkehr zu ihrer Truppeneinheit warteten. Diese Burschen kamen zu uns ins Krankenzimmer, wickelten die Ärmel ihrer Unterhemden auf, und wir sahen voller Überraschung ihre mit Uhren vollbehängten Arme. Sie erbaten von unseren Leuten den bazillenhaltigen Schleim und erklärten, dass sie ihn zur Untersuchung bringen würden. Danach würden sie in unsere Abteilung verlegt, wo sie als »Lungenkranke« das Bett hüten müssten und auf ihre Schätze aufpassen könnten. Wenn das gelänge, würden sie aus der

Postkarte der Cousine des Autors, Ljuba Bergmann, 20. Juli 1945, Moskau

Заказ № 4091.

Москва Москва

На Ваш

Адресное Бюро гор. Москвы сообщает, что

Бергман М.М.

проживает с «...» 194 г.

в районе 12 милиции, дом № 92/94 кв. 33

по Ленинградское шоссе

«13» VII 1945 г.

Справку наводил

Заказ № 4091

Bescheinigung vom Adressbüro, Moskau, vom 13. Juli 1945

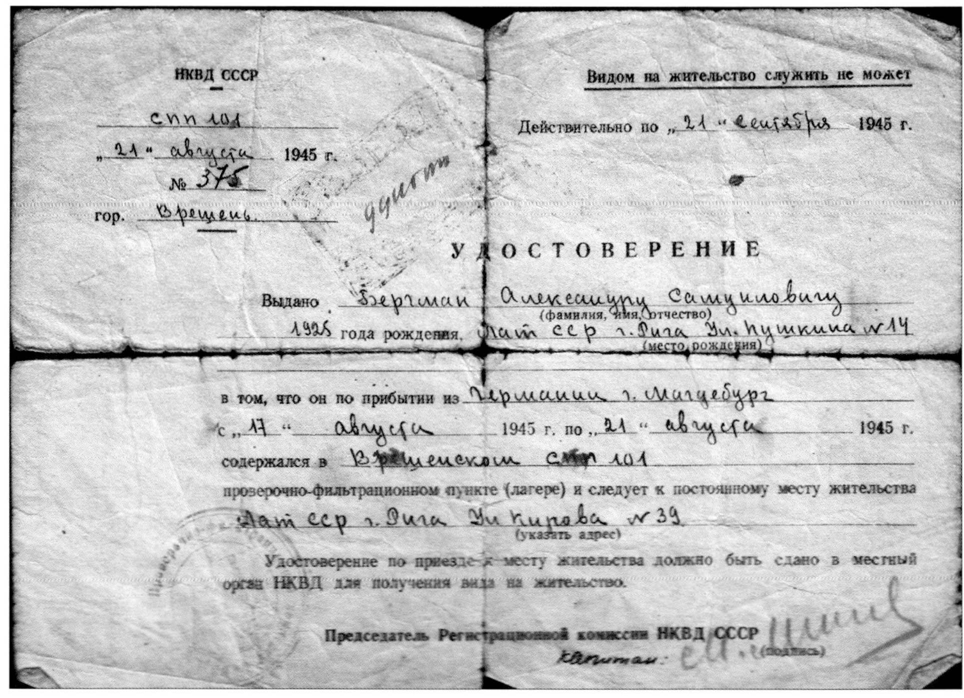

НКВД СССР

спп 101

„21" августа 1945 г.

№ 375

гор. Врещень

Видом на жительство служить не может

Действительно по „21" сентября 1945 г.

УДОСТОВЕРЕНИЕ

Выдано Бергман Александру Самуиловичу
(фамилия, имя, отчество)

1925 года рождения, Лат ССР г. Рига Ул. Пушкина № 14
(место рождения)

в том, что он по прибытии из Германии г. Магдебург

с „17" августа 1945 г. по „21" августа 1945 г.

содержался в Врещенском спп 101

проверочно-фильтрационном пункте (лагере) и следует к постоянному месту жительства

Лат ССР г. Рига Ул. Кирова № 39
(указать адрес)

Удостоверение по приезде к месту жительства должно быть сдано в местный орган НКВД для получения вида на жительство.

Председатель Регистрационной комиссии НКВД СССР
капитан (подпись)

Bescheinigung des Überprüfungs- und Filtrationspunktes SPP 101, ausgegeben an Alexander Bergmann, 21. August 1945

-2-

Список

советских граждан-репатриантов, возвращающихся на Родину в Латвийскую ССР

№ пор.	Фамилия, имя, отчество	Год рожд.	Местожительство	
1	Вейсберг Галий Иванович	1917	г. Рига	4-21
2	Ривин Беймес Рахмилевич	1921	»	4-30
3	Ларионов Василий Иванович	1907	Вышегородский р-н д. [illegible]	
4	Бергман Александр Самуилович	1925	г. Рига	
5	Ренингер Аркус Александрович	1923	»	
6	Ющенкова Ирина Алексеевна	1906	г. Режец д. Гурелишки	
	6			

Всего по списку шесть человек

Начальник СПП 101

3.IX.1945 г. гв. капитан [illegible] (Чачалов)

Принял сопровождающий офицер Л-т

Liste der Heimkehrer aus Deutschland nach Lettland, 3. September 1945

Der Autor und sein Freund Guy Vasseur auf dem Eiffelturm, Paris 1990

Armee entlassen. Wenn sie aber in ihre Einheit zurückkehren müßten, würde man ihnen dort auf jeden Fall alle Uhren abnehmen. Die Burschen fürchteten nicht, sich anzustecken. Wichtiger war es ihnen, die Uhren, deren Herkunft mir unbekannt war, sicherzustellen. Im Vergleich zu dem unvorsichtigen Geschwätz, das ich im Reserve-Regiment beobachtet hatte, war der Leichtsinn dieser Burschen im Lazarett wirklich extrem.

Inzwischen ging die Zeit dahin. Ich begann meine ersten kleinen Gehübungen und fing an, mir über die Zukunft Gedanken zu machen. Die Ärzte schlugen vor, mich, wie andere Kranke, nach der Entlassung aus dem Lazarett auf die Krim zu schicken, um mich dort weiter auszukurieren. Was danach geschehen würde, wüssten sie nicht, äußerten aber Zweifel daran, dass ein Dienst in der Armee auf mich zukäme. Eine Lungentuberkulose sei keine Angina, die man in ein bis zwei Wochen auskurieren könne. Tuberkulose ist eine heimtückische Krankheit, deren Behandlung Jahre dauern kann. In meinem Fall ist das auch so gewesen. Erst 1950 haben mich die Rigaer Ärzte aus der Liste der Tuberkulose-Kranken gestrichen und für gesund erklärt.

Sollte ich nicht wieder zur Armee, müsste ich nach Riga zurückkehren. Deshalb beschäftigte ich mich in Gedanken mit einer Bestandsaufnahme meiner vielleicht lebenden Angehörigen. In erster Linie hatte ich natürlich das Bild meines Bruders vor Augen. Ich war ziemlich sicher, dass er lebte. In Altengrabow, wo wir uns wie gewöhnlich gestritten hatten, war der Krieg Ende April eigentlich schon vorbei. Allerdings wusste ich nicht, ob und wann er in Riga auftauchen würde.

In der Wirklichkeit war mein Bruder wie auch ich zur Roten Armee eingezogen worden. Anders als ich hatte er den Fahneneid geleistet und es sogar bis zum Gefreiten gebracht. Weil er vor dem Krieg an der Universität studiert hatte, wurde er vorzeitig entlassen und kehrte im Februar 1946 nach Riga zurück.

Durch einen Zufall erfuhr mein Bruder, dass ich in Riga war. Er traf auf der Straße einen gemeinsamen Bekannten. Meine spätere Frau beschrieb unser Wiedersehen mit folgenden Worten: »Auf dem Flur stehen zwei Verrückte, die sich gegenseitig auf die Schulter klopfen, wobei der eine zum anderen sagt: ›Erinnerst du dich, wie sie uns an die Wand gestellt haben? Ha-ha-ha.‹ Der Tatsache, dass mein Bruder in der Armee gewesen war, hatten wir es zu verdanken, dass wir mit ihm zusammen in unserer Vorkriegswohnung ein Zimmer, wenn auch nur ein Durchgangszimmer, bekamen. An der Wand befestigte mein Bruder bald eine großartige Grafik mit horizontalen und vertikalen Achsen, die unwiderlegbar bestätigte, dass an allen brüderlichen Auseinandersetzungen und Zwistigkeiten ich der Schuldige war. Ich versuchte gar nicht erst, die Aussage der Grafik zu bestreiten, obwohl ich mit ihr nicht einverstanden war, denn ich konnte seinem Humor nicht widerstehen. Die Grafik war wirklich intelligent gemacht.

Als ich zu meiner Bestandsaufnahme zurückkehrte, sah ich im Geiste den Bruder meines Vaters, Onkel Mischa. Seine Familie bestand aus vier Personen: außer ihm seiner Frau, Tante Tonja, dem Sohn Mischa, der so alt war wie mein älterer Bruder, und der Tochter Ljuba, so alt wie ich. Ich hatte sie alle nie gesehen. Uns hatte der »Eiserne Vorhang« getrennt, der erst nach der Okkupation der Baltischen Staaten durch die UdSSR im Juni 1940 angehoben worden war. Um 1940/41 aus Moskau nach Riga zu kommen, war eine Genehmigung unbedingt erforderlich. Gerade als die Familie meines Onkels sie bekommen sollte, brach der Krieg aus.

1936 hatte Vater mit großer Mühe die Erlaubnis erhalten, seinen Bruder besuchen zu dürfen. Später erzählte er von der drückenden Atmosphäre in Moskau. Eine Vorahnung des schrecklichen Jahres 1937.[15] Um den Onkel nicht zu gefährden, stellten wir die Verbindung zu seiner Familie nach Vaters Moskau-Besuch bis zur Okkupation Lettlands durch sowjetische Truppen vollkommen ein. Immerhin, in unseren Gesprächen war Onkels Familie ständig präsent. Trotz der Entfernung und der komplizierten Verbindung zwischen meinen Eltern und Onkel Mischas Familie war die Beziehung eine sehr enge. Doch als ich mich im fernen Deutschland im Lazarett befand, wuss-

15 Das Jahr 1937 fällt in die Zeit der sog. stalinistischen Säuberungen, während der Hunderttausende, wenn nicht Millionen angeblicher Feinde der Sowjet-Herrschaft umgebracht oder in den Gulag geschickt wurden.

te ich erstens nicht, wer von der Familie in diesem schrecklichen Krieg am Leben geblieben war, und zweitens, wie ich sie finden sollte. Das Einzige, was ich noch wusste, war, dass sie vor dem Krieg in Moskau in einem vornehmen Haus an der Leningrader Chaussee gewohnt hatten. Die Hausnummer wusste ich aber nicht mehr. Ich selbst hatte auch nicht mit ihnen korrespondiert. Mein Cousin Mischa fiel im Krieg, mein Onkel Mischa kämpfte beim Landsturm und wurde schließlich ins Hinterland abkommandiert, da er als Ingenieur unabkömmlich war. Die Tante und meine Cousine Ljuba waren während des Krieges evakuiert. Als ich die Bestandsaufnahme der möglicherweise am Leben gebliebenen Verwandten durchführte, habe ich den Bruder meiner Mutter, Leon Hauchmann, vergessen. Gerade Onkel Ljonja hätte aus einer ganzen Reihe von Gründen diesen Fleischwolf, als der sich der Zweite Weltkrieg erwies, überleben können. Er unterschied sich sowohl von seinen fünf Schwestern, einschließlich meiner Mutter, wie auch vom Clan der Bergmanns. Schon von seinem Äußeren her wie auch von seinem ganzen inneren Wesen war er anders; 1,90 m groß, immer mit einer Pfeife im Mund, sah er sehr attraktiv aus und hatte Erfolg bei Frauen. Er war sehr kräftig, und während des Studiums in der Schweiz war er auch sehr erfolgreich im Sport und wurde Europa-Meister im Bobfahren. Fließend Englisch, Französisch und Deutsch sprechend, ganz abgesehen von Russisch und Lettisch, glänzte er in den Salons von Paris und Genf, wo er einen großen Teil seiner Zeit verbrachte. In Riga brachte er reichen Juden das Kartenspiel Bridge bei. Davon lebte er auch. Wenn er mit ihnen pokerte, gewann er in der Regel. Während der Abend und die halbe Nacht mit Spielen ausgefüllt wurden, so begann der Tag bei ihm erst um drei Uhr nachmittags. Natürlich gefiel meinem Vater eine solche Lebensweise nicht. Doch meine Mutter und wir Kinder vergötterten ihn. Die einheimischen Schönheiten lagen ihm zu Füßen. In Paris hatte er Geliebte. Mit Beginn der Herrschaft der Sowjets in Lettland war Ljonja klar, dass mit denen nicht gut Kirschen essen war. So ging er zur Arbeit in den Hafen, wo er auf einem Schiff Riga zu Beginn des Krieges verließ. Irgendwann Ende Juli oder Anfang August 1941 erhielten wir eine Postkarte, die er noch aus dem sowjetischen Tallinn abgeschickt hatte und die ankam, als Riga schon deutsch besetzt war. Aus der Postkarte entnahmen wir, dass sein Schiff von den Deutschen versenkt worden war, er sechs Kilometer geschwommen sei und glücklicherweise Tallinn erreicht habe. Jetzt versuche er, russisches Hinterland zu erreichen. Nach dem Krieg erfuhr ich, dass Ljonja an der Front gekämpft hatte und verwundet worden war, was ihn zum Kriegsinvaliden gemacht hatte.

Bevor ich meine Bestandsaufnahme möglicher überlebender Familienangehöriger abschließe, noch eine Bemerkung über Onkel Ljonja, den ich gleich am ersten Tag meiner Rückkehr nach Riga besuchte. Er, ein Mensch, dem Sentimentalität fremd war, empfing mich mit folgenden Worten: »Sascha, trink ein Glas Milch und dann ab ins Bad!« Nach zehn Tagen verließ Ljonja Riga für immer und ging ohne Erlaubnis der sowjetischen Behörden, also illegal, ins Ausland. Der Weg führte ihn über China, das noch keine kommunistische Regierung hatte. Glücklich erreichte er Paris, nachdem er seine Schwester, meine Tante Anjuta, in Genf besucht hatte. Er heiratete seine Geliebte, die jahrelang auf ihn gewartet hatte, und lebte bis zu seinem Tod in Paris.

Doch jetzt zurück zum Juli 1945 ins Feldlazarett der Dr. Smuglova, Feldpost-Nr. 36564. Hier überlegte ich mir auf meiner Krankenpritsche, wie ich es bewerkstelligen könnte, meinen Onkel Mischa zu finden. Mein sich bessernder Gesundheitszustand weckte neue Lebenskräfte in mir, aber die fehlende Verbindung mit meinen Angehörigen, mit denen ich mich austauschen wollte, bedrückte mich sehr. Vier Jahre lang hatte ich nun in ständiger Anspannung gelebt, und alle meine Gedanken drehten sich nur um die einzige Frage, wie ich bis zum nächsten Tag überleben, nicht ins Blickfeld der SS-Männer geraten und wie ich zu etwas mehr Essen kommen könne.

Leon Hauchmann, 1925

Auch nach der Befreiung, befand ich mich genau genommen in einem Zustand der geistigen Starrheit, der überdies meinen Gesundheitszustand belastete. Erst Anfang Juli wich diese Starrheit von mir, und mir wurde jetzt in aller Schärfe das Unglück klar, das mich ereilt hatte. Um mich herum hatte ich niemanden, dem ich mich mitteilen, mit dem ich meinen Schmerz und meinen Gram teilen konnte.

Ich sah keinen anderen Ausweg, als die in der russischen Literatur bekannte Methode anzuwenden, d.h. einen »Brief an den Großvater im Dorf« zu schreiben. Es stimmt, ich spielte dabei ein wenig den Bemitleidenswerten, und der Brief ging auch nicht ins Dorf, sondern nach Moskau. Als Orientierungshilfe hatte ich nur die Leningrader Chaussee, in der die Familie des Onkels vor dem Krieg gelebt hatte. Besonders hilfreich war die Tatsache, dass ich den Familiennamen meiner Angehörigen und auch, wie ich glaubte, den Vornamen des Onkels, Mischa, Michael, und der Tante, Tonja, kannte. Doch irrte ich mich bei den Vornamen. Der Onkel hieß Majrim und die Tante Antonina. Das ganze war eine sehr unsichere Sache: Es war äußerst naiv zu erwarten, dass sich im völlig durcheinandergeratenen Moskau gleich nach Kriegsende ein Beamter fände, der, gestützt auf solch unvollständige und teilweise falsche Angaben, bereit wäre, Onkel und Tante zu suchen. Hinzu kam, dass ich den Brief an das Hauptpostamt statt an das Einwohnermeldeamt schickte. All das versuchte ich wettzumachen durch den, wie ich meinte, zu Herzen gehenden Brief ans Hauptpostamt. Ich hoffte sehr auf einen Erfolg, obwohl mir klar war, dass eine Antwort Monate oder noch länger auf sich würde warten lassen. Die Hauptsache war, dass ich eine Antwort vor meiner Abreise zur Kur auf der Krim bekäme. In den dreieckigen Soldatenbriefumschlag legte ich noch einen Brief an den Onkel, in dem ich über die Katastrophe berichtete, die unsere Familie ereilt hatte.

Wie groß war mein Erstaunen, als ich zwei Wochen später vom Einwohnermeldeamt die Standardantwort mit genauer Angabe der Adresse des Onkels und der Tante erhielt. Die zwei nüchternen Adressbescheinigungen und den folgenden Briefwechsel mit den Verwandten hüte ich noch heute wie kostbare Reliquien. Postwendend kam eine Postkarte von meiner Cousine Ljuba. Sie war mit roter Tinte geschrieben, sodass es mir bei meiner Aufregung und in meinem kränklichen Zustand vorkam, sie wäre mit Blut geschrieben:

»20. Juli 1945. Lieber Saschenka! Kaum, dass ich Deinen Brief aus dem Briefkasten herausgenommen habe, will ich Dir sofort antworten, weil ich fürchte, dass der Brief Dich sonst nicht erreicht. Unser Kummer ist unaussprechlich, aber für mich gibt es nichts Größeres als die Freude zu wissen, dass Du lebst und bald gesund sein wirst.«

Es verging noch ein Tag, und man brachte mir eine Postkarte vom Onkel.

»Moskau, 21.VII. Mein lieber Alexander, Sascha, Saschenka!

Über Deinen traurigen Brief haben wir viele Tränen vergossen. Mein heißester Wunsch ist jetzt, Dich so schnell wie möglich zu sehen, Dich wie meinen leiblichen, lieben Sohn an mich zu drücken. Ich hatte einen Sohn, der so alt war wie Dein älterer Bruder. 1939 wurde er in die Armee eingezogen. Seit dem ersten Semester und seit dem ersten Kriegstag haben wir nichts mehr von ihm gehört. Doch wir haben die Hoffnung nicht aufgegeben und werden bis zu unserer letzten Stunde hoffen.

Gott sei Dank ist Dein Brief, der keine Adresse hatte, nicht in der Millionenstadt Moskau verloren gegangen, sondern durch die Moskauer Post richtig zugestellt worden.

Für Dich ist es jetzt am wichtigsten, dass Du für Deine Gesundheit sorgst und Kräfte sammelst, um, erstens, Rache zu üben (aber wie?) und um, zweitens, zu leben, damit unsere Angehörigen, die zu früh gegangen sind, wenigstens in unserem Gedächtnis weiterleben können.

Bemüh Dich, uns den Namen Deiner Stadt mitzuteilen. Vielleicht kann ich zu Dir kommen.«

Ich habe die Zeilen auf den Postkarten von Cousine und Onkel nicht nur deshalb angeführt, weil sie mir sehr teuer sind und auf ihre Weise die Ereignisse und Gefühle der weit zurückliegenden Tage in mir wiederbeleben, sondern aus noch anderen Gründen. Hunderttausende von Menschen suchten und fanden einander in diesen ersten Monaten nach dem Ende des Krieges. Seien es nun Frontsoldaten oder wie durch ein Wunder am Leben gebliebene Opfer des Nazi-Regimes. Sie drückten in ähnlichen Worten ihre Freude darüber aus, dass sie ihre Angehörigen wiedergefunden hatten, gleichzeitig aber auch ihren Kummer über den Tod ihrer Nächsten, seien es nun ebenfalls Frontsoldaten oder Juden, die dem Holocaust zum Opfer gefallen waren. So sind die Postkarten von Onkel und Cousine für mich persönlich nicht nur deswegen so wichtig, weil sie mich wie ein dünner Faden mit einer Zukunftsperspektive verbanden, sondern sie sind charakteristische Dokumente, die die Realität des Sommers 1945 widerspiegeln. Die Karte des Onkels war auch noch deswegen wichtig, weil in ihr zwei zentrale Probleme, wenn auch nur in einigen Worten, angesprochen wurden: Die Erinnerung an die Umgekommenen und das Problem der Rache für das, was uns angetan worden war.

Das Thema des Holocaust ist heute nicht weniger aktuell, als es gleich nach Kriegsende war. Ich möchte sogar sagen, dass es heute noch aktueller ist. Damals war das

Ljuba Bergmann, Foto aus den 40er Jahren

Maijrim Bergmann, 1936

Москва, 21. VII.

Дорогой мой Александр, Саша, Сашенька!
Много слез пролили мы над твоим
горестным письмом. Мое сейчас
самое горячее желание – как можно
скорее увидеть тебя, приласкать и себе
как родного, любимого сына.
У меня был сын, ровесник твоего стар-
шего брата. Он был призван в армию
в 1939 г. с I курса, и с первого дня войны
о нем мы ничего не знаем, но мы не
теряем надежды и, очевидно, будем
надеяться до нашего смертного
часа.
Благодарю Бога, что твое письмо без
адреса не затерялось в многомиллион-
ной Москве и что московская почта
его доставила по назначению.
Для тебя теперь самое главное:
беречь свое здоровье и копить силы
во-первых, чтобы отомстить (но как!)
и во-вторых, чтобы [illegible], и чтобы наши
близкие, безвременно ушедшие, могли
жить, по крайней мере, в нашей
памяти.
Пишу мало, рассчитывая этим ускорить
получение тобою открытки.
Запиши и запомни мой адрес: Ленинградское шоссе д. 92 кв. 33
Постарайся сообщить свой [illegible]
Я хочу приехать к тебе.
Напиши в Ригу, Замковая ул. 6. Илье
Исааксону, [illegible] N 2. [illegible] в Риге
что-нибудь известно про Мишу. [illegible]

Postkarte von Maijrim Bergmann, Moskau, 21. Juli 1945

Thema in aller Munde. Die Zeitungen waren voller Artikel über KZ mit Beschreibungen dessen, was in den KZ geschehen war, und voll von Berichten derjenigen, denen es gelang, das Grauen zu überleben. Die Menschheit, oder wenigstens ihren besseren Teil, überlief ein Schaudern, als sie von den Gaskammern, den Krematorien, den Bergen von Frauenhaar und den Kinderschuhen erfuhr und all das mit eigenen Augen sehen konnte. Die Aufzählung all der Verbrechen kann endlos weitergeführt werden.

Der Begriff Holocaust hat, wenn man das so sagen kann, wegen des seit seinem Geschehen zweimaligen Generationswechsels Patina angesetzt. Es besteht die Gefahr, dass dieser Prozess zum Vergessen führt, wenn nichts dagegen unternommen wird. Zudem sind immer häufiger Stimmen zu hören, die dazu aufrufen, das Thema Holocaust zu schließen. Sie bestreiten dem Holocaust das Recht auf fortwährendes Gedenken. Für diese Leute ist der Holocaust eine kleine Episode in der Weltgeschichte; er ist für sie kein Ereignis, das die Menschheit verpflichtete, von Menschenhass und Finsternis zu Zivilisation und Sittlichkeit zurückzukehren. Der Holocaust hat Probleme für fast alle geschaffen: Für die Opfer, die den Mord an ihren Angehörigen überlebt haben, für die Täter, für ihre Helfershelfer und für die Zuschauer. Er war nur kein Problem für die Retter und die Kinder, weil Erstere ihrem Gewissen gemäß handelten und Letztere zu jung waren.

Die Worte des Onkels auf der Postkarte über die Bewahrung der Erinnerung der so früh Gestorbenen lege ich breit aus, d.h., auch in Hinsicht auf die kommenden Generationen, weil sonst die Erinnerung ihre warnende Funktion verlöre. Besonders die Warnung und der Kampf gegen eine mögliche Wiederholung des Holocaust, wobei unwichtig ist, gegen wen er sich richtete, bauen auf der Erfahrung aus der jüdischen Katastrophe auf.

Doch damit ist das Thema der Erinnerung nicht erledigt. Aber mit jenen zu polemisieren, die bestreiten, dass es den Holocaust überhaupt gegeben hat, oder meinen, er wäre eine Strafe Gottes für die Sünden der Juden, das betrachte ich als unter meiner Würde.

Mein Onkel schrieb auf der Postkarte, dass es neben der Wiederherstellung meiner Gesundheit meine vorrangige Aufgabe sei, mich zu rächen. Aber sofort kamen ihm Zweifel. Wie sollte das geschehen? Ich will nicht verhehlen, dass mich die Frage der Rache seit dem Tag des Mordes an meinem Großvater für längere Zeit nicht verließ. Sie baute auf der kindlichen Vorstellung auf, dass, falls es mir gelänge zu überleben, ich mich auf irgendeine Weise an den Schuldigen rächen würde. Der Mord an meiner Mutter, an meinem Bruder und an den übrigen Angehörigen ein halbes Jahr später machte den Kreis der direkt Schuldigen unübersehbar groß, und keiner von den direkt Schuldigen war mir damals bekannt und ist es auch heute nicht. Auch kenne ich jene nicht, deren Gleichgültigkeit den Tod meiner Angehörigen und überhaupt den Holocaust indirekt ermöglicht hatte. Meine damaligen Rachegelüste verloren mit der Zeit ihr konkretes Ziel.

Rache ist eine emotionale Angelegenheit, die Sympathie oder auch Antipathie hervorrufen kann. Doch kann sie keine Antwort auf ein Verbrechen sein. Wenn ich so geurteilt hätte, wie ich es gleich nach dem Mord an meinen Nächsten getan hatte, dann hätte der Wunsch nach Rache dazu geführt, mit der Maschinenpistole in der

Hand die Passanten auf den Straßen Rigas niederzumähen. Nein, die Rache ist niemals ein guter Ratgeber. Ich habe mich schon recht früh, noch als Häftling, von Rachegefühlen befreit, aber nicht spurlos. Ich kam zu dem Schluss, dass es, statt Rache zu üben, unabdingbar sei, ausnahmslos alle Initiatoren, Aufwiegler, Täter und Komplizen der Verbrechen, die während des Krieges an der Zivilbevölkerung verübt wurden, zur Verantwortung zu ziehen.

Ich schreibe das jetzt als Jurist. Damals konnte ich das nicht juristisch formulieren. Doch haben sich meine Vorstellungen zu diesem Thema nicht geändert. Bei den Nürnberger Prozessen wurden die deutschen Initiatoren verurteilt. Den einheimischen Initiatoren wie den Aufwieglern aus dem Kreis der Zeitung »Tevija« und anderer ähnlicher Publikationen, die für die mörderische antisemitische Propaganda verantwortlich waren, gelang es, zu fliehen.

Wie bekannt ist, versuchte ein großer Teil der deutschen Nachkriegsjustiz, die Täter vor der Verantwortung für ihre Verbrechen zu schützen. Wenn dies aus dem einen oder anderen Grunde so nicht möglich war, ging man mit ihnen doch sehr nachsichtig um. Ähnlich war die Stimmung in Lettland nach der Wiedererlangung der staatlichen Unabhängigkeit. Das zeigte sich in der unglaublich schleppenden Art und Weise, in der die Justizbehörden ihren Dienstverpflichtungen bei der Fahndung nach Kriegsverbrechern nachkamen. Diese Organe konnten und mussten die Auslieferung von NS-Verbrechern fordern, die ihre Verbrechen während des Kriegs in Lettland verübt hatten und jetzt in anderen Ländern lebten. Doch sie taten es nicht. Von vornherein wurden Beweise, die man während der sowjetischen Besatzung bei der Prüfung von Kriminalfällen erhalten hatte, abgelehnt. Ein Staatsanwalt tat sich bezüglich der Beurteilung der Untersuchungsrichter aus der Sowjet-Zeit mit der Behauptung der »abgerissenen Fingernägel« hervor, was heißen soll, dass die Angeklagten gefoltert worden waren. Eine Bezeichnung, die auch für die lettische Presse während der NS-Okkupation charakteristisch war, nur fehlten jetzt die Worte »Juden-Tschekisten«. Dadurch entstand der Eindruck, dass die verantwortlichen Behörden auf eine biologische Lösung des Problems bauten. Dies böte die Möglichkeit zu behaupten, dass keine Nazi-Verbrecher mehr am Leben seien, weshalb sie nicht mehr verfolgt werden könnten. Es scheint, dass wir schon wieder so weit sind.

In der Nachkriegszeit habe ich mich lange mit diesen Fragen beschäftigt. Das hatte mich zu einer bestimmten Position hinsichtlich der Fragen gebracht, die mein Onkel in seiner Postkarte berührt hatte. Auf der einen Seite beneidete ich Simon Wiesenthal, der sein ganzes Leben der Verfolgung und Enttarnung von Nazi-Verbrechern gewidmet hat. Ich selbst hätte als Jurist alles dafür gegeben, um mich ebenfalls damit beschäftigen zu können. Unter den Lebensbedingungen in einem totalitären Staat aber konnte das nur ein Traum bleiben. Auf der anderen Seite aber hatte ich mich nach dem Krieg ziemlich schnell von jenem Radikalismus abgewandt, den ich in der Zeit, in der ich im Ghetto eingeschlossen war, verspürte. Noch im KZ hörte ich auf, die Verantwortung der gleichgültigen Beobachter derjenigen der NS-Verbrecher gleichzusetzen. Ich weigerte mich, die bei vielen Menschen vorherrschende Meinung, nach der das ganze deutsche Volk und auch andere Völker, deren Vertreter mit den Nazis kollaboriert hatten, als Verbrecher zu betrachten seien, zu teilen. Die Frage nach der moralischen Verantwortung der Gleichgültigen allerdings ist heute ebenso aktuell wie damals.

Gleichzeitig kann ich nicht die Versuche akzeptieren, die Zahl derjenigen zu verringern, die auf die eine oder andere Weise in die Aktionen zur Vernichtung der Juden eingebunden waren. Insbesondere in Lettland taugen die Versuche nicht, die Zahl der Mörder auf die berüchtigte Bande von Viktor Arajs und die mit ihr verbundenen Polizisten zu beschränken. Diese Einstellung zeigt darüber hinaus auch eine bewusste Verdrehung der Geschichte des Holocaust in Lettland. Es ist traurige Wahrheit, dass an der Ermordung der Juden, am Raub ihres Vermögens auf diese oder jene Weise Hunderte von Leuten teilnahmen, darunter auch die Nachbarn von nebenan. Kein Verweis auf die führende Rolle der Deutschen wie auch auf andere Motive können die Schuld der lokalen Mörder und Räuber verkleinern.

Tatsache ist auch, dass die einheimische Bevölkerung in der Anfangszeit des Krieges in großer Zahl mit der Tätigkeit der Nazis sympathisierte und infolgedessen auch mit der Politik der »Endlösung der Judenfrage«. Erst mit der Kriegswende trat an die Stelle der Solidarität mit den Nazis die kritische Einstellung zu ihnen.

Ein Teil meiner jüdischen Mitbürger hat nach dem Krieg die Deutschen abgelehnt. Ein Teil von ihnen tut es heute noch. Auch wenn ich ihr Recht dazu achte, muss ich doch sagen, dass nach dem Krieg nicht ein einziges Mal der Gedanke in mir aufkam, alles Deutsche wegen der Verbrechen, die während des Krieges durch die Nazis verübt worden sind, abzulehnen. Zuerst konnte sich eine solche Haltung gar nicht äußern, da es in der Sowjetunion, also hinter dem Eisernen Vorhang, keine Deutschen gab. Später, und besonders als Lettland wieder unabhängig wurde und der Eiserne Vorhang fiel, konnte ich Kontakte zu Deutschen knüpfen und ausbauen. Ich fand Freunde unter ihnen. Ich denke, dass die Freundschaft mit denjenigen Deutschen, die um die Verantwortung ihres Volkes für den Holocaust wissen, nicht im Widerspruch zu dem Gedenken an meine so früh verstorbenen Angehörigen steht, die gemeinsam mit Millionen anderer europäischer Juden von den Nazis ermordet worden sind.

In den 70er Jahren wurde ich bei einer Gelegenheit an die Worte erinnert, die mein Onkel über die Rache gesagt hatte. Ich hatte ein interessantes Buch über Swanetien gelesen und erfahren, dass dort durch die Jahrhunderte hindurch die Blutrache eine blutige Ernte einfährt. Zumindest in den ersten Jahren ihrer Herrschaft wurde die Sowjetmacht mit dieser schrecklichen Sitte nicht fertig. 1926 wurden 600 Menschen in Swanetien Opfer der Blutrache. Die freiheitsliebenden, stolzen, schönen und gastfreundlichen Swanen zeichnen sich durch einen sehr aufbrausenden Charakter aus. Ich habe das selbst erlebt. Mit funkelnden Augen und drohenden Gebärden begegneten die Swanen meiner dummen Ablehnung, als mir ein Trinkhorn voll Weines als Geschenk überreicht wurde. Der Clan feierte den Nationalhelden Swanetiens, den Bergsteiger Michail Chergiani.

1974 führte mich mein Weg nach Swanetien, in den gebirgigen Teil Georgiens. Schon auf dem Weg dahin, in der Stadt Džvari, wo am Fluss Inguri ein Kraftwerk gebaut wurde, sah ich mich mit den eigenartigen Erscheinungsformen der Rache konfrontiert. Im Gästehaus, in dem ich übernachten sollte, lud mich die Verwalterin zu einer Versammlung der Hotelgäste ein. Hier erfuhr ich nun Folgendes: In diesem

Haus wohnten auch die Sprengmeister, die am Bau des Kraftwerkes mitarbeiteten. Einige Frauen kamen zu ungewöhnlichen Zeiten zu ihnen. Der Verwalterin gefiel das nicht. Am Tage meiner Ankunft sah sie einen Sprengmeister aus dem Keller herauskommen, in dem er nichts zu suchen hatte. Dieser Mann hatte sich zuvor darüber aufgeregt, dass es verboten sei, mit Frauen ins Gästehaus zu kommen. Die Verwalterin fragte ihn nun, was er in dem Keller gemacht habe. Die Antwort lautete: »Krächze nicht, du Krähe, sonst fliegst du.« Übles ahnend, ging sie in den Keller und fand dort akkurat zusammengefügte Sprengpakete und eine sie verbindende Zündschnur. All das erzählte uns der Leiter der Polizei, der den Sprengmeister verhaftet hatte. Am folgenden Tag reiste ich nach Mestia, der Hauptstadt Swanetiens, und von dort in die Siedlung Uschguli.

In Uschguli, wie auch in anderen Dörfern, hatte jedes Haus als Anbau einen Turm. Dieser Turm diente im Falle von Blutrache als Schutz für die Familie, ihr Vieh, ihre Lebensmittelvorräte, das Futter und das Wasser. Leider gibt es diese Siedlung heute nicht mehr. Einige Jahre nach meinem Besuch ist sie von einer Lawine verschüttet worden. Viele sind dabei umgekommen. Die Tatsache, dass jedes Haus einen Turm hatte, zeigt die Angst der Swanen vor der Blutrache. Man kann sich schwerlich eine absurdere Situation vorstellen. Das ist Swanetien! Doch das ist nichts im Vergleich zu den blutigen Gelagen, welche die Rache heute in der ganzen Welt feiert. Ich kann es nur noch einmal wiederholen: Das Gefühl der Rache ist ein schlechter Ratgeber.

Doch kehren wir zurück nach Zerbst. Inzwischen war es schon Mitte Juli. Ein ehemaliger Häftling unseres Lagers in Magdeburg wurde in unser Krankenzimmer eingeliefert. Ich kannte ihn nur vom Sehen und hatte mich nie näher mit ihm unterhalten. Er war ungefähr 25 bis 30 Jahre älter als ich und offensichtlich ein Mensch, der geistig gearbeitet hatte. Bedauerlicherweise erinnere ich mich nicht an seinen genauen Namen und nenne ihn daher einfach B.

Im Lazarett bekamen wir unbegrenzt Brot. Er nahm sich Brot auf Vorrat und versteckte es unter der Matratze seines Bettes. Bei der Reinigung des Krankenzimmers wurde in seinem Bett lauter Brot entdeckt. Es war inzwischen zu Zwieback geworden. Eine Antwort auf die Frage, warum er sich solch einen Vorrat an Zwieback angelegt habe, war von ihm nicht zu bekommen. Ich wusste, dass die Angst vor dem Hunger, die sich schon zu einer Psychose entwickelt hatte, der Grund war. Das war schon daran zu merken, wie gierig er alles verschlang, was er im Krankenzimmer zum Frühstück, zu Mittag und zum Abendessen bekam. Wenn man einmal von seinen Essensallüren absieht, nahm er sonst alles, was um ihn herum vor sich ging, mit voller Klarheit wahr. Er war mit der Situation, in der er sich befand, vertraut und ein sehr interessanter Gesprächpartner. Von ihm erfuhr ich viel über das Riga der Vorkriegszeit. Er gab mir die Adresse seiner Schwester, die in Riga lebte, für den Fall, dass ich vor ihm nach Riga zurückkommen sollte.

In der ersten Stunde meiner Rückkehr nach Riga besuchte ich seine Schwester. In der Unterhaltung erwähnte sie, dass sie meinen Onkel Leon kenne und gab mir dessen Adresse. Zu meinem Erstaunen äußerte sie die größte Besorgnis hinsichtlich des psychischen Zustands ihres Bruders. Er schickte ihr täglich eine Postkarte mit der Bitte, seinen Frack herzurichten. Er habe einen Auftritt vor. Das war für mich der erste

Fall, in dem ich bei Holocaustüberlebenden mit psychischen Problemen konfrontiert wurde. Mit der Bemerkung »zum ersten Mal« habe ich die Personen im Blick, die den Krieg überlebt haben. Im Ghetto konnte man nicht selten Leute beobachten, die von stillem Wahnsinn ergriffen waren. In den KZ gab es solche Leute nicht. Sie wurden sofort ermordet. Das Problem mit den psychischen Folgen wird desto akuter, je älter die Leute werden. Das hat mir meine Arbeit mit den Holocaustüberlebenden gezeigt.

B. habe ich nach dessen Rückkehr einige Male in Riga getroffen. Ich hatte den Eindruck, dass mit seiner Psyche alles in Ordnung sei. Doch bin ich kein Psychiater.

Anfang August 1945 wurde mir mitgeteilt, dass ich zusammen mit anderen Kranken und Verwundeten in ein Frontlazarett käme, damit mein Gesundheitszustand noch besser überprüft werden könne. Erst danach würde ich auf die Krim geschickt. Am 10. August wurden wir in die Waggons verladen. Wie bei der Armee üblich, wurden wir nicht darüber informiert, wohin unsere Reise ginge. Mit angenehmen Erinnerungen verließ ich die »Wirtschaft« der Smuglova. Ich war der Ärztin und den Ärzten für die fürsorgliche Behandlung und sogar den deutschen Frauen dankbar, die mich bis zum letzten Tag mit Beeren und Früchten versorgt hatten. Sie hatten gar nicht gewusst, wem sie diese Gaben brachten. Von der Stadt Zerbst verabschiedete ich mich für ein halbes Jahrhundert. Erst 2001 kam ich wieder in diese Stadt zurück mit dem Ziel, hier das Gebäude des Feldlazaretts zu finden. Doch meine Suche war vergeblich. Meine Erkundigungen halfen nicht weiter.

BERLIN-LICHTENBERG

10. BIS 22. AUGUST 1945

Der Sanitätszug mit den Kranken und Verwundeten kam in Ost-Berlin am Bahnhof Berlin-Lichtenberg an. Wir stiegen aus und warteten auf das Weitere. Bald kam ein Geländewagen, ein sogenannter Willis, aus dem eine Frau im Rang eines Obersten ausstieg. Später erfuhren wir, dass sie die Leiterin des Frontlazaretts war. Sie befahl, uns für den Marsch ins Lazarett aufzustellen. Irgendjemand fragte, wie weit es zum Lazarett sei. »Ungefähr drei Kilometer«, antwortete sie. Empört sagten einige, dass wir nicht imstande seien, eine solche Entfernung zurückzulegen. Man solle eine Transportmöglichkeit für uns organisieren. Und wirklich, die drei Kilometer gingen mir, der ich kein lästiges Gepäck außer der Tischdecke und der »Coty«-Seife mitschleppte, über meine Kräfte. Ganz zu schweigen von den anderen, die zwei und mehr Koffer trugen. Es war abzusehen, dass eine Konfrontation zwischen den mehr als hundert kranken Militärpersonen mit zerrüttetem Nervenkostüm und einer Ärztin, wenn auch im Range eines Obersten, nicht erfolgreich für sie enden konnte. Dazu kam, dass es bei diesen Personen, die doch zu dem großen Sieg beigetragen hatten, keine Disziplin mehr gab. Diese war während des langen Aufenthalts im Lazarett verloren gegangen. Alle fühlten sich jetzt nur noch als Patienten. Doch wir merkten bald, dass dieser weibliche Oberst nicht umsonst zur Leiterin des Lazaretts bestimmt worden war. Eine solch metallisch klingende Stimme, die bedingungslosen Gehorsam forderte, habe ich nur noch einmal gehört, auch in einer kritischen Situation. Dabei handelte es sich um einen Mann, hier aber war es eine zarte Frau. Ihre Forderung, die Unterhaltungen zu beenden, sich zu je vier Mann für den Marsch aufzustellen, kam einem Schlag mit der Peitsche gleich. Im Handumdrehen verwandelte sich unsere anarchistische Gesellschaft in eine gehorsame militärische Einheit. Wie es uns gelang, die drei Kilometer zurückzulegen, weiß ich nicht mehr. Meine Temperatur war inzwischen stark angestiegen, und ich konnte mich später nur noch verschwommen daran erinnern, dass ich im Lazarett registriert und danach ins Bett gebracht worden war.

Am nächsten Tag erfuhr ich beunruhigt, dass ich bei der Registrierung auf die Frage nach dem Rang geantwortet hatte, dass ich Oberst sei. Ich hatte ganz offensichtlich fantasiert, denn ich war zu solch einer überaus dreisten Behauptung normalerweise nicht fähig. Für mich bleibt unbegreiflich, wie man mir glauben konnte, mit 20 Jahren Oberst zu sein, zumal ich in Zivil ankam. Am nächsten Morgen wurde ich aus dem Krankenzimmer für Offiziere in eins für Mannschaften gebracht. Zwei Dinge zeichneten mich weiter als Offizier aus, wenn auch nur für eine Nacht. An jenem Abend bekam ich einen Schlafanzug und ein Päckchen leichten Tabaks. So etwas stand nur Offizieren zu. Mannschaften liefen nur in Unterwäsche durch das Lazarett, in Unterhosen und -hemden über der Hose. Und statt des leichten Tabaks erhielten sie die gemeine Machorka.

Der Rausschmiss aus dem Offizierszimmer betrübte mich nicht weiter. Ich gewöhnte mich schnell an das neue Krankenzimmer und fand dort bald zwei Freunde. Den einen fand ich deswegen so interessant, weil er an der Befreiung Rigas teilgenommen hatte und mir so einiges berichten konnte. Der andere, ein flotter Bursche, war schon seiner Erscheinung nach ein interessanter Mensch. Zu seiner Biografie gehörten sein Zwangsdienst in einem Strafbataillon und der Lenin-Orden, den er für Tapferkeit und einige von ihm abgeschossene deutsche Panzer erhalten hatte. Beider Interesse an mir erklärte sich ganz einfach durch meine Beherrschung der deutschen Sprache. »So wie es dir nur etwas besser geht, gehen wir nach Berlin«, sagten sie mir. Ich gab mir Mühe.

Unser Lazarett befand sich auf dem Gelände des früheren Psychiatrischen Krankenhauses Lichtenberg. Von seiner ursprünglichen Bestimmung zeugten nur die Gitter an den Fenstern. Das ärztliche Personal war meiner Meinung nach äußerst qualifiziert. Sehr bald stellten sie mich wieder auf die Beine. Wir wurden gut verpflegt. Doch fehlten Obst und frisches Gemüse vollständig. Stattdessen gab es getrocknete Kartoffeln, Mohrrüben und Zwiebeln. Dem Fehlen von Vitaminen wurde versucht, durch Tablettengaben abzuhelfen, aber das lief nicht auf denselben Erfolg hinaus. Wir litten unter diesem Mangel.

Am siebenten Tag unseres Lazarett-Aufenthalts sagten mir meine neuen Freunde, dass es jetzt Zeit wäre, sich Berlin etwas näher anzusehen, und ich hatte nichts dagegen, obwohl mir eine innere Stimme sagte, dass es dafür noch zu früh sei. War doch der Weg in die große Stadt länger als unser Marsch vom Bahnhof zum Lazarett. Unser Dreiergestirn bot einen seltsamen Anblick. An der Seite gingen die zwei in Unterwäsche, die sie mit einem Militärriemen festgeschnürt hatten, eine Soldatenmütze auf dem rasierten Kopf und an den Füßen feste Soldatenstiefel. In der Mitte ging ich, herausgeputzt mit einem Pyjama und in irgendwelchen abgelatschten Stiefeln, natürlich ohne Gürtel und Soldatenmütze. Nach unserem Äußeren zu urteilen, mussten wir aussehen, als wären wir aus der Irrenanstalt entlaufen, die sich ja auch vor noch nicht allzu langer Zeit in der Nähe befunden hatte.

Es war seltsam, sich auf den schmalen Fußwegen in Richtung Alexanderplatz zum Stadtzentrum zu bewegen. Die Wege waren mit Schutthaufen übersät. Vor den Bombardierungen hatten in den Straßen Wohnhäuser gestanden. Beim Anblick der Ruinen ergriff mich ein Gefühl der Befriedigung, das mir aus einem Triumph der Gerechtigkeit herzurühren schien. Aber es ähnelte wohl eher der Schadenfreude. Alles um mich herum machte den Eindruck, als könne es niemals einen Wiederaufbau geben. Nur ganz selten waren in dieser Mondlandschaft unbeschädigte Häuser zu sehen, in denen deutlich Leben zu spüren war.

Vor einem Laden stand eine lange Reihe Deutscher nach Brot an. Als sie unserer ansichtig wurde, rannte die Menge auseinander. Sie vermuteten vielleicht, dass diese Außerirdischen sie jetzt auf geheimnisvolle Weise umbringen werden. Wenn das möglicherweise auch nur aus einem Irrenhaus Entlaufene seien, wäre es trotzdem vernünftiger, sich von ihnen fernzuhalten. Sollten diese Irren doch das Brot kriegen, Leben und Gesundheit waren mehr wert.

Wir gingen weiter, kamen vom Weg ab in eine Straße, die unzerstört geblieben war, verloren die Orientierung, setzten uns erschöpft auf den Bürgersteig und überlegten, wie wir den Weg zum Lazarett zurückfinden könnten. Da ich Deutsch konnte, wollten mich die anderen zum Auskundschaften losschicken. Doch ich weigerte mich, nach dem Weg zum Irrenhaus zu fragen. Meine Fragen würden nur den Verdacht bestärken, dass wir Verrückte seien. So kamen wir überein, dass ich nach dem Weg zum Bahnhof Lichtenberg fragen sollte. Von da ab kannten wir den Weg, wenn es auch noch an die drei Kilometer waren.

Was sollten wir machen! Wir waren nicht mehr so gut aufgelegt wie zu Anfang des Weges. So schleppten wir uns dahin - wie uns schien - in Richtung unseres Hauses. Nach ungefähr 15 Minuten, als es schon zu dunkeln begann, überholte uns ein Auto, bremste ab, setzte zurück und hielt neben uns. Das war der uns bekannte Willis, aus dem unsere Lazarettleiterin ausstieg und uns mit einer Geste aufforderte einzusteigen. Im Auto kam kein Gespräch zustande, doch als wir im Lazarett ankamen, erklärte sie uns kurz und bündig: »Im Lazarett gibt es keine Hauptwache. Aber wenn ihr noch einmal in Unterwäsche in die Stadt geht, kommt ihr bei Brot und Wasser in den Entlausungswagen.« Dabei zeigte sie auf ein Auto mit Desinfektionsanlage, das auf dem Hof stand.

Wir nahmen die Warnung der Obersten ernst. Weder ich noch der flotte Bursche aus Odessa wollten in der Desinfektionsanlage sitzen. Den Vorschlag unseres Dritten, des Befreiers von Riga, den Spaziergang zu wiederholen, wiesen wir daher entschieden zurück. Stattdessen waren wir sofort mit dem Vorschlag einverstanden, uns auf das Gelände eines Klosters in der Nähe zu begeben, um uns dort an den Äpfeln, den grünen Stängeln des Schnittlauchs und anderen Gemüsesorten von den Beeten des Klostergartens zu ergötzen. Unser Lazarett, obwohl nicht weit vom Zentrum Berlins entfernt, war von Wald und Schrebergärten umgeben.

Nicht nur die Patienten unseres Lazaretts litten am Fehlen frischen Gemüses, sondern auch die Soldaten nahe gelegener Einheiten, die deswegen in den Gärten nach Vitaminen suchten. Die Deutschen begriffen sehr bald, dass ihnen die Ernte verloren zu gehen drohte, die auch für sie lebenswichtig war, und griffen daher zu einer List. Allein würden sie mit den Soldaten nicht fertig werden können, zumal sie den Krieg verloren hatten, und so verteilten sie an alle Gärtner Trillerpfeifen. Drohte ein Überfall, so würde der Gärtner des nächstgelegenen Gartens zu pfeifen beginnen. Die übrigen würden in das Pfeifkonzert einfallen, bis die Patrouille der Kommandantur einschritte. Dieser Schutz war so effektiv, dass der Organisator unserer Bande vorschlug, statt der Gärten das Kloster heimzusuchen. Dabei verschwieg er uns, dass es sich um ein Nonnenkloster handelte. Das Kloster war von einer zwei Meter hohen Steinmauer umgeben, über die wir hinüberklettern könnten, wenn sich der eine auf die Schultern des anderen stellte. Als wir auf der Mauer standen, sahen wir in die vor Angst starrenden Gesichter der Nonnen. Ich konnte mir vorstellen, welchen Schock der Anblick der Teufel in Unterwäsche bei ihnen ausgelöst haben muss. Was konnten sie sich schon anderes vorstellen, als dass die Bande vor ihnen bereit war, ihnen Gewalt anzutun?

Inzwischen waren wir alle auf der Mauer. Es sprangen ungefähr 50 Mann von der Mauer auf den Klosterhof. Als ich die Nonnen sah, fühlte ich mich sehr unwohl, aber es war schon zu spät. So sprang ich also auch. Die Nonnen rührte keiner von uns an. Alle stürzten sich auf die Apfelbäume, rissen die noch grünen Äpfel ab und steckten sie unter ihre festgegürteten Hemden. Ich, mit meinem Pyjama, hatte das Nachsehen, da ich die Äpfel nur in die Taschen stecken konnte. Die Invasion dauerte nicht länger als drei Minuten. Schon war das bekannte Pfeifen zu hören. Doch wir befanden uns bereits außerhalb des Klostergeländes und bewegten uns in Richtung des Lazaretts.

Auch dieses Mal stießen wir auf die Frau Oberst in ihrem »Willis«. Es stieg aber niemand aus. Zufrieden mit dem Ergebnis unseres Überfalls setzten wir unseren Weg fort und knabberten an unseren unreifen Äpfeln. Einige Tage später erfuhr ich, dass ich in ein anderes Lazarett verlegt werden sollte. Dieses Mal nach Polen. Auf meine Frage, wie es mit dem Sanatorium auf der Krim stünde, bekam ich zur Antwort, dass das Sanatorium gewechselt worden sei, weil ich unbedingt noch eine Krankenbehandlung bekommen solle. Diese Nachricht betrübte mich, da dadurch die Verbindung mit der Familie meines Onkels unterbrochen wurde und auch die Hoffnung auf einen wohltuenden Aufenthalt auf der Krim schwand. Tags darauf bestieg ich mit anderen Lungenkranken den Zug nach Polen.

WRŽESNIA (POLEN)

22. AUGUST BIS 3. SEPTEMBER 1945

Wržesnia ist eine kleine Stadt, nicht weit von Gnesen gelegen, die früher der Krönungsort der polnischen Könige war. Mehr weiß ich über die Stadt Wržesnia nicht zu sagen. In dem einzigen Schriftstück, das ich aus der Zeit meines Aufenthalts dort habe, wird die Stadt russisch mit Vreschen bezeichnet. Wir wurden also nach Wržesnia gebracht und in ein Kasachen-Lazarett eingeliefert. Das gesamte Personal waren Kasachen: die Ärzte, die Krankenschwestern, die politischen Kommissare, die Köche und das übrige Personal. Mit anderen Worten, es ähnelte einem Familienbetrieb.

Da ich mich als Internationalisten betrachte, glaube ich, dass die Kasachen nicht besser und auch nicht schlechter sind als jedes beliebige andere Volk, mein eigenes eingeschlossen. Aber jene Leute, mit denen ich im Lazarett zusammentraf, waren meiner Ansicht nach Diebe, die sich kaum mit der Heilung der Kranken beschäftigten. Im Lazarett herrschte Chaos. In den unordentlichen Krankenzimmern lagen die Kranken, um die sich niemand vom medizinischen Personal kümmerte, in schmutziger Bettwäsche. Es war nicht möglich, die Toilette zu benutzen. Die Verpflegung glich der in einem KZ. Mit dem Unterschied, dass wir statt der Schüssel Suppe eine Mini-Portion wässrigen Breis erhielten. Das kaum genießbare Brot, der geschmacklose Brei und der ungesüßte Tee waren unser ständiges Menü.

Bei meiner Ankunft besuchte mich ein Arzt und fragte nach meiner Krankheit. Die nächste Frage betraf die Behandlung. Nachdem er erfahren hatte, dass ich mittels Pneumo-Thorax behandelt worden war, zeigte er sich erfreut und sagte, dass es bei ihnen einen Arzt gäbe, der sich damit auskenne. Ich schwieg, da ich noch nicht richtig mitbekommen hatte, wohin ich geraten war. Als aber der Zauberer zwecks Pneumo-Thorax zu mir kam, lehnte ich freundlich, jedoch entschieden ab, mich von ihm behandeln zu lassen, wobei ich mir irgendeinen Vorwand ausdachte. Dieser sogenannte Arzt trug einen Kittel, bei dessen Anblick man meinen konnte, dass er ihn beim Kohlenverladen getragen habe. Russisch konnte er recht gut, doch nur in einer ganz bestimmten Hinsicht, nämlich dem Fluchen. Meine Ablehnung nahm er völlig gleichgültig auf. Später lobte ich mich für meine Vorsicht, von der ich mich nicht immer hatte leiten lassen.

Die Tage schleppten sich ohne Ende dahin. In diesem Lazarett glich nichts dem, was ich in den Monaten in den Feld- und Frontlazaretten gewohnt gewesen war. Während mir in jenen Lazaretten auf die Beine geholfen wurde, war hier überhaupt keine Verbesserung zu verzeichnen, eher umgekehrt. Für Lungenkranke wie mich spielte die Verpflegung eine besondere Rolle. Nicht von ungefähr meldete ich mich gleich nach meiner Rückkehr nach Riga bei der Gesundheitsfürsorge. Dort bekam ich eine Karte für zusätzliches Fett und Diät-Ernährung. In dem Kasachen-Lazarett hungerten wir im Grunde genommen. So kam es, dass ich entschied, mich von meinem einzigen wertvollen Stück zu trennen, von der schneeweißen Tischdecke. Die Rasierseife der Marke »Coty« kam dafür nicht in Betracht, da ich sie schon benutzt hatte. In der Stadt gab es einen Trödelmarkt, den unsere kranken Kameraden schon mehrmals besucht hatten. Für das Geld, das sie für den Verkauf der Sachen bekamen, brachten sie so köstliche, knusprige Weißbrote heim, dass mir das Wasser im Munde zusammenlief. Ich kann das auch, sagte ich mir, nahm die Tischdecke und lief zum Markt, auf dem es massenhaft potenzielle Käufer gab. Aber aus irgendeinem Grund kam keiner zu mir. Ob nun die Polen keine Tischdecken gebrauchen konnten oder ob ich einen so selbstsicheren Eindruck vermittelte, der sofort vermuten ließ, dass ich einen zu hohen Preis verlangen würde - ich weiß es nicht. Verkauft wurde doch alles Mögliche, von Wintermützen, obwohl auf dem Hof sommerliches Septemberwetter herrschte, typischer Altweibersommer, über abgelaufene Stiefel bis zu Strohhüten mit Kunstblumen. Mich fragte nicht einmal jemand nach dem Preis. Ich war verzweifelt. In Gedanken hatte ich mir schon das knusprige Brot in den Mund gestopft, doch in der Wirklichkeit war die ganze Sache ein einziger Fehlschlag.

Schon dachte ich daran, ins Lazarett zurückzukehren. Außerdem sann ich darüber nach, wie ich meine Schmach vor den anderen verbergen könnte, um mich nicht ihrem Gelächter ausgesetzt zu sehen. Da sah ich mich im dichtesten Menschengewühl einem Kranken aus unserem Lazarett gegenüber. Auf meinem Gesicht konnte er mir die Enttäuschung darüber ablesen, dass ich die Tischdecke nicht hatte verkaufen können. Sogleich bot er mir seine Hilfe an. Er nahm mir die Tischdecke ab, warf sie sich achtlos über die Schulter, richtete sich, so kam es mir vor, kerzengerade auf und begann, sich mit energischen Schritten mitten in die Menge hineinzuzwängen. Fröhlich trippelte ich neben ihm her. Plötzlich fing er an, mit lauter Stimme herauszuposaunen: »Hierher, wer Geld hat!« Diese Worte in Russisch waren an die polnischen Käufer gerichtet, die sie sehr wohl verstanden. Im Nu verwandelte sich die Tischdecke in polnische Złoty. Es dauerte nur noch einen Augenblick und meine nicht gerade gesunden Zähne bohrten sich in das knusprige Brot. Zwei Schlüsse zog ich aus dieser kleinen Episode. Diese Art des Handelns ist kein Beruf, sondern eine Kunst. Nicht jeder beherrscht diese Kunst, und für mich lohnte es nicht, mich darin zu versuchen.

Inzwischen gestaltete sich das Leben in dem Kasachen-Lazarett immer unerträglicher. Ich war leider nicht in der Lage, irgendetwas daran zu ändern. Dokumente über mich gab es nicht, ich wusste nicht einmal, welchen Status ich hatte: War ich eine Zivilperson oder ein Militärangehöriger? Kürzlich, als ich noch in Berlin war, hatte ich im Fieber fantasiert, dass ich zur Armee gehörte, und hatte mir den Rang eines Obersten zugelegt. Doch jetzt in Wrźesnia war mir nicht klar, wohin ich gehörte. Das Lazarett wirkte wie eine Militäreinrichtung. Die Kasachen trugen Militäruniformen mit Auszeichnungen und Orden. Doch die interne Ordnung, besser Unordnung, zeugte eher davon, dass hier von einer militärischen Ordnung keinerlei Rede sein konnte.

So absurd sich das auch anhört, ich befand mich im Lazarett ohne jegliche ärztliche Hilfe und befürchtete, dass sich das verhängnisvoll auf meine Gesundheit auswirken könne. Aus einem Brief meines Moskauer Onkels, den ich noch in Zerbst erhalten hatte, wusste ich, dass ein Bruder meiner Großmutter von Vaters Seite, ein in

Moskau bekannter Kinderarzt, schon alles unternommen hatte, um mich im besten Moskauer Krankenhaus zur Beobachtung und Heilung unterzubringen. Je früher ich dort erschiene, desto besser für mich.

Ich beschloss, mich zur Feststellung meines Status, Soldat oder Zivilperson, an den Polit-Leiter des Lazaretts zu wenden, erhielt aber keine klare Antwort. »Das haben nicht wir zu entscheiden. Man wird es uns sagen, wenn es erforderlich wird«, war die Antwort. Schließlich zeigte sich am 2. September ein Silberstreifen am Horizont. Ich wurde zum Leiter des Lazaretts gerufen. Dort erhielt ich ein Dokument, dessen übrig gebliebene Teile jetzt vor mir liegen. Es ist ein interessantes Dokument und spiegelt Form und Inhalt des totalitären sowjetischen Systems wider. Die Ausgabestelle ist die SPP 101. SPP bedeutet auf Deutsch »Überprüfungs- und Filtrationspunkt«. In dem Dokument steht, dass ich an diesem Punkt von 17. bis 21. August 1945 festgehalten worden sei. Ich war niemals in diesem Punkt und bin auch niemals in irgendeiner Weise damit in Berührung gekommen. Allem Anschein nach haben die Genossen vom NKWD, und der Punkt gehörte zu dieser Behörde, gepfuscht. Statt mich zu überprüfen und auch noch zu filtrieren, haben sie ganz offenbar ein Dokument mit falschen Angaben ausgestellt.

Ich hatte mich in jenen Tagen zuerst in einem Front-Lazarett in Berlin befunden und danach zur »Auskurierung« im »Kasachen«-Lazarett. Die mich betreffenden Angaben in diesem Dokument waren der Krankengeschichte entnommen, die in der Smuglova-Wirtschaft in Zerbst zusammengestellt worden war. Neben genauen, aber absolut sinnlosen Angaben, wie zum Beispiel meiner Adresse zum Zeitpunkt meiner Geburt, fand sich dort auch unsere genaue Vorkriegsadresse Es gab auch Fehler in dem Dokument. So hieß es, dass ich aus der Stadt Magdeburg in Deutschland in den SPP-101 gekommen sei, obwohl ich doch aus Berlin nach »Vreschen« gekommen war. In Magdeburg war ich Häftling im KZ, und mein erster Wohnsitz in der Freiheit war das Feldlazarett in Zerbst.

Ich war verpflichtet, das Dokument, wie es im Text hieß, bei der Ankunft in Riga der dortigen NKWD-Behörde zu übergeben. Aber aus irgendeinem Grunde haben sie es mir zurückgegeben. Ich habe es in Riga vorgelegt und habe daraufhin einen auf drei Monate befristeten Personalausweis bekommen. Damals, am 2. September, habe ich ihn mir nicht aufmerksam genug angeschaut. Für mich waren nur die Worte des Dokumentes wichtig, in denen es heißt: »Zum ständigen Wohnsitz, Lettländische SSR, Riga, Kirov iela 39.« Den schlimmsten Fehler im Dokument, der mir später Kopfschmerzen bereiten sollte, bemerkte ich nicht. In der gesundheitlichen Verfassung, in der ich mich befand, als ich ins Feldlazarett eingeliefert wurde, hatte ich beim Ausfüllen meiner Krankengeschichte anscheinend meinen Vatersnamen verwechselt. Das war durchaus begründet. Im Geburtsschein meines Vaters stand der Name Jeanot, Vatersname Michailovitsch. Doch unter seinen Bekannten hieß er Samuil Michailovitsch, und ganz enge Freunde nannten ihn Mulli, was von Samuil abgeleitet war. Ich wusste natürlich, dass mein Vater offiziell Jean hieß und nicht Samuil. Ich gab daher bei der Registrierung im KZ Kaiserwald an, dass der Name meines Vaters Jeanot sei, die französische Form von Jean. Aber aus irgendeinem Grunde gab ich dank meiner schlechten Verfassung statt Jeanovitsch Samuilovitsch als Vatersnamen an.

Das wurde mir 1948 um die Ohren geschlagen. Genau zu dem Zeitpunkt, als die Kampagne um den sogenannten Kosmopolitismus in der UdSSR entbrannte. Zu dieser Zeit erhielt ich einen richtigen Pass, der aufgrund meiner Geburtsangaben ausgestellt worden war. Bis dahin hatte ich mich nur mit Bescheinigungen durchschlagen müssen, die immer nur drei bis sechs Monate Gültigkeit hatten. Im sowjetischen Pass wird, wie auch in allen anderen Dokumenten, gemäß der russischen Tradition nicht nur der Vorname, sondern auch der Vatersname genannt. Nachdem, laut meiner Geburtsangabe, mein Vater als Jeanot bezeichnet wurde, war ich folgerichtig Alexander Jeanovitsch. An der Universität, wo ich damals studierte, war ich aber als Alexander Samuilovitsch eingetragen. Denn bei meiner Immatrikulierung 1946 hatte ich noch den Personalausweis mit diesem Vatersnamen gehabt. Ich hatte mich auf Schwierigkeiten in der Universität bei der Korrektur des Vatersnamens gefasst gemacht, aber dass sie solche Formen annehmen würden, hatte ich nicht erwartet. Eine der Methoden der Stalin'schen Kampagne des Kampfes gegen die Kosmopoliten, und das Jahr 1948 war deren Höhepunkt, bestand in der »Enttarnung« der Juden. Die Kampagne wurde in erster Linie gegen sie geführt. Daher waren in der Presse ständig »enthüllende« Artikel zu lesen, in denen darauf hingewiesen wurde, dass der kosmopolitische Gelehrte zum Beispiel nicht Michail hieß, sondern Mojsche, nicht Jefim, sondern Chaim. Es war unbedingt nötig zu zeigen, dass die überwältigende Mehrheit der Kosmopoliten Juden waren. Kosmopoliten aber waren entsprechend der herrschenden Ideologie die übelsten Feinde des Sozialismus und des sowjetischen Volkes. In jenen Jahren machte der bittere Witz die Runde, dass es besser sei, unter eine Straßenbahn zu geraten als unter eine Kampagne.

Auf dem Gipfel des Kampfes gegen die Kosmopoliten musste ich mich nun mit dem Anliegen des Wechsels des Immatrikulationsantrags und der Bestätigung meines Vatersnamens an die Personalabteilung der Staatsuniversität Lettlands wenden. Für alle Fälle nahm ich außer meinem neuen Pass meine Geburtsurkunde und die Geburtsurkunde meines Vaters mit. In der Personalabteilung empfing mich eine nicht sehr begeisterte Frau, die mich fragte: »Wofür brauchen sie das?« Ich antwortete höflich, dass ich einen Pass mit dem Vatersnamen Jeanovitsch habe, an der Universität aber als Samuilovitsch eingeschrieben sei. Am Ende des Studiums möchte ich ein Diplom mit dem richtigen Vatersnamen bekommen und wollte mich keinen Schwierigkeiten aussetzen. »Warum gefällt Ihnen denn der Vatersname Samuilovitsch nicht?«, fragte sie und ignorierte dabei meine Antwort. Sie reagierte genauso wie die NKWD-Leute, die auf Antworten, die ihnen nicht passten, gar nicht hörten, sondern ständig, ohne Ende, ein und dasselbe von sich gaben. Und wieder antwortete ich höflich, »dass mein Vatersname Samuilovitsch mir sehr wohl gefalle, mehr noch als Jeanovitsch, ich mich aber damit abfinden wollte, weil mein Vater eben Jean hieße«. Damit hatte ich einen Fehler begangen, denn diese schreckliche Alte griff sofort nach meinen Worten und erklärte barsch: »Nun, dann ändern Sie eben ihren Pass, so wie es Ihnen gefällt.«

Meine Geduld ging allmählich zu Ende, aber ich musste mich mit aller Kraft zurückhalten, denn mir war klar, dass sie es zum Eklat kommen lassen wollte. Mit ruhiger Stimme erklärte ich ihr, dass der Pass aufgrund der Geburtsurkunde ausgestellt worden sei, und fragte nach, wie ich ihn denn nun umändern könne. »Sehen Sie sich doch die beiden Bescheinigungen an«, sagte ich. Daraufhin parierte sie sofort und sagte drohend. »Wir wissen, wie Geburtsurkunden gemacht werden.«

Ich schwieg. Sie hatte ihre Entscheidung schon getroffen und fällte ihr Urteil. »Wir werden Ihren Antrag überprüfen und Sie benachrichtigen.« Einen Monat wartete ich vergeblich. Dann nahm all meinen Mut zusammen und ging wieder in die Personalabteilung. Die Alte war nicht da. Statt ihrer saß mir ein Mann gegenüber. Er zog einen Aktenordner mit meinem Antrag hervor. Nach der Dicke meiner Akte zu urteilen, waren viele Papiere darin. »Eine Entscheidung ist noch nicht getroffen worden«, sagte er. »Kommen Sie in zwei Wochen wieder, wenn der Rektor der Universität aus dem Urlaub zurück ist.« Zwei Wochen später war mein Antrag positiv entschieden.

DER WEG NACH RIGA

3. BIS 18. SEPTEMBER 1945

Heute würde man wahrscheinlich für den Weg von Wrżesnia nach Riga nicht mehr als 15 Stunden benötigen. Sogar dann, wenn man einige Stunden fürs Umsteigen in Warschau und Vilnius hinzuzählt. Damals, in den ersten Monaten nach dem Krieg, brauchte man für diesen Weg 15 Tage. Der Grund dafür war in erster Linie, dass die Eisenbahn für Militärzüge in Richtung Osten für den Krieg gegen Japan, aber auch für den Rücktransport von heimkehrenden Soldaten gebraucht wurde. Die ersten wurden außer der Reihe durchgelassen, aber auch die anderen hatten Vorrang vor uns. Daher standen wir oft auf Abstellgleisen.

Meine Rückkehr nach Riga begann damit, dass mir der begleitende Offizier eine Liste mit den Namen von sechs Personen und einen Berechtigungsschein für die Verpflegung für diese Leute gab. Dann klärte er mich über den ordnungsgemäßen Verlauf bei der Lebensmittelausgabe auf, die in den Kommandanturen und Lagern in Praga, einem Stadtteil von Warschau, in Baranowitschi, Lida und Vilnius stattfinden würde, und ernannte mich zum Gruppenältesten. Allerdings war ich vom Alter her der Jüngste von allen. Nach diesen Erklärungen verschwand er.

Meine Aufgabe als Gruppenältester bestand nur aus der Beschaffung und der Verteilung einer trockenen Verpflegungsration. Wir wurden in Güterwagen verladen. Ich kam zusammen mit einer Familie aus dem Leningrader Gebiet in einen riesigen 50-Tonnen-Waggon, der bis auf ein kleines Plätzchen für uns mit Baumaterial vollgestopft war: Ziegel, Bretter, Zement, Fensterrahmen und Kisten mit Fensterscheiben. Vom Familienoberhaupt hörte ich, dass ihr Haus im Leningrader Gebiet abgebrannt sei und sie von den Deutschen nach Deutschland verschleppt worden waren. Für ihre Heimkehr hätten sie den Waggon mit Baumaterialien beladen, um damit ihr Haus wieder aufzubauen. Die nötigen Geldmittel dazu wollten sie durch den Verkauf dreier Säcke voller Handschuhe bekommen, die sich ebenfalls im Waggon befänden. Ich war verblüfft über diese besondere Art von Reparationszahlung, die allem Anschein nach von irgendeinem Beamten sanktioniert wurde, und wandte meine Aufmerksamkeit der reizenden Tochter der Familie zu, die in meinem Alter war.

Vier Jahre lang hatte ich Mädchen nur durch den Stacheldrahtzaun hindurch gesehen, und nun saß dieses hübsche Mädchen neben mir an der Waggontür. Ich verlor schier den Verstand vor lauter Verliebtheit, umso mehr, da ich den Eindruck gewann, dass auch sie mir zugetan war. Unsere jugendliche Verliebtheit fand am vierten oder fünften Tag der Reise ein Ende, obwohl wir bis zu dem Tag, an dem der Waggon mit dem Baumaterial und der Leningrader Familie in Vilnius abgehängt wurde, Freunde blieben. Schuld daran war die Mutter des Mädchens, die in unserer Beziehung etwas bemerkte, das ihr nicht gefiel. An einem der Haltepunkte, an denen unser Zug normalerweise einige Stunden stehen blieb, rief sie mich zur Seite und erklärte mir, dass ihre Tochter an einer bösen Krankheit litte, die sie sich im Lager zugezogen habe.

Ich glaubte ihr keinen Augenblick, sondern vermutete, dass der tatsächliche Grund ihrer »Offenheit« meine Lungentuberkulose war. Ich dachte an die Worte meiner Kameraden aus dem Krankenzimmer über das unglückliche Schicksal der Schwindsüchtigen. Ich hatte den Leningradern meine Krankheit nicht verhehlt. So etwas lag mir nicht, aber es wäre auch nicht möglich gewesen. Mein ständiger Husten, der Schleim, meine körperliche Schwäche konnten den durchdringenden Augen der Mutter nicht verborgen geblieben sein. Etwas später geriet ich in dieser Hinsicht auch mit meiner späteren Schwiegermutter aneinander. Als der klar wurde, dass die Beziehung zwischen ihrer Tochter und mir mehr als nur freundschaftlicher Natur war, erklärte sie mir, ohne unsere Beziehung direkt anzusprechen, dass ich doch krank und arm wie eine Kirchenmaus sei. Es lohne sich für mich der Wunsch nach einem höheren Studium nicht, da sich das unheilvoll auf meine Gesundheit auswirken werde und ich daher lieber schnell irgendein Handwerk erlernen sollte. Ihr Gedankengang ließ vermuten, dass sie ihre Tochter, die Jura studierte, zu überreden versuchte, sich nicht an mich zu binden, der ich krank war und nicht zu einer künftigen Juristin passte. Ich wurde jedoch Student an derselben Fakultät. Wir heirateten, was meine Schwiegermutter akzeptieren musste, und die nun sogar begann ihren Freundinnen zu versichern, dass ihr Schwiegersohn bald genesen und das Studium beenden werde und ihn eine glänzende Karriere als Anwalt erwartete.

Inzwischen durchquerte unser Güterzug langsam Polen von West nach Ost. In unserem Zug waren in zwei Waggons Soldaten mit Hirnquetschungen (Kontusionen) untergebracht. Sie terrorisierten den ganzen Zug. Die Polen, die auf den Bahnhöfen mit allerlei Essbarem handelten, mussten so einiges einstecken. Völlig grundlos machten die Kranken Rabatz. Sie hatten jegliches menschliche Wesen verloren. Mit Schaum vor dem Mund warfen sie sich beim Halten des Zuges auf die mitfahrenden Zivilpersonen und verprügelten sie. Den Handel treibenden Polen entrissen sie die Waren. Gott sei Dank hatten sie keine Waffen, denen wir ausgeliefert gewesen wären. Aber sie hatten Knüppel, mit denen sie ausgezeichnet umzugehen verstanden.

Der Zug hatte eine bewaffnete Begleitung. Aber entweder fürchteten die Soldaten die Kranken oder sie wollten mit ihnen nichts zu tun haben, da sie vermuteten, dass die Männer verdiente Kämpfer seien. Man schießt nicht auf kranke Menschen. Würden sie jedoch nicht schießen, könnte die Situation eintreten, dass die Kranken der Wache vielleicht die Waffen entreißen. Aus Angst, von den kranken Soldaten geschlagen zu werden, fürchteten wir auf den Halteplätzen, die Valuta der Leningrader, nämlich die Handschuhe, gegen Lebensmittel einwechseln zu können. Das dauerte einige Tage, bis an einem Eisenbahnknotenpunkt die Wache die Geduld verlor und sich ihr Kommandeur um Hilfe an den Kommandanten des Knotenpunktes wandte.

Zum zweiten Mal in diesen Monaten schätzte ich das, was man »eine metallische Stimme« nennt. Vor den in Wut geratenen Kranken erschien ein sehniger, nicht mehr junger Oberst mit Ordensbändchen, darunter auch dem Lenin-Orden, auf der Brust. Die Kranken führten das uns schon bekannte Theater auf. Sie zerrissen die Hemden, spuckten, fuchtelten mit den Knüppeln und schrieen, dass sie Frontsoldaten seien, ihr

Blut vergossen hätten, während die andern, alles schäbige Zivilisten, auch noch Verräter seien, die ihnen die Nerven zerrüttet haben.

Der Oberst blieb ganz ruhig bei dem Geschrei und ihren drohenden Gebärden und befahl ihnen mit einer Handbewegung zu schweigen. Sie erhoben ein noch größeres Geschrei und begannen, mit schwingenden Knüppeln auf ihn loszugehen. Da fing er an zu sprechen. Etwas in seiner Stimme zwang sie zur Ruhe. Einer riss sich in der Hitze des Gefechts noch einmal das Hemd herunter, ein anderer schwang noch einmal seinen Knüppel, doch die Mehrheit hörte ihm aufmerksam zu. Da die meisten ruhig wurden, hörten auch die Schreihälse auf. Nur die Stimme des Obersten war zu hören. Heute weiß ich nicht mehr, was er gesagt hat. Doch nicht der Inhalt des Gesagten war wichtig, sondern seine Sprechweise. Ich weiß nur noch, dass der Oberst sagte, dass die Kranken durch ihr Benehmen die Armee, in der sie gekämpft hatten, kompromittierten, dass sie sich wie Feiglinge benähmen, die über Zivilisten, darunter auch Frauen, herfielen. Auch er habe eine Quetschung, wovon Abzeichen auf seiner Militärjacke zeugten. Er würde anordnen, sie alle wie räudige Hunde erschießen zu lassen, wenn sie an der Haltestelle die Waggons verließen. Jedes seiner Worte war wie in Metall gegossen. Die Kranken hörten ihm wie verwandelt zu. Um sie herum war es so still, dass ich mich zwicken musste, um zu glauben, dass das kein Traum, sondern Wirklichkeit war. Als er seinen kurzen Auftritt beendet hatte, drehte er den Kranken jäh den Rücken zu und ging. Wie die begossenen Pudel stiegen sie wieder in ihre Waggons. Während der ganzen weiteren Fahrt haben wir nichts mehr von ihnen gesehen. Sie waren infolge der Quetschungen wirklich krank. Woran sie mehr litten, ob an der Krankheit oder an Unbeherrschtheit, wusste vielleicht nur der Oberst allein.

Es war herrliches Wetter, Altweibersommer. Wir hatten uns schon von Polen verabschiedet, ließen auch Baranovitschi hinter uns, wo ich noch einmal im Lebensmittellager mit gesalzenem Speck, Brot und Zucker für unsere Gruppe versehen worden war, und näherten uns der Stadt Lida. Ich war unruhig und in Sorge, was mich in Riga erwarten würde. Am meisten beunruhigte mich der Gedanke an das Wiedersehen mit der Stadt, in der meine Liebsten umgekommen waren. Wie könnte ich durch die Straßen gehen, in denen mich alles an die Eltern, die Schule, den jüngeren Bruder und an die vielen Bekannten und Freunde erinnerte? Wie den Vorübergehenden ins Gesicht schauen können, wo mir doch jeder als Mörder meiner Nächsten erscheinen würde? Wie mich wieder in unserer alten Wohnung niederlassen können, wo ich doch in jedem Zimmer das Gefühl hätte, dass die Mitglieder meiner Familie umhergingen? Ich war naiv genug anzunehmen, dass ich wieder in unsere Wohnung zurückkehren könne.

Das Klopfen der Räder, das mich zu Beginn der Reise ruhig gestimmt hatte, begann nun mich zu reizen. Ich wollte jetzt, dass die Reise so schnell wie möglich zu Ende ging, und hatte gleichzeitig Angst davor. In dieser Verfassung befand ich mich, als der Zug in Vilnius, der Hauptstadt Litauens, hielt. Ich erfuhr, wo sich die Kommandantur befand, und ging los, um mir die Lebensmittel-Anweisung für mein Kommando zu holen. Die Anweisung erhielt ich, doch wurde mir gleichzeitig der Lebensmittel-Berechtigungsschein abgenommen. Der Militär-Beamte sagte lakonisch, dass ich die Bescheinigung nicht mehr benötigte.

Doch es kam ein noch viel schrecklicherer Hieb. Nachdem er in meiner Bescheinigung gelesen hatte, dass diese nicht als Pass anzusehen sei, darin aber vermerkt war, dass mir als Wohnort die Stadt Riga, Kirov iela 39/3, jetzt wieder Elizabetes iela, zustünde, sagte mir der Beamte: »Aber Sie wissen, dass die Wohnung belegt ist?« Ich war verblüfft. Woher konnte er in Vilnius wissen, dass meine Wohnung in Riga besetzt war? Auf der anderen Seite brachte er diese Worte so ernsthaft und in normalem Tonfall hervor, dass ich an ihrem Wahrheitsgehalt nicht zweifeln konnte. Ich machte erst gar nicht den Versuch, mit ihm zu reden, denn damals war ich es nicht gewöhnt, jemandem in Uniform Fragen zu stellen. Erst im Frühling 1946 ließ sich die geheimnisvolle Informiertheit dieses Offiziers erklären. Zu dieser Zeit kam mein Bruder Mika nach seiner Entlassung aus der Armee nach Riga zurück. Den Demobilisierten stand der Wohnraum zu, den sie früher bewohnt hatten. Natürlich nicht die ganze große Wohnung. Aber auf ein Zimmer in unserer früheren Wohnung hatte er Anrecht, was er auch einforderte. In der Wohnung lebten bereits eine Familie und zwei junge Frauen. Die Familie belegte unser ehemaliges Kinderzimmer und das Schlafzimmer der Eltern. Die jungen Frauen das Zimmer des Bruders und Vaters Arbeitszimmer. Das Ess- und Dienstmädchenzimmer wurde von allen genutzt. In unserem früheren Speisezimmer hatten die Mieter aus Brettern einen Schuppen zum Aufbewahren von Brennholz errichtet und salzten im Badezimmer, direkt in der Badewanne, Kohl und Gurken ein.

Indem wir die jungen Frauen verdrängten, erhielten mein Bruder und ich das Arbeitszimmer unseres Vaters. Die Mieter nahmen uns in der Wohnung sehr freundlich auf, und es entwickelten sich allmählich freundschaftliche Beziehungen. Wir waren nur etwas verlegen, als uns zu Anfang, wir hatten noch keinen Wohnungsschlüssel, weshalb wir klingeln mussten, die jungen Frauen oft splitternackt die Tür öffneten. In Anbetracht der häufigen Abendgesellschaften, die in ihrem Zimmer stattfanden, und der Tatsache, dass beide im Stab des Baltischen Militärkreises arbeiteten, zu dem auch die Kommandantur in Vilnius gehörte, erklärte ich mir, dass der Offizier aus Vilnius, auf Dienstreise in Riga, nicht nur in unserer Wohnung gewesen war, sondern auch gewusst hatte, wer dort wohnte.

Er war es, von dem ich am 16. September erfahren hatte, dass unsere Wohnung belegt war. An diesem Tag war der Waggon mit den Leningradern abgehängt worden. Ich hatte mich von ihnen verabschiedet, war in den anderen Waggon gegangen und hatte übel gelaunt auf den nächsten Schicksalsschlag gewartet. Die Wohnung war also weg. Wo sollte ich mich in Riga niederlegen können? Geld hatte ich nicht. Verkaufen konnte ich nichts, denn ich besaß buchstäblich nichts. Angezogen war ich wie eine Vogelscheuche. Ich trug Sackleinen-Hosen, die ich mir noch im Bekleidungslager in Magdeburg organisiert hatte, seidene Damensocken, eine Jägerjacke mit Lederknöpfen und abgelaufene Stiefel. Ich erinnere mich nicht mehr, ob ich ein Oberhemd trug, aber es muss wohl so gewesen sein, und wenn ja, dann in der Mischung der übrigen Garderobe.

Ich hatte nur eine Adresse in Riga, die mir mein Nachbar aus dem Krankenzimmer in Zerbst gegeben hatte. Doch hatte ich keine Garantie dafür, dass man mich dort aufnehmen und übernachten lassen würde. Ich wusste nicht, ob der Mann seiner

Schwester von mir berichtet hatte. Wenn nicht, würde sie mich nicht über die Türschwelle lassen. Es waren also schlechte Aussichten, die sich mir eröffneten, als der Zug mit Volldampf nach Lettland hineinfuhr. Jenes Land, in dem ich geboren worden war, eine sonnige Kindheit verbracht und den Krieg durchlebt hatte und wohin zurückzukehren jetzt mein inniger Wunsch war.

Am nächsten Tag kamen wir in Daugavpils an. Die Eisenbahnwagen wurden abgehängt und uns erklärt, dass wir uns für die Weiterfahrt zu unseren Wohnorten die Fahrkarten für den Personenzug selbst kaufen müssten. Das war leicht gesagt, wo ich doch keine Kopeke in der Tasche hatte. Vor dem Krieg hätte ich schnell einen Ausweg aus der Situation gefunden. Ich hätte mich an die jüdischen Lehrer gewandt, Bekannte meines Vaters, die mir bereitwillig Geld geliehen hätten. Jetzt aber wusste ich gar nicht, ob es überhaupt noch Juden in Daugavpils gab. Auch das »Organisieren«, das ich im Krieg gelernt hatte, also das gelegentliche Stehlen von Sachen die man in klingende Münze verwandeln konnte, entfiel hier. In diesem Moment erinnerte ich mich voller Bedauern an den Schmuck, den ich in einem Keller in Loburg gefunden und dort aus Angst vor dem amerikanischen Soldaten liegen gelassen hatte.

Es verwundert nicht, dass die Aufforderung, Fahrkarten zu kaufen und in einem Personenzug zu reisen, eine besondere psychologische Wirkung auf mich ausübte. Als ob ich zusammen mit der KZ-Kleidung auch die Psyche des Häftlings, dem nichts heilig war, der Anarchist und Zyniker per definitionem war, hätte abwerfen können! Und als ob ich in die zivilisierte Gesellschaft, wo man sich mehr oder weniger an den biblischen Zehn Geboten orientierte, würde zurückkehren können. Ich hatte kein Geld für die Fahrkarte und auch keine Idee, wie ich es mir beschaffen könnte.

Als wir aus dem Krankenhaus in Vrževsnia zur Eisenbahn gebracht wurden, waren wir sechs Leute, vier davon aus Riga. Zwei, die Letten waren, hatten sich in Daugavpils sofort von uns getrennt. Noch zwei andere mussten nicht nach Riga, da sie in anderen Städten lebten. Also blieben nur ich und ein anderer Jude aus unserer Gruppe, ein gewisser Rivlin, auch ein Häftling aus Magdeburg, den ich jedoch nicht weiter kannte. Er kam jetzt auf die Idee nachzuschauen, ob es noch eine Synagoge in Daugavpils gäbe, in der wir Geld auftreiben könnten.

Ich kannte Daugavpils ein wenig. Vor dem Krieg war ich dort auf einer Exkursion gewesen, die mein Vater organisiert hatte. Ich erinnerte mich, dass unsere Ankunft dort mit der Eröffnung des Volkshauses zusammengefallen war, zu der der damalige Präsident Karlis Ulmanis gekommen war. Ich übernahm die Führung bei der Suche nach der Synagoge, vereinbarte mit Rivlin aber vorher, dass er die Verhandlungen bezüglich des Geldes für die Fahrkarten auf sich nähme. Am Eingang der Synagoge standen zwei Juden. Als wir uns auf 20-25 Meter genähert hatten, verkündete der eine mit lauter Stimme auf Jiddisch: »Ot kumen noch zwej Schnorrer.« (Da kommen noch zwei Bettler.)

Ich drehte mich sofort um und ging auf die andere Straßenseite. Rivlin blieb stehen und erhielt, wie er mir später bei einem zufälligen Treffen in Riga erzählte, in der Synagoge Geld für die Fahrkarte. Er bekam auch etwas zu essen und eine Übernachtungsmöglichkeit. Ich aber war von einem Gefühl des Hochmuts durchdrungen. Wie konnte man mich einen Bettler nennen? Wer hatte das Recht, mich derart zu belei-

Autor Alexander Bergmann, 21. September 1945

digen? Ich wäre lieber über die Eisenbahnschwellen nach Riga gelaufen, als mich so erniedrigen zu lassen, ich, der ich noch vor wenigen Monaten nicht davor zurückgeschreckt war, aus einer Hundeschüssel zu löffeln und vor jedem x-beliebigen SS-Mann die Mütze herunterzureißen. Ich bin sicher, dass ich bei dieser Gelegenheit trotz allem wieder ein Gefühl des Stolzes zu entwickeln begann. Auch ein Zeichen dafür, dass ich wieder in eine zivilisierte Gesellschaft zurückgefunden hatte.

Automatisch lenkte ich meine Schritte zum Bahnhof. Schlimmstenfalls könnte ich versuchen, als blinder Passagier in einem Güterzug nach Riga zurückzukommen. Wenn ich hinausgeworfen würde, versuchte ich es eben beim nächsten Zug wieder. Auf dem Bahnhof überwand ich meinen Widerwillen, jemanden in Uniform anzusprechen, und erzählte dem Diensthabenden meine Geschichte. Das Wunderhorn öffnete sich für mich ganz einfach. Am Bahnhof gab es einen Sammelpunkt, an dem Heimkehrern geholfen wurde. Ich wurde mit einer Schüssel Buchweizengrütze verköstigt und erhielt eine kostenlose Fahrkarte nach Riga. Die Übernachtung auf einem Stuhl im Wartesaal des Bahnhofes reichte mir völlig. Am Morgen des 18. September 1945 saß ich zum ersten Mal seit vier Jahren wieder in einem Personenzug. Und zwar nicht als Häftling, sondern als Reisender, ausgestattet mit allen Rechten. Auf der Fahrt nach Riga hing ich meinen Erinnerungen mit klopfendem Herzen nach.

Ich dachte nicht an das Vorkriegsjahr, obwohl es so viele Eindrücke in mir hinterlassen hatte, sondern eher an die frühere Zeit. Durch meinen Kopf zogen die Erinnerungen an den Feiertag der Unabhängigkeit Lettlands vor dem Krieg mit den zauberhaften Bildern vom Abend des 18. November, als die vielen Lämpchen an den Rändern der Bürgersteige brannten. Oder an das Bild vom Neujahrstag, an dem der einzige Polizist den Verkehr an der Ecke Elizabetes iela/Brivibas-Boulevard regelte. An diesem Tag kamen pausenlos Autos herbeigefahren und brachten ihm Körbe voller Lebensmittel, in denen sich u.a. auch gerupfte Gänse befanden. An einer anderen Kreuzung, Antonias-/Elizabetesstraße, döste der Kutscher auf dem Bock vor sich hin. Ein Rowdy aus unserer Schule nahm sein Bonbon aus dem Mund, hielt es dem Pferd vors Maul und zog es dann zusammen mit der Droschke mitten auf die Kreuzung, wo der Kutscher unter dem Gelächter der Umstehenden ruhig weiterschnarchte. Ich erinnerte mich auch noch daran, wie in der Marijas iela die jüdischen Verkäufer vor den Läden die Vorübergehenden aufforderten, bei ihnen hineinzuschauen. Damals mochte ich diese Art Geschäfte zu machen nicht. Mir kam es vor, als erniedrigten sich die Verkäufer, indem sie die Kunden sogar mit den Händen in den Laden hineinzogen. Jetzt aber, als ich im Zug saß, musste ich schmunzeln, wenn ich an ihre geistreichen Scherze und Sprüche dachte, mit denen sie sich an potenzielle Käufer heranmachten.

An vieles habe ich mich während der Fahrt erinnert. Das Einzige, was ich nicht an mich heranlassen wollte und was ich mit allen Mitteln verdrängte, war das Schicksal meiner Nächsten. Mir schien, ich müsste tierisch losheulen, wenn ich mich ihrem Schicksal gedanklich zuwendete. Aber du kannst diese Gedanken nicht verdrängen, weil du dem Herzen nichts befehlen kannst. Alle Erinnerungen, die immer wieder vor meinen Augen auftauchten, waren untrennbar mit meinen Angehörigen verbunden. So kämpfte ich die ganze Fahrt von Daugavpils nach Riga gegen den scharfen

Schmerz an. Er wollte nicht von mir weichen und der Erinnerung an all das Schöne, Helle und Warme den Platz streitig machen.

Am Nachmittag kam der Zug in Riga an. Es war ein heller, sonniger Tag. Ich verließ das Bahnhofsgebäude in Richtung Marijas iela, die damals Suvorov iela hieß. Die Häuser standen noch immer, auch die Läden gab es noch wie vor dem Krieg.

Jüdische Verkäufer gab es nicht mehr.

NACHWORT

Mit 40 Jahren Verspätung habe ich nun endlich meine Idee in die Tat umgesetzt und die vorliegenden »Aufzeichungen eines Untermenschen« verfasst. Wie ich schon im Vorwort angemerkt habe, waren sie in erster Linie für meine Kinder gedacht, für meinen Sohn Jean und meine Tochter Eleonora. Die Jahre gingen dahin, und der Kreis potenzieller Leser wurde größer. Tamara kam als Schwiegertochter in die Familie und später die nun schon erwachsene Enkeltochter, die nach meinem unvergessenen jüngeren Bruder Daniel den Namen Dana erhielt.

Die Zeit läuft dahin, und mit ihr verändern auch wir uns. Was ursprünglich als intimer Bericht für die Mitglieder meiner Familie gedacht war, überlasse ich jetzt dem Urteil des Lesers. Ich tue das bewusst und sage mir dabei, dass jeder Häftling der Nationalsozialisten, der lesen und schreiben kann, verpflichtet ist, sein Wissen über den Holocaust weiterzugeben. Um die Erinnerung an unsere Verluste und das Erlebte wachzuhalten, haben wir Häftlinge keine andere Waffe als die ehrliche, offene und wahrheitsgetreue Schilderung der Geschehnisse des Holocaust.

Ich gebe zu, dass das Buch etwas anders ausgefallen wäre, hätte ich es nur für meine Familie geschrieben. Der Inhalt wäre natürlich derselbe geblieben, aber es wäre wohl doch in einem gefühlsmäßig heftigeren Ton geschrieben worden. Ich hätte mich nicht zurückgehalten, sondern meinen Gefühlen bei der Erinnerung an dieses oder jenes tragische Ereignis freien Lauf gelassen. Das Fehlen stürmischer Gefühlsausbrüche ist in keinem Fall einer politischen Korrektheit geschuldet, sondern dem deutlichen Wunsch nach einer überlegten Herangehensweise an die Schilderung der Ereignisse. Emotionen, auch wenn sie im Großen und Ganzen gerechtfertigt sind, könnten Veranlassung dazu geben, das Buch nicht als glaubwürdiges Dokument zu betrachten. Ich möchte zu allererst, dass meine »Aufzeichnungen« als Zeugnis eines Opfers und Zeitzeugen aufgefasst und beurteilt werden.

Aber wohin kannst du dich flüchten, wenn dich die Gefühle bei jedem Sujet, das mit dem Holocaust verbunden ist, derart heftig ergreifen?

In meinem Nachwort möchte ich dem Leser meine Gefühle mitteilen, die sich meiner beim Betrachten der Fotos im Buch bemächtigen. Ein Teil von ihnen stammt aus meinem persönlichen Archiv, obwohl während der Kriegsjahre die Nazis nicht nur meine Nächsten vom Angesicht der Erde vertilgt haben, sondern darüber hinaus auch unser ganzes Vermögen raubten und vernichteten. Natürlich waren darunter auch Foto-Alben. Wie schon erwähnt, habe ich ein Foto unserer Familie im Lager Stutthof gefunden, doch habe ich es nicht aufbewahren können. Die Bilder der Familie im Buch habe ich nach dem Krieg von meinem Onkel Majrim Michailovitsch Bergmann bekommen, der sie wiederum von meinem Vater bekommen hatte, als dieser 1936 zu einem kurzen Besuch in Moskau weilte. Vor Vaters Abreise war ein Fotograf zu uns nach Hause bestellt worden. Das Bild vom Großvater stammt aus dem Buch »Idische Tuer«, und einige andere erhielt ich von einem Mitarbeiter des Museums »Die Juden in Lettland«. Vaters Cousins Abram und Harri, die beide umgekommen sind, haben im Fußballverein »Makkabi« gespielt. Ihre Bilder habe ich aus den Archiven ihrer Klubkameraden, die Bilder von Heinz Wertheim aus dem Buch seiner Frau usw. Leider ist es mir nicht gelungen, Fotos von Abram Firk, David Lotzov und der anderen im Buch erwähnten Opfer zu bekommen. Ich fand keine Verwandten oder Freunde dieser Leute, die eventuell Fotos aufbewahrt haben könnten.

Den größten Teil der Bilder habe ich zum ersten Mal nach der Computer-Bearbeitung beim Setzen des Buches gesehen. Sie haben dabei einen so unvergesslichen und so einschneidenden Eindruck auf mich gemacht, dass ich die Tränen nicht mehr zurückhalten konnte. Ich konnte mich von den Bildern meiner noch jungen Eltern gar nicht losreißen - mein Vater war noch nicht kahl, und meine Mutter trug dieses kokette Hütchen ...

Vor noch nicht langer Zeit habe ich meine Onkel Abram und Harri in Berlin auf einem großen Foto des Vereins »Makkabi« gesehen, das vor einem Spiel um die Meisterschaft Lettlands aufgenommen worden war. Ich fand es nicht angebracht, dieses Bild ins Buch aufzunehmen, was ich jetzt bedaure. Doch glücklicherweise habe ich einen Ersatz dafür gefunden.

Was für schöne, geistreiche und intelligente Gesichter sie alle haben! Die Fotos sind alle gemacht worden, als sie noch jung waren. Sogar mein Großvater sieht noch jung aus. Allen ist in ihren Gesichtern ihre Lebensfreude anzumerken.

Der Leser hat aus dem Buch jetzt alles über die schrecklichen Schicksale des größten Teils von ihnen erfahren. Das Wissen um ihren Tod ist die eine Sache. Eine andere ist es, ihre Fotos zu betrachten.

Lieber Leser, mach Dir die Mühe und schau Dir die Fotografien noch einmal an! Vielleicht fühlst Du wie ich den Schmerz, der mir das Herz zusammenschnürt, und fühlst zur selben Zeit den unauslöschlichen, glühenden Hass auf die Mörder.

Alexander Bergmann,
Riga, 31. Januar 2005

Über den Autor

Alexander Bergmann wurde 1925 in Riga als zweiter von drei Söhnen des Ehepaars Jean und Klara Bergmann geboren. Sein Vater war Direktor des »Jüdischen Gesellschaftlichen Gymnasiums« in Riga, seine Mutter Hausfrau.

Nach einer glücklichen Kindheit begann am 1. Juli 1941 die in diesem Buch beschriebene Odyssee Alexander Bergmanns durch Ghetto und Lager. Im Sommer 1945, nach der Befreiung, lag Alexander Bergmann in einem sowjetischen Militärkrankenhaus, kehrte nach seiner Genesung nach Riga zurück und nahm ein Jurastudium auf. Er arbeitete anschließend mehr als fünf Jahrzehnte als Rechtsanwalt in Riga.